Sammlung ausländischer Strafgesetzbücher in deutscher Übersetzung G 119

Schriftenreihe des Max-Planck-Instituts für ausländisches und internationales Strafrecht

Sammlung ausländischer Strafgesetzbücher in deutscher Übersetzung

Herausgegeben von Ulrich Sieber und Hans-Jörg Albrecht

Redaktion: Barbara Huber

Band G 119

– Zweisprachige Ausgabe –

Max-Planck-Institut für ausländisches und internationales Strafrecht

Das Strafgesetzbuch der argentinischen Nation
Código Penal de la Nación Argentina

Gesetz Nr. 11179 vom 29. Oktober 1921
nach dem Stand vom 1. Januar 2008

2. Auflage

Deutsche Übersetzung von

Dirk Styma
Buenos Aires

Einführung von

Eugenio Raúl Zaffaroni
Buenos Aires

Duncker & Humblot · Berlin

Bibliografische Information der Deutschen Nationalbibliothek

Die Deutsche Nationalbibliothek verzeichnet diese Publikation in der Deutschen Nationalbibliografie; detaillierte bibliografische Daten sind im Internet über <http://dnb.ddb.de> abrufbar.

c/o Max-Planck-Institut für ausländisches und internationales Strafrecht
Günterstalstraße 73, 79100 Freiburg i.Br.
http://www.mpicc.de
Vertrieb in Gemeinschaft mit Duncker & Humblot GmbH, Berlin
http://www.duncker-humblot.de

Umschlagbild: © www.justmedia.de
Druck: Stückle Druck und Verlag, Stückle-Straße 1, 77955 Ettenheim
Printed in Germany

ISSN 1862-9377
ISBN 978-3-86113-856-3 (Max-Planck-Institut)
ISBN 978-3-428-13115-0 (Duncker & Humblot)
Gedruckt auf alterungsbeständigem (säurefreiem) Papier
entsprechend ISO 9706 ♾

Inhaltsverzeichnis

Einführung[1]

1. Entstehungsgeschichte

Das hier in deutscher Sprache vorgelegte argentinische Strafgesetzbuch (StGB) von 1921 hat trotz zahlreicher Änderungen seine ursprüngliche Struktur beibehalten. Diese Struktur stammt bereits von dem unmittelbaren Vorgänger, dem StGB von 1886, das seinerseits auf dem bayerischen StGB *Feuerbachs* aus dem Jahr 1813 fußte. So beginnt der Besondere Teil der argentinischen Strafgesetzbücher seit mehr als 130 Jahren mit den Straftaten gegen die Person, und auch heute stellt die Formulierung des Artikels 41 über die individualisierende Strafzumessung ein Gesamtkonzept dar, das großteils aus den Texten *Feuerbachs* hervorgegangen ist.

a) Im Jahr 1864 beauftragte die Regierung Professor Dr. *Carlos Tejedor* aus Buenos Aires mit dem Projekt eines StGB, das dieser 1866 abschloss.[2] *Tejedor* folgte eng der französischen Übersetzung des StGB von *Feuerbach* durch *Ch. Vatel*,[3] die trotz großen Verlustes an sprachlicher Genauigkeit den zentralen Kern der Feuerbachschen Grundidee nicht beeinträchtigte. Obwohl der Bundeskongress den StGB-Entwurf von *Tejedor* nicht verabschiedete, wurde er gleichwohl von den Provinzen eingeführt.[4] Das Gesetz der Provinz von Buenos Aires wurde zudem von der Republik Paraguay übernommen.[5]

b) Zwischenzeitlich erarbeitete eine andere Kommission, deren Mitglieder mehrmals ausgetauscht wurden, während eines Zeitraums von 13 Jahren einen anderen Entwurf, der sich auf das spanische StGB aus dem Jahr 1870 stützte (Ent-

---

1 Übersetzt von Rechtsanwalt *Dirk Styma*, Buenos Aires.

2 Von der Nationalregierung in Auftrag gegebener Entwurf eines StGB für die Republik Argentinien, ausgearbeitet von Dr. Don *Carlos Tejedor*, Erster Teil. Buenos Aires 1866.

3 *Ch. Vatel*, Code Pénal du Royaume de Bavière traduit de l'allemand avec des explications tirées du Commentaire Officiel (Exposé de Motifs) et un appendice. Paris 1852.

4 *Moisés Nilve*, La vigencia del Proyecto Tejedor como código penal de las provincias argentinas, Revista Penal y Penitenciaria, Jahrgang X, 1945, S. 35; *ders*., El Proyecto Tejedor en la historia del derecho patrio, Revista del Instituto de Historia del Derecho, Buenos Aires, 1955–1956; *Juan Carlos Garcia Basalo*, Estado penal y penitenciario del país durante la presidencia de Avellaneda, Revista del Círculo del Personal Superior del Servicio Penitenciario Federal. Buenos Aires 1978.

5 Das paraguayische Gesetz, in: *Antonio A. de Medina y Ormaechea*, La legislación penal de los Pueblos Latinos. Mexico 1899, S. 40.

wurf *Villegas*, *Ugarriza* und *García*).[6] Dieser Entwurf wurde lediglich von der Provinz Córdoba als StGB übernommen und für seine hervorragende technische Qualität gelobt.[7]

c) Der Text des ersten einheitlichen Strafgesetzes, das der Bundeskongress 1886 für das ganze Land verabschiedete, entsprach weitgehend dem Entwurf von *Tejedor*, enthielt jedoch einige wenig befriedigende Änderungen.[8]

Noch im selben Jahr ernannte die Regierung eine Kommission, um ein neues Gesetzbuch zu entwerfen, was im Jahr 1891 realisiert wurde (Projekt *Rivarola-Piñero-Matienzo*).[9] Dieses Projekt veränderte nicht die ursprüngliche Struktur *Feuerbachs*, führte jedoch die Neuerungen der „zweiten Generation" der europäischen Gesetzbücher ein, die z.B. in Holland 1881,[10] Ungarn 1878[11] und Italien 1889[12] ergangen waren. Gleichwohl wurde das Projekt vom Kongress nicht behandelt, der stattdessen im Jahr 1903 Änderungen im StGB von 1896 vornahm, die dahingehend kommentiert wurden, dass sie „das Beste aus dem Gesetz herausnahmen und das Schlechteste darin beließen".[13] Ein späteres vergleichbares Projekt (1906)[14] wurde scharf kritisiert *(Julio Herrera)*;[15] erst ein weiteres Projekt aus dem Jahr

---

6 Entwurf eines Strafgesetzbuchs der Kommissionsmitglieder *Sisto Villegas, Andrés Ugarriza* und *Juan Agustín García*, die den Entwurf von *Carlos Tejedor* kritisch begutachteten und der Regierung vorlegten. Buenos Aires 1881.

7 Vgl. *Adán Quiroga,* Derecho Penal Argentino. Delito y pena. Estudio de la Parte General del Proyecto de Código penal de los Dres. Villegas, Ugarriza y García. Córdoba 1886; über den Verfasser: *Ernesto Morales*, in: Einführung zu *Adán Quiroga*, La Cruz en América. Buenos Aires 1942.

8 Strafgesetzbuch der Republik Argentinien, Amtliche Ausgabe. Buenos Aires 1887.

9 Entwurf eines Strafgesetzbuchs der Republik Argentinien von Dr. *Norberto Piñero,* Dr. *Rodolfo Rivarola* und Dr. *José Nicolás Matienzo* aufgrund eines Dekrets der Regierung vom 7. Juni 1890, mit Darstellung der Motive. Buenos Aires 1891.

10 Übersetzung in die französische Sprache von *Willem-Joan Wintgens*, Code Pénal des Pays-Bas (3 Mars 1881). Paris 1883.

11 In spanischer Sprache erschien später eine Abhandlung über das ungarische Strafrecht übersetzt von *Adolfo Posada*. Die Originalfassung von *v. Wlassics* findet sich in: Internationale Kriminalistische Vereinigung (Hrsg.), Die Strafgesetzgebung der Gegenwart in rechtsvergleichender Darstellung, Band 1. Das Strafrecht der Staaten Europas, hrsg. von Franz von Liszt. Berlin 1894, S. 162 ff.

12 *Giulio Crivellari*, Il Codice Penale per il Regno d'Italia (Approvato dal R. Decreto 30 Giugno 1889, con effetto dal 1° Gennaio 1890). Turin 1889.

13 Strafgesetzbuch der Republik Argentinien und Reformgesetz vom 22. August 1903, Amtliche Ausgabe. Buenos Aires 1903.

14 Entwurf eines Strafgesetzbuchs der Republik Argentinien der Kommission für Gesetzesreformen, einberufen durch Regierungsdekret vom 19. Dezember 1904. Buenos Aires 1906.

15 *Julio Herrera*, La reforma penal, Estudio de la Parte General del Proyecto de Código Penal, redactado por los Dres. Saavedra, Beazley, Rivarola, Moyano Gacitúa, Piñero y Ramos Mejía. Principios fundamentales en que debe inspirarse, von *Julio Herrera*, ehemaliger Senator, Mitglied des Obersten Gerichtshofs der Provinz Catamarca, mit einer Einführung von Dr. *Osvaldo Magnasco*. Buenos Aires 1911.

1916 *(Rodolfo Moreno)*[16] wurde schließlich 1921 verabschiedet und ist seit 1922 in Kraft.[17] Obwohl der italienische Positivismus die herrschende Meinung jener Zeit war,[18] fand er in dem Gesetzbuch keinen Niederschlag.

Das StGB von 1921 war das Ergebnis einer sehr interessanten politischen Auseinandersetzung. *Rodolfo Moreno* (jr.), Professor für Strafrecht und Sprecher der konservativen Oppositionsfraktion während der Regierung des Präsidenten *Yrigoyen* (von der Partei Unión Civica Radical),[19] gelang es, eine parlamentarische Kommission zu bilden, der auch regierungstreue Abgeordnete und Sozialisten angehörten. Auf diese Weise trieb er den parlamentarischen Prozess der Verabschiedung eines StGB voran, welcher 1916 begann und 1921 seinen Abschluss fand. Der Senat beabsichtigte, konservative Elemente in den Entwurf einzubringen, was von der Abgeordnetenkammer jedoch weitgehend abgelehnt wurde. Die Berücksichtigung von wirtschaftlichen Schwierigkeiten in Artikel 41 wurde unter Bezug auf die Urteile des Richters *Magnaud*[20] von einem sozialistischen Abgeordneten vorgeschlagen; der Hinweis auf die Gefährlichkeit im selben Artikel wurde als Ergebnis positivistischer Kritik am Entwurf ebenfalls vom Senat eingefügt. Diese Gefährlichkeit verblieb wie ein Fremdkörper im Gesetzestext und hatte viele willkürliche Urteile zur Folge.

2. Grundzüge des StGB von 1921

Das Gesetz steht in der Tradition des bayerischen StGB, dessen Vorzüge es nach Südamerika transferierte.

a) Hinsichtlich der Regelungen des *Allgemeinen Teils*, die der Ausarbeitung der Lehren von den Straftaten dienen, lässt sich – da es sich um einen Text aus der Zeit vor dem StGB von *Rocco* (1930) handelt, folglich aus einer Zeit vor der Einführung dogmatischer Konzepte in die Gesetze – feststellen, dass sie äußerst schlicht sind. Glücklicherweise ist dieses Modell bis zum heutigen Tage beibehalten wor-

---

16 Deputiertenkammer, Besondere Kommission für Strafgesetzgebung und Gefängnisangelegenheiten, Entwurf eines Strafgesetzbuchs für die Republik Argentinien, Tagesordnungspunkt 63. Buenos Aires 1917.

17 Strafgesetzbuch der Republik Argentinien. Gesetz 11.179 mit Änderungen der Gesetze 11.221 und 11.309. Amtlichc Ausgabc. Bucnos Aires 1924.

18 Siehe dazu: *Giuditta Creazzo*, El positivismo penal italiano en la Argentina. Buenos Aires 2007; positivistische Kritik in der Einleitung von *Juan P. Ramos*, in: José Peco, La Reforma Penal Argentina de 1917–1920 ante la ciencia penal contemporánea y los antecedentes nacionales y extranjeros. Buenos Aires 1921.

19 Später war *Rodolfo Moreno* (jr.) Regierungschef der Provinz von Buenos Aires, Botschafter in Japan und gescheiterter Präsidentschaftskandidat der Republik. Zahlreiche Artikel und Reden sind veröffentlicht in: *Rodolfo Moreno*, Gobernante y ciudadano de la República. Buenos Aires 1945.

20 Strafgesetzbuch der Republik Argentinien, a.a.O., S. 249.

den, da die an die Tradition des *Codice Rocco* (z.B. Uruguay 1934 und Brasilien 1940) angelehnten Projekte abgelehnt wurden. Sie verfolgten die Absicht, das Gesetz mit Formulierungen und Definitionen der strafrechtlichen Dogmatik zu versehen, was sich nachteilig auf die Fortentwicklung der juristischen Wissenschaft ausgewirkt hätte.

Die Einfachheit der gesetzlichen Formulierungen ermöglichte eine reichhaltige dogmatische Bearbeitung, wobei die argentinischen Strafrechtler den Ideen von *von Liszt, Mezger* und *Welzel* folgten und sich auch heute noch mit den zeitgenössischen deutschen Lehrmeinungen beschäftigen.[21]

b) Im *Besonderen Teil* enthält das Gesetzbuch von 1921 die traditionelle Qualifikation des Raubs und Diebstahls von Vieh (der römische „abigeato" – Viehdiebstahl), welchem in jüngster Zeit eine erschwerende Begehungsweise hinzugefügt wurde, nämlich die Zueignung mittels Gebrauchs eines Lastwagens. Strenggenommen kann diese Begehungsweise nicht dem traditionellen Begriff des „abigeato" zugeordnet werden, da es sich nicht um „abigere" (wegtreiben) des Viehs, sondern um dessen Abtransport handelt.

Auch wenn die erschwerende Form der Zueignung beim Viehdiebstahl – rechtsvergleichend betrachtet – üblich ist, hatte sie in Argentinien eine besondere Bedeutung, da das Gesetz in einer Zeit entstand, in der die Fleischproduktion zum Export von Tiefkühlfleisch über den Zeitraum eines Jahrhunderts hinweg das soziale und politische Leben des Landes bestimmte. Grundlegend war die Art und Weise der Nutzung des Viehs, das auf großflächigen natürlichen Weiden unter geringer Beaufsichtigung gehalten wurde und somit in hohem Maße sich selbst überlassen war.

In Bereichen, die in anderen Ländern heftig diskutiert werden, wie zum Beispiel dem Schwangerschaftsabbruch, ist das Gesetzbuch recht fortschrittlich. So stellt es den zur Verhinderung einer Gefahr für die Gesundheit der Schwangeren herbeigeführten Schwangerschaftsabbruch nicht unter Strafe. Diese Formulierung bildet, weil sie keine Gefahr für das Leben der Schwangeren voraussetzt, genaugenommen eine moderne „Indikation", obwohl die Rechtsprechung und die Praxis diese Rechtslage nicht entsprechend anwenden.

Sicherlich enthält das Gesetz typische Fehler seiner Zeit wie die Voraussetzung der „Ehrbarkeit" des Opfers einer sexuell motivierten Entführung, die enge Begriffsbestimmung der Vergewaltigung (welche weder den Oralverkehr noch das Einführen von Gegenständen umfasst), die Vorschrift einer unerklärlichen „Verführung Volljähriger" und andere Anachronismen. Erst im Jahr 1999 wurde der entsprechende Abschnitt in „Straftaten gegen die sexuelle Unversehrtheit" umbenannt, eine sicherlich teilweise begründete Reform, die aber auch technische

---

[21] Die klassischen dogmatischen Lehrbücher waren: *Sebastián Soler*, Derecho Penal Argentino. Buenos Aires 1940; *Ricardo C. Nuñez*, Derecho Penal Argentino. Buenos Aires 1959; *Carlos Fontán Balestra*, Tratado de Derecho Penal. 3. Aufl. Buenos Aires 1990.

Defekte und kriminalpolitische Gefahren enthält. Der Ehebruch wurde erst im Jahr 1995 für straflos erklärt.

c) Das *Sanktionensystem* des StGB ist veraltet. Die vorgesehenen Strafen sind: Freiheitsentzug in Form von Zuchthaus oder Gefängnis, Geldstrafe und Aberkennung von Rechten oder Fähigkeiten. Zuchthaus- und Gefängnisstrafe unterscheiden sich in ihrer Vollstreckung nicht, sodass die Differenzierung ihre praktische Bedeutung verloren hat. Der Unterschied besteht lediglich in der Gewährung einiger Hafterleichterungen. Das Gesetz regelt die Geldstrafe ohne die Berücksichtigung des Tagessatzsystems, folglich in einer Form, die keinen wirksamen Ersatz für die Freiheitsstrafe darstellt. Es enthält eine generelle Aberkennung von Rechten und Fähigkeiten, die neben den schweren Strafen verhängt wird (die Verfassungsmäßigkeit ist fragwürdig), und ein besonderes Betätigungsverbot, das im vergleichenden Strafrecht als einfaches Berufsverbot bekannt ist.

Das StGB weist zudem den aus der Zeit vor seinem Erlass stammenden autoritären Fleck der Verbannungsstrafe auf (Artikel 52), der durch das Gesetz von 1903 auf der Grundlage des Projekts von 1891 eingeführt und aus dem französischen Recht übernommen wurde.[22] In Ushuaia in der Provinz Feuerland wurde eine besondere Strafanstalt für die Verbannungsstrafe eingerichtet, die erst 1947 geschlossen wurde und immer noch einen besonders schlechten Ruf hat.[23] Dieses südlichste Gefängnis der Welt wurde nach dem Sturz *Perons* im Jahr 1955 kurzzeitig zur Internierung politischer Häftlinge genutzt. Zurzeit ist es ein Museum,[24] da es neben seiner traurigen Funktion als Anstalt zur Verbüßung der Verbannungsstrafe auch dazu beigetragen hat, die Provinz Feuerland zu besiedeln. Trotz der Schließung der Anstalt in Ushuaia wurde die Verbannungsstrafe nicht abgeschafft. Seit der Reform von 1984 ist die Anwendung dieser Sanktion jedoch stark eingeschränkt. Schließlich hat sie der Oberste Gerichtshof im Jahr 2006 als verfassungswidrig eingestuft.

Das StGB formuliert zudem den *Rückfallbegriff*. Es ging 1984 von einem „fiktiven" zu einem „realen" Rückfall über, die Rechtsprechung hat diese Reform jedoch in der Praxis nicht mitvollzogen. Der einzige Zweck der Vorschrift ist die Verhinderung der Bewährungsstrafe und bis 2006 im Fall der fast unmöglichen Hypothese einer ununterbrochenen Kette von Rückfällen auch die Anwendung der Strafe der Verbannung des Artikels 52.

---

[22] *Edouard Tesseire*, La transportation pénale et la relégation, d'après les lois 30 mai 1854 et 27 mai 1885. Paris 1893.

[23] Vgl. Ushuaia 1884–1984 Cien años de una ciudad argentina. Herausgegeben von der Stadt Ushuaia unter Leitung von *Arnoldo Canclini*. Ushuaia 1984.

[24] Vgl. *Gustavo Groh*, En Ushuaia. 2006, S. 32–33.

3. Die Reformgeschichte des StGB seit 1921

Das Wesen des StGB wurde von 1921 bis in die Gegenwart immer wieder durch umfassende oder partielle Reformprojekte bedroht.

a) Während eines Zeitraums von etwa zehn Jahren nach seiner Verabschiedung begannen die Anhänger der herrschenden Lehre des italienischen Positivismus Projekte vor- und auch nachstraftatlicher Regelungen einzubringen, die jedoch glücklicherweise vom Gesetzgeber nicht verabschiedet wurden. 1937 legten sie das Projekt eines vollständigen StGB vor (Entwurf *Coll-Gómez*),[25] das ebenfalls nicht verabschiedet wurde. Im Jahr 1933 bestätigte der Senat eine Reform, die einige gefährliche Prinzipien wie die Erhöhung der Strafen und die Todesstrafe durch den elektrischen Stuhl enthielt, die jedoch vom Abgeordnetenhaus niemals behandelt wurde.[26] 1941 wurde im Abgeordnetenhaus ein neues Projekt eines StGB vorgestellt (Projekt *Peco*),[27] das ebenfalls nicht behandelt wurde. 1951 legte die Exekutive ein umfassendes neues Projekt vor (Projekt *De Benedetti*),[28] das gleichfalls nicht umgesetzt wurde. 1953 erarbeitete das Justizministerium ein weiteres Projekt (Projekt *Levene*),[29] das aber nie das Parlament erreichte. Ein weiteres, ebenfalls völlig neues, von der Exekutive 1960 eingereichtes Projekt (Projekt *Soler*),[30] konnte wegen des Staatsstreichs von 1962 keine Fortschritte machen.

Die verfassungsmäßige Regierung der Jahre 1973–1976 versuchte mit dem Projekt von 1974/1975 eine vollständige Reform des Strafgesetzes durchzuführen,[31] wurde jedoch durch den Staatsstreich von 1976 daran gehindert. In den Jahren 1962 und 1963, 1968 und 1976 führten die Militärregierungen höchst repressive Reformen durch, die aber von den verfassungsmäßigen Regierungen der Jahre 1964, 1973 und 1984 wieder rückgängig gemacht wurden. Der beste Beweis dafür, dass das argentinische StGB nicht so schlecht ist, wie es einige Autoren darstellen,

---

25 Entwurf eines Strafgesetzbuchs der Republik Argentinien aufgrund des Dekrets der Regierung vom 19. September 1936, mit Begründung von *Jorge E. Coll* und *Eusebio Gómez*. Buenos Aires 1937.

26 Siehe dazu *José Peco*, La reforma penal en el Senado de 1933. Buenos Aires 1936.

27 Abgeordnetenkammer der Nation, *José Peco*, Entwurf eines Strafgesetzbuchs, mit Begründung, vorgestellt am 25. September 1941. Buenos Aires 1943.

28 Republik Argentinien, Justizministerium, Strafgesetzbuch, Entwurf der Regierung. Buenos Aires 1951.

29 Dieser Entwurf ist zu finden in *Eugenio Raúl Zaffaroni/Miguel Alfredo Arnedo*, Digesto de Codificación Penal Argentina. Buenos Aires 1997, Band VI, S. 173 ff.

30 Text abgedruckt in *Eugenio Raúl Zaffaroni/Miguel Alfredo Arnedo*, Digesto de Codificación Penal Argentina. Buenos Aires 1997, Band VI, S. 364 ff.

31 Proyecto de la Parte General del Código Penal redactado por la Comisión de Reformas al Código Penal creada por el poder Ejecutivo (ley 20.509 y decreto 480/73), Buenos Aires 1974; Congreso de la Nación, Proyecto de Código Penal Parte General redactado por la Subcomisión de Reformas al Código Penal (ley 20.509 y decreto 480/73) con las observaciones formuladas con motivo de la encuesta realizada y las contestaciones de la Subcomisión, Buenos Aires 1975.

ist die Tatsache, dass alle Militärregierungen seine repressive Umgestaltung vorangetrieben haben.

b) Seit 1984, als die Ergebnisse der diktatorischen Reform von 1976 aufgehoben wurden, hat das Gesetzbuch weitgehend seine ursprüngliche Struktur zurückgewonnen. Gleichwohl haben die fortgesetzten Veränderungen, denen das Gesetz unterworfen war, zu einer irrationalen Ausgestaltung der Strafen geführt, von denen einige eindeutig verfassungswidrig sind, da sie die Gewichtung der rechtswidrigen Handlungen und ihr Verhältnis zueinander verändern. 1984 wurde die Möglichkeit der Verhängung der Verbannung eingeschränkt, es wurden Regelungen über die Errichtung eines Strafregisters eingeführt und die Folgen des Rückfalls wurden gemildert. Die folgenden Jahre brachten punktuelle Reformen, die aber nicht alle als glücklich zu bezeichnen sind. Die größte Neuerung ist die Einführung der „Strafaussetzung zur Bewährung", wenn auch in einer eingeschränkten Form. 1989 verabschiedete der Senat ein völlig irrationales Projekt eines StGB, das aber vom Abgeordnetenhaus nicht behandelt wurde.

c) Die Situation änderte sich während des letzten Jahrzehnts, in dem das StGB ständig Gegenstand von Reformaktivitäten des Nationalkongresses war. Neben der Einführung einer Vielzahl von Sonderstrafgesetzen benutzte der Gesetzgeber das StGB als politisches Instrument, um die Bevölkerung in einer Periode wirtschaftlicher und sozialer Unruhen zu beruhigen. Die Wirtschaftspolitik führte zum Zusammenbruch des Finanzsystems und brachte das Land zum Ende des Jahres 2001 an den Rand des Ruins. Die chaotischen politischen und sozialen Missstände der Folgejahre und der Druck einer „populistische" Presse[32] veranlassten die Politik, absurde Reformen des StGB vorzunehmen, die den Text von 1921 stärker veränderten als je zuvor und im klaren Gegensatz zur ursprünglichen bayerischen Tradition des Gesetzes stehen.[33] Die Reformen sind somit das Ergebnis einer aus Angst und Opportunismus hervorgehenden Verantwortungslosigkeit des Gesetzgebers.

Nicht einmal die Reformen der autoritären Militärregime schufen ein ähnliches Chaos, wie es heute in der argentinischen Strafgesetzgebung herrscht. So ist zum Beispiel dem geltenden Text die Höchststrafe der zeitigen Freiheitsstrafe nicht eindeutig zu entnehmen. Es wurde eine praktisch lebenslange Freiheitsstrafe eingeführt, was zweifellos verfassungswidrig ist. Die Verhängung einer Bewährungsstrafe ist bei bestimmten Taten nicht möglich. Es werden ohne ausreichende Begründung höhere Strafen für vergleichbare Taten festgelegt (der Mord eines Polizisten ist eine schwerere Straftat als der Mord einer anderen Person). Die Höchststrafe beträgt im Fall der Realkonkurrenz 50 Jahre, womit das Gesetzlichkeitsprinzip der Strafe verletzt wird (25 Diebstähle hätten einen Strafrahmen von einem

32 Siehe dazu *Carlos Alberto Elbert* (Hrsg.), Inseguridad, víctimas y victimarios. Argentina 2001–2007. Buenos Aires 2007.

33 Siehe *Eugenio Raúl Zaffaroni*, El arte de la legislación penal, in: Festschrift für Cecilia Grossman, im Druck.

Monat bis 50 Jahren). Die künstlichen Formeln in Artikel 41 werden ohne Erklärung mit weiteren Straferschwerungsgründen vermischt. Die Hierarchie der Rechtsgüter wurde durch bestimmte Strafverschärfungen außer Kraft gesetzt. Die Erhöhung der Mindeststrafen erlaubt keine Anpassung der Strafe an die jeweilige Schuld usw.

4. Die strafrechtliche Bewältigung der politischen Vergangenheit

Die Republik Argentinien litt mehrmals unter Militärregierungen: 1930–1932, 1943–1946, 1955–1958, 1962–1963, 1966–1973 und 1976–1983. Alle zeichneten sich durch Gewalttätigkeit aus, wobei die letzte alle anderen an Grausamkeit übertraf und als die blutigste Epoche der Geschichte des Landes bezeichnet werden kann. Außer der Tatsache, dass Tausende ermordet wurden, wendeten die Verantwortlichen die Unterdrückungsmethode des massiven „Verschwindenlassens" von Personen an, wobei ca. 30.000 Menschen entführt wurden, deren Leichen in den meisten Fällen bis heute nicht gefunden wurden.

Nachdem Ende 1983 die letzte Militärregierung von einer zivilen Regierung abgelöst wurde, fanden gegen die Verantwortlichen dieser Verbrechen Strafverfahren statt. Als Mitglieder der Militärregierung wurden die Kommandanten der drei Waffengattungen der Streitkräfte von Bundesgerichten verurteilt. Für die übrigen Verantwortlichen schloss ein als „Schlusspunkt" bezeichnetes Gesetz jede Strafverfolgung aus, die nicht bis zu einem in diesem Gesetz festgelegten Zeitpunkt eingeleitet worden war. Kurz darauf wurde ein weiteres, als „Gesetz über die Gehorsamspflicht" bekanntes Gesetz verabschiedet, das den Verantwortlichen die Vermutung der schuldausschließenden Gehorsamspflicht zusprach und die Strafverfolgung mit Ausnahme der verurteilten Kommandanten einstellte. Dieses Gesetz war eine versteckte Amnestie mit unverantwortlichem verfassungswidrigem Inhalt, da die Justiz nicht mehr sachgerecht urteilen konnte, sondern nur noch den Schuldausschließungsgrund anzuerkennen hatte.

Schließlich begnadigte der Präsident der Nation 1990 die von der Bundesjustiz verurteilten Kommandanten. Auf diese Weise wurde die absolute Straflosigkeit der Verantwortlichen für die schwersten Verbrechen der argentinischen Geschichte bewirkt. Es ist nur verständlich, dass das Vertrauen der Bevölkerung in das Strafrecht durch diese Vorgänge großen Schaden genommen hat.

Der Interamerikanische Gerichtshof für Menschenrechte stellte im peruanischen Fall „Barrios Altos" fest, dass diese schuldausschließenden Gesetze nicht auf Verbrechen gegen die Menschlichkeit anwendbar sind. In Einklang mit dieser Rechtsprechung verabschiedete der Nationalkongress ein Gesetz, das die Nichtigkeit dieser Gesetze feststellte. Der Oberste Gerichtshof entschied im Jahr 2006, dass sie nicht als Schuldausschließungsgrund angewendet werden können, sodass seit dieser Entscheidung alle Strafverfahren gegen die Verantwortlichen wieder aufgenommen wurden und bereits die ersten Urteile ergangen sind. 2007 erklärte der Oberste Gerichtshof die Nichtigkeit der präsidialen Begnadigungen von 1990.

5. Bemerkungen zur strafprozessualen Situation

Dem StGB steht kein befriedigendes Modell einer Strafprozessordnung (StPO) zur Seite. Die Bundesverfassung schreibt seit 1853 vor, dass Strafprozesse durch Geschworenengerichte durchzuführen sind, doch bis zum heutigen Tag wurde der Geschworenenprozess in der Republik nicht eingeführt, ohne dass hierfür eine überzeugende Begründung vorliegt.

Im Gegensatz zu dem landesweit geltenden StGB unterliegen aufgrund der bundesstaatlichen Verfassung Argentiniens die Strafprozessordnungen der Zuständigkeit der Provinzen, sodass neben der bundesstaatlichen StPO (die für die Bundesgerichte und die Stadt Buenos Aires gilt) ebensoviele Strafprozessordnungen wie Provinzen bestehen.

Die erste bundesstaatliche StPO stammt aus der gleichen Zeit wie das StGB. Sie war eine Kopie der spanischen StPO aus der Zeit der bourbonischen Restauration, also aus der inquisitorischsten Periode des spanischen Strafprozesses. Merkwürdigerweise wurde dieses Modell in Argentinien übernommen, nachdem es in Spanien bereits seit drei Jahren abgelöst worden war. Während also das StGB seit Beginn von einem liberalen Geist beeinflusst war, ging die StPO aus eher autoritärem Gedankengut hervor.

Trotz der Verabschiedung des StGB von 1921 blieb die bundesstaatliche StPO bis 1992 unverändert. Die Provinzen, ausgehend von Córdoba im Jahr 1938, verabschiedeten im Allgemeinen Strafverfahrensgesetze, die auf der italienischen StPO von *Rocco* aus dem Jahr 1931 basierten.

1992 trat die neue bundesstaatliche StPO in Kraft,[34] die getreu der Tradition des letzten Jahrhunderts aus dem Gesetz *Rocco* abgeleitet wurde, obwohl dieses bereits drei Jahre zuvor in Italien durch eine neue StPO ersetzt worden war. Allerdings weist die geltende Bundes-StPO gegenüber ihrer Vorgängerin mannigfaltige Vorteile auf, unter denen die eingeschränkte Machtposition der Polizei von besonderer Bedeutung ist.

---

[34] Siehe *Helmut Gropengießer*, Die neue argentinische Bundesstrafprozessordnung, ZStW 105 (1993) S. 169.

6. Friktionen zwischen materiellem und formellem Strafrecht

Die offensichtliche ideologische Ungleichheit von materiellem Strafrecht und dem Strafprozessrecht führt dazu, dass die Anwendung des Strafrechts in der Praxis verzerrt wird. In den letzten Jahren sind demokratische Reformen des Strafprozessrechts zu beobachten, die jedoch an einer ungenügenden Ausstattung des Justizwesens im Bereich der Infrastruktur und des Personals scheitern. Besorgniserregend ist weiterhin die Konfusion zwischen dem Akkusationsprinzip und sich ausbreitenden pragmatischen Bestrebungen, welche die Justiz unter Anwendung wirtschaftlicher oder unternehmerischer Kriterien dazu bewegen wollen, zum Nachteil der Qualität und der Prozessgarantien schnellere Urteile zu fällen. Ähnliches gilt für Absprachen im Verfahren, die in Argentinien unter dem Namen „abgekürztes Verfahren“ *(juicio abreviado)* bekannt sind.

Die Strafgesetzgebung in Form von Einzelgesetzen hat zu einem Prozess der strafrechtlichen „Entkodifikation“ geführt. Einige besondere Gesetze wie das Gesetz gegen Steuerstraftaten, das Betäubungsmittelgesetz, das Gesetz über die Geldwäsche und das Gesetz zur Bekämpfung des Terrorismus aus dem Jahr 2007 (welches auf internationalen Druck hin erlassen wurde) enthalten – neben ihren technischen Mängeln – Vorschriften, deren Verfassungsmäßigkeit zweifelhaft ist. Hierbei sind insbesondere die offene oder versteckte Zuweisung von Aufgaben der Justiz an Verwaltungsorgane, die Einführung des verdeckten Ermittlers, die „conspiracy“ oder der „Kronzeuge“ zu nennen, die außerhalb der nationalen Tradition stehen und nicht mit den Grundsätzen eines freiheitlichen Strafrechts zu vereinbaren sind.

7. Die aktuelle Reformthematik

In einigen Bereichen wurde die Wirksamkeit der rechtsstaatlichen Grundsätze verbessert; dies gilt insbesondere für das Ordnungswidrigkeiten- und Militärstrafrecht.

a) Im Jahr 1998 wurde in der Bundeshauptstadt Buenos Aires ein *Ordnungswidrigkeitengesetz* erlassen und ein für die Entscheidung über diese Taten zuständiges Gericht geschaffen. Damit wurden zumindest in der Bundeshauptstadt die Rechtsprechungsbefugnisse der Polizei aufgehoben. Trotz Pressekampagnen gegen diese Modernisierung und einiger ziemlich rückschrittlicher Reformen konnte diese Struktur zum Wohl der bürgerlichen Freiheitsrechte erhalten werden.

b) Seit Mitte des neunzehnten Jahrhunderts entschied die sogenannte „Militärjustiz“ über alle Straftaten, die von Soldaten begangen wurden. Mittels des „Kriegsrechts“ wurden auch Zivilisten von den sogenannten „Militärgerichten“ verurteilt, teilweise zu Todesstrafen. Die „Militärgerichte“ und die gesamte sogenannte „Militärjustiz“ waren verfassungswidrig, da ihre „Richter“ unmittelbar dem Präsidenten der Republik unterstanden, sodass ihnen die richterliche Unabhängigkeit fehlte. Außerdem hatten die Angeklagten nicht das Recht, einen Verteidiger ihres Vertrauens zu wählen, was bedeutet, dass sie sich in einer schlechteren Position als Kriegsgefangene gemäß der Genfer Konvention befanden. Diese Zuständigkeit der Militärjustiz wurde 1984 auf reine Militärstraftaten beschränkt. Die übrigen Straftaten von Soldaten wurden der Zuständigkeit der Bundesrichter übertragen. Damit wurde der Anwendungsbereich der Militärjustiz stark eingeschränkt, wobei das Gesetz für Militärstraftaten immer noch in Kraft ist und die verfassungswidrige Situation fortbesteht. Die Interamerikanische Kommission für Menschenrechte hat die Reform dieser Vorschriften empfohlen und der Oberste Gerichtshof Argentiniens hat sie 2007 für verfassungswidrig erklärt. 2008 hat der Nationalkongress die Aufhebung des Militärjustizgesetzes beschlossen. Es wurde ein im Verwaltungsrecht angesiedeltes Gesetz für militärische Übertretungen erlassen, einige Reformen im StGB für militärische *delicta propria* wurden vorgenommen und die ausschließliche Zuständigkeit für diese Taten den Bundesrichtern übertragen.[35]

c) Die unbefriedigende Situation der argentinischen Strafgesetzgebung wird mit anderen Ländern der Region, aber auch mit Ländern in anderen Kontinenten geteilt. Diese Zustände beruhen größtenteils auf der „Globalisierung". In einer Welt, in der die nationalen Regierungen einen großen Machtverlust hinnehmen mussten, haben die führenden Politiker wenig Einfluss auf die Durchführung struktureller Reformen, welche es erlauben würden, die Probleme wirksam zu lösen. Es erstaunt deshalb nicht, dass sie sich mit falschen Lösungen aus der misslichen Lage, die Probleme nicht bewältigen zu können, befreien wollen. Unter diesen falschen Lösungen stellt das Strafrecht das wirksamste und billigste Mittel dar, um die öffentliche Meinung zu beeinflussen.

Das argentinische Strafrecht ist jedoch gegenüber diesen Angriffen auf die Gesetzgebung und die Lehre nicht untätig geblieben. Aufgrund der chaotischen Lage der Strafgesetzgebung hat die Bundesregierung im Jahr 2004 dem Justizministerium den Auftrag erteilt, eine Kommission aus Hochschullehrern verschiedener Universitäten des Landes zu bilden, um einen Reformvorschlag für das StGB auszuarbeiten.[36] Ein Grundriss dieses Entwurfs wurde der Regierung im Jahr 2006 übergeben.[37] Die Vorlage des Entwurfs im Nationalkongress entfachte abermals eine „populistische" Pressekampagne, die zudem von einem politischen Irrtum be-

---

[35] Gesetz 26.394, in Kraft getreten am 26.8.2008.

[36] Der Kommission gehörten an: *David Baigún, Carlos Chiara Díaz, Joaquín Pedro Da Rocha, Javier Augusto De Luca, Daniel Erbetta, Raúl Gustavo Ferreyra, Edmundo Samuel Hendler, Raúl Ochoa, Alejandor Tizón* und *Alejandro W. Slokar* als Koordinator. *Enrique U. Garcia Vitor* verstarb während der Arbeiten am Entwurf. *Edgardo Donna, Guillermo Yacobucci* und *Gabriel Di Matteo* haben zunächst am Entwurf mitgearbeitet, sich aber später zurückgezogen.

[37] Anteproyecto de ley de reforma y actualización integral del Código Penal de la Nación. Buenos Aires 2007 (mit einer Einführung von *Luigi Ferrajoli*).

günstigt wurde. Die Geschwindigkeit, mit welcher der Entwurf durch die Gesetzgebungsinstanzen gebracht werden sollte, wirkte sich negativ auf sein technisches Niveau aus. Er sah zudem eine Reform der Regelung des Schwangerschaftsabbruchs vor, was – wie überall – zu langwierigen politischen Auseinandersetzungen über den Gesetzestext führte. Diese politischen Fehler hatten schließlich zur Folge, dass abermals unhaltbare Forderungen gestellt wurden, die wie vor einigen Jahren von den Medien veröffentlicht wurden, deren Eigentümer heute jedoch nicht mehr von der Korruption des vorhergehenden Jahrzehnts oder der Macht der Militärdiktatur profitieren konnten.

Da mittlerweile diese negativen politischen Umstände überwunden werden konnten, befinden wir uns in einer Lage, in der über eine Neuordnung der argentinischen Strafgesetzgebung nachgedacht werden kann. Der Grundriss des Entwurfs aus dem Jahr 2006 bietet eine gute Grundlage, um die Diskussion einzuleiten und über eine mittelfristige Reform auf dieser Basis nachzudenken. Dieser Entwurf könnte mit demjenigen aus dem Jahr 1891 vergleichbar sein, der schließlich 1921 zur Verabschiedung des StGB führte, doch gebietet die ernste Lage der argentinischen Gesetzgebung eine schnellere Lösung der Probleme.

8. Schlussbemerkung

Obwohl die Handschrift *Feuerbachs* im gültigen Text des argentinischen StGB nur noch schwer zu erkennen ist, gilt es zu bedenken, dass die aktuelle Situation der Strafgesetzgebung nur vorübergehend ist. Sie ist so vergänglich wie die „populistische" Propaganda, die ein autoritäres Strafrechtssystem einfordert und dahinter auch ein autoritäres politisches System verbirgt. Die Anerkennung der Würde des Menschen gestaltet sich in der Geschichte nicht linear, sondern durchlebt Zeiten, in denen sie aufblüht, in denen sie stillsteht und in denen sie abnimmt. Die Geschichte zeigt aber auch, dass der oft steinige Weg zur Vernunft langfristig zum Erfolg führt. Die Menschenrechte, die Verfassungsgarantien und die Würde des Menschen sind nicht nur juristische Belange, sondern kulturelle Errungenschaften,[38] die sich nicht leicht zerstören lassen.

Dezember 2008

Prof. em. Dr. Dr. h.c. mult. Eugenio Raúl Zaffaroni
Universität Buenos Aires

---

[38] Vgl. *Peter Häberle*, Europäische Rechtskultur. Baden-Baden 1994; *ders.*, Europäische Verfassungslehre. Baden-Baden 2006.

Einleitung*

I. Vorbemerkung[1])

Argentinien ist ein republikanischer Bundesstaat. Es besteht aus 17 Provinzen (den Bundesstaaten), 7 Nationalterritorien (nationalen Gebietsteilen), zu denen eine Militärzone gehört, und der Bundeshauptstadt (Buenos Aires), auch Bundesdistrikt genannt. Die Provinzen haben eigene Gesetzgebungsorgane und eigene Regierungen, während die Nationalterritorien bundesunmittelbar sind (sie stehen unter der Aufsicht von Gouverneuren, die der Präsident ernennt). Die Schaffung eines Strafgesetzbuches ist nach der Verfassung Bundesangelegenheit. Die Rechtspflege obliegt den Bundesgerichten und den sog. ordentlichen Gerichten der Hauptstadt und der Provinzen. Die Bundesgerichte sind berufen, in Sachen nationalen Charakters oder wenn Provinzen oder Einwohner verschiedener Provinzen Parteien sind, zu entscheiden. Die Bundesgerichtsbarkeit wird vom Obersten Gerichtshof der Nation (in Buenos Aires), 5 Berufungsgerichten (Buenos Aires, La Plata, Paraná, Córdoba und Rosario [Santa Fé]) und erstinstanzlichen Gerichten in der Hauptstadt, den Provinzen und den Nationalterritorien ausgeübt. Das Justizsystem der Provinzen und der Hauptstadt kennt jeweils einen Obersten Gerichtshof und untere Gerichte (erster Instanz). — In Strafsachen wird die Zuständigkeit zwischen Bundesgerichtsbarkeit und ordentlicher Gerichtsbarkeit nach sachlichen, örtlichen und personellen Gesichtspunkten verteilt.

II. Geschichte der argentinischen Strafgesetzgebung bis zum Inkrafttreten des geltenden StGB[2])

Die Geschichte des argentinischen Strafrechts beginnt erst mit der Unabhängigkeit Argentiniens. Bis dahin galt — wie in allen spanischen Kolonien Amerikas —

---

* Die Einleitung zur Übersetzung des argentinischen Strafgesetzbuchs von *Heinz Mattes* (Sammlung außerdeutscher Strafgesetzbücher in deutscher Übersetzung, Nr. 71, Berlin 1957) bietet auch heute noch die ausführlichste Darstellung des materiellen Strafrechts Argentiniens in deutscher Sprache. Dies rechtfertigt es, sie in dieser Neuübersetzung dem Benutzer erneut zugänglich zu machen.

1 Siehe auch den Beitrag von Ricardo C. Núñez über „Das argentinische Strafrecht" in: Das ausländische Strafrecht der Gegenwart, herausg. von Mezger, Schönke und Jescheck, Bd. I, Berlin 1955.

2 Eine ausführliche Darstellung gibt L. Jiménez de Asúa in seinem Tratado I 785 ff., die auch bei der Abfassung der folgenden Darlegung zu Rate gezogen wurde. Die Angaben zur Geschichte der argentin. Strafgesetzgebung beruhen großenteils auf Mitteilungen in dem gen. Werke.

spanisches Recht, das durch die Eigenart des Landes nur geringe Veränderungen erfahren hatte.

Am 25. Mai 1810 wurde die argentinische Unabhängigkeit erklärt; Spanien erkannte sie aber nicht an, und es folgten jahrelange Unabhängigkeitskämpfe. Die verfassunggebende Versammlung von Tucumán rief am 9. Juli 1816 die Unabhängigkeit der neuen Republik „Vereinigte Provinzen am Rio de la Plata" aus. Die erste Verfassung erhielt das Land am 30. April 1818 durch den Kongreß von Buenos Aires, eine weitere am 24. Dezember 1826, die vorübergehend eine starke Zentralregierung brachte. Innere Kämpfe dauerten jahrzehntelang an. Erst die 1853 geschaffene und 1860 geänderte und von allen Provinzen anerkannte Verfassung brachte eine allmähliche Konsolidierung.

Bei Ausbruch der Unabhängigkeitskämpfe waren in Kraft die Nueva Recopilación, eine von Philipp II. veranlaßte und 1567 veröffentlichte Sammlung der damals in Kastilien geltenden Gesetze, deren Buch VIII das Strafrecht und das Strafverfahrensrecht enthielt, sowie eine ganze Reihe früherer Gesetzesvorschriften (aus den verschiedenen Fueros, Leyes usw.), vor allem die Siete Partidas Kastiliens (1256–1265) aus der Zeit Alfons' X. (des Weisen), mit denen römisches Recht, unter starkem Einfluß kanonischen Rechts, in Spanien rezipiert worden war. Die Siete Partidas erlangten im Rechtsleben Spaniens und der Kolonien große Bedeutung und waren noch bis zum vorigen Jahrhundert (als subsidiäres Recht) in Kraft. — Spanien hatte zwar 1805 sein geltendes Recht in der Novisima Recopilación (Strafrecht Buch XII) zusammengefaßt; Argentinien wurde jedoch vor ihrer Einführung in seinem Gebiet selbständig. Es setzte nur 1811 zwei Gesetze der Novisima Recopilación über den Raub zur besseren Bekämpfung der Eigentumsdelikte in Kraft.

Das spanische Strafrecht galt während der Unabhängigkeitskämpfe und noch jahrzehntelang danach fort. Es wurde jedoch von 1810 an durch eine Menge einzelner Gesetze, VOen usw. nach den Erfordernissen des Augenblicks in Einzelpunkten ergänzt oder abgeändert. Das Ergebnis war sehr bald ein unübersichtliches Durcheinander strafrechtlicher Vorschriften, die häufig für denselben Sachverhalt einander widersprechende Bestimmungen trafen, sich gegenseitig aufhoben, bald wieder außer Kraft traten usw.[1]) Es fehlten ein grundlegendes Gesetz und infolgedessen auch allgemeine Vorschriften. Aus den vorhandenen, sich oft widersprechenden Gesetzen nahm man, was gerade passend erschien. Die Verfahren wurden höchst summarisch durchgeführt[2]). — Das Dekret des Generals Justo José de Urquiza (der damals den argentinischen Bund provisorisch leitete) vom 24. August 1852, mit dem eine Kommission zur Ausarbeitung von Entwürfen für Zivil-, Straf-, Handels- und Prozeßgesetzbücher (allerdings erfolglos) eingesetzt wurde, sprach von „völlig unanwendbaren Gesetzen, wie fast alle strafrechtlichen, die häufig so

---

1 Soler I 103.

2 Fontán Balestra, Manual I 65.

grausame oder überspannte Bestrafungen androhen, daß die Richter, um nicht dem Fluch oder der Lächerlichkeit ihrer Anwendung ausgesetzt zu sein, selbst in jedem Falle als Gesetzgeber auftreten; und die Willkürlichkeit, die so sehr eine Feindin der Gerechtigkeit ist, wird zu allem Unglück eine Wohltat im Vergleich zu der Ungereimtheit, jene Strafen zu verhängen."[1])

Auch die Verfassung (Constitución Nacional) vom 1. Mai 1853 beendete diese gesetzliche Anarchie noch nicht. In ihr wurden das bundesstaatliche System verankert und der Kongreß für zuständig erklärt, u. a. ein Strafgesetzbuch zu schaffen. Streit herrschte darüber, ob dieses StGB auch Übertretungen enthalten sollte; die Verfassung sagte darüber nichts. — Der Aufbau der Gerichtsbarkeit blieb unberührt; er entspricht noch heute bundesstaatlichen Prinzipien (s. o.).

Die Verfassung von 1853 enthielt eine ganze Reihe strafrechtlicher Vorschriften, die allerdings z. T. nur programmatischen Charakter hatten. Sie sprach ausdrücklich die Gleichheit „der Einwohner der Nation" (nicht lediglich der argentinischen Staatsangehörigen) vor dem Gesetz aus und bestimmte, daß Strafen gegen diese Einwohner nur auf Grund vorherigen Verfahrens und eines schon vor der Tat geltenden Gesetzes verhängt werden dürften. Es fand sich ferner (aus dem Dekret vom 20. März 1835, das aber erst seit 1852 in Kraft war, übernommen)[2]) das Verbot der Todesstrafe für politische Delikte und der Vermögenseinziehung sowie das Verbot der Folter und der Auspeitschung (die letzte war allerdings schon kurz vor Ausbruch der Revolution abgeschafft worden). Ihrer Auffassung über die Strafe gab diese Verfassung mit der Bestimmung, die nationalen Strafanstalten sollten gesund und sauber eingerichtet sein und damit der Sicherheit und nicht der Bestrafung der Häftlinge dienen, Ausdruck; für jede aus Gründen der Vorsicht getroffene Maßnahme, durch die die Gefangenen mehr zu leiden hätten als die Vorsicht erfordert, sollte der sie genehmigende Richter zur Verantwortung gezogen werden. Alle diese Grundsätze galten als Fortschritt. Ferner wurde eine Reihe von Handlungen beschrieben, deren Begehung die Verfassung zu Verbrechen erklärte: so der Menschenhandel (Sklavenhandel), die Verletzung der Wohnung, des Brief- und Postgeheimnisses, der Verrat, der Aufruhr (vgl. Art. 230 Z. 1 StGB) und der Aufstand (aufgefaßt als Einräumung umfassender und tyrannischer Gewalten; vgl. Art. 227 StGB).

Das von der Verfassung in Aussicht gestellte StGB sollte jedoch noch lange Zeit auf sich warten lassen. Zunächst wurden im Zuge des Aufbaus des von der Verfassung vorgeschriebenen föderativen Rechtspflegesystems die Gesetze Nr. 48 (vom 13. Oktober 1862) und 49 (vom 25. August 1863; erst mit Inkrafttreten des geltenden StGB von 1922 aufgehoben) geschaffen. Gesetz Nr. 48 betraf Aufbau und Aufgaben der nationalen Gerichtsbarkeit (der Gerichtsbarkeit des Bundes), wäh-

---

1 Zitiert nach Jiménez de Asúa, Tratado I 799.

2 Fontán Balestra, Manual I 65.

rend Gesetz Nr. 49 in gewisser Hinsicht als ein (erstes) Strafgesetzbuch gelten kann, denn es enthielt neben Vorschriften aus der Zivil- und der Strafgerichtsbarkeit die Tatbestände einer Reihe der wichtigsten Straftaten nationaler Bedeutung (Hochverrat, Verbrechen, die den Frieden und die Würde der Nation gefährden, Seeräuberei, Aufstand, Aufruhr, Ungebührlichkeit gegenüber der Obrigkeit, Widerstand gegen die Obrigkeit und Gefangenenentweichung, Unterschlagung oder Entziehung öffentlicher Postsachen, Entziehung oder Zerstörung von in öffentlichen Ämtern aufbewahrten Urkunden, Fälschung, Bestechung und andere, von Bediensteten oder gegen den nationalen Fiskus begangene Delikte)[1]). Zur Aburteilung dieser Straftaten wurden die Bundesgerichte berufen.

Am 5. Dezember 1864 erhielt *Dr. Carlos Tejedor* den Auftrag, einen Strafgesetzentwurf auszuarbeiten. Er legte den allgemeinen Teil des mit Erläuterungen versehenen Entwurfs im Jahre 1865, den besonderen Teil 1868 vor. Als Vorbilder dienten das bayerische StGB von 1813, das 1850 reformierte spanische StGB von 1848 und das StGB von Louisiana (in der Darstellung von Livingstone). Die Anmerkungen, die Erläuterungen über die Doktrin und die ausländischen Gesetze, die als Vorbilder gedient hatten, enthielten, galten lange Zeit als „authentische Interpretation“[2]). Tejedor teilte die strafbaren Handlungen in Verbrechen, Vergehen und Übertretungen ein, nahm jedoch sogenannte Polizeiübertretungen, Pressedelikte, Militärdelikte und die Straftaten des Gesetzes Nr. 49 (s. o.) nicht in seinen Entwurf auf. Die Strafen wurden als gesetzliche Übel (males legales) definiert und in körperliche (Todesstrafe, mehrere Arten von Freiheitsstrafen), ehrentziehende und geldliche Strafen eingeteilt. Die Todesstrafe beschränkte Tejedor in der Hoffnung, daß sie bald ganz abgeschafft werden könne, auf besonders schwere Verbrechen; bei Frauen und Minderjährigen unter 18 Jahren sollte sie überhaupt verboten sein, desgleichen bei Indizienbeweis oder wenn das Verfahren mehr als 2 Jahre gedauert hatte. Auf die meisten Straftaten waren feste Strafen angedroht, wodurch der E etwas Kasuistisches erhielt. Den Rückfall faßte der E als Straferhöhungsgrund auf. Mildernde und erschwerende Umstände wurden aufgeführt (für die Fälle ohne feste Strafe), hatten aber im Gegensatz zur spanischen Tradition mehr den Charakter von Strafanwendungsregeln (wohl Einfluß des bayerischen StGB)[3]). Der Richter sollte einerseits die Art der Handlung als solche und andererseits das Verbrecherische der verfolgten Absicht beachten; der E zählte die auf die Handlung oder die Absicht bezüglichen Umstände auf, die die Strafbarkeit erhöhen oder mindern sollten. — Für Minderjährige war ein besonderes System vorgesehen: bei Kindern unter 10 Jahren häusliche Korrektion (wobei Mitwirkung und Überwachung durch die Behörde möglich), bei solchen zwischen 10 und 14 Jahren milde Strafen (Gefängnis von 2 Monaten bis zu einem Jahr) und bei denen zwischen 14 und 18 Jahren Min-

---

[1] Angaben nach Jiménez de Asúa, Tratado I 798.

[2] Juan P. Ramos, Curso de derecho penal, Bd. IV, 3. Aufl., 1943, S. 18.

[3] Jiménez de Asúa, Tratado I 802.

derung der Strafe; bei den 18- bis 21jährigen jedoch nur noch Ersatz der Todesstrafe durch unbestimmte Freiheitsstrafe möglich. — Die Strafen sollten nicht grausam, die Zuchthausstrafe jedoch entehrend sein (Kette am Fuß der Häftlinge, harte und beschwerliche Außenarbeiten). — Auch die zivilrechtliche Verantwortlichkeit war im Entwurf geregelt.

Der Entwurf Tejedor wurde nicht Gesetz, sondern von einer 1868 ernannten Kommission überarbeitet, die ihn zu einem neuen Entwurf umgestaltete, dem es (von *Villegas*, *Ugarriza* und *Garcia* verfaßt und 1881 vorgelegt) jedoch im Kongreß nicht besser erging. *Der Entwurf 1881* hatte die Dreiteilung der strafbaren Handlungen aufgegeben und kannte nur noch „delitos". Er sprach vom verbrecherischen Willen, der in der freien Entscheidung, eine Straftat zu begehen, bestehe. Die Kasuistik des Entwurfs Tejedor sollte vereinfacht werden und dem Richter ein gewisser Spielraum innerhalb (ziemlich enger) Strafrahmen verbleiben. Im ganzen entfernte sich der neue Entwurf großenteils vom bayerischen Vorbild und suchte Anlehnung an das spanische StGB von 1870.

Trotz seines Mißerfolges im Kongreß erlangte der Entwurf Tejedor großen Einfluß auf die weitere strafrechtliche Entwicklung in Argentinien. Die meisten Provinzen setzten ihn als Provinzialgesetze in Kraft, und er diente sogar als Vorbild für das StGB von Paraguay[1]).

Angesichts dieser Lage entschloß sich der Kongreß zur Ausarbeitung eines StGB auf der Grundlage des ersten Entwurfs Tejedor. Der von der Comisión de Códigos de la Cámara de Diputados ausgearbeitete endgültige Entwurf war jedoch trotz seiner Bezeichnung („Reformas al Proyecto de Tejedor") ein neuer Entwurf, der sich erheblich vom Entwurf Tejedor unterschied. Da ein weiterer Aufschub nicht mehr möglich erschien, wurde der neue Entwurf ziemlich schnell angenommen, und zwar durch *Gesetz Nr. 1920 vom 7. Dezember 1886*. Das so geschaffene StGB trat am 1. März 1887 in Kraft. Es hatte die Dreiteilung der strafbaren Handlungen ebenso wie die festen Strafen aufgegeben und die Zahl der Freiheitsstrafen vermindert. Die Todesstrafe blieb bestehen, war aber nicht anwendbar auf Frauen, Minderjährige und Personen über 70 Jahre, bei mildernden Umständen, in Verfahren, die ohne Verschulden des Angeklagten oder seines Verteidigers mehr als 2 Jahre gedauert hatten, nach Ablauf der halben Verjährungszeit, bei Indizienbeweis. Die Untersuchungshaft konnte auf körperliche Strafen angerechnet werden. Grundlage der Verantwortlichkeit sollte der verbrecherische Wille und die Bestrafung weder politisch noch religiös, sondern sozial sein, d. h. die Verbrecher sollten im Interesse und im Namen der Gesellschaft bestraft werden. Die zivilrechtliche Wiedergutmachung fand keinen Platz im StGB, da sie ins Zivilgesetzbuch gehöre.

Das StGB wurde gut aufgenommen, da es einen gesetzlosen Zustand beendete (allerdings wurde weithin nur eine bereits bestehende Lage durch Gesetz der Na-

[1] Jiménez de Asúa, Tratado I 803.

tion sanktioniert, da die meisten Provinzen den ersten Entwurf Tejedor in Kraft gesetzt hatten). Es wies jedoch nach dem Urteil zeitgenössischer Juristen große Mängel auf, so daß sich bald eine starke Kritik erhob. Schon die (o. gen.) Kommission hatte nicht geglaubt, mit ihrem Entwurf etwas Endgültiges geschaffen zu haben, war vielmehr der Meinung, man könne das StGB nach den Erfahrungen bei seiner Anwendung allmählich verbessern. Jetzt wurde u. a. gerügt, daß das StGB die von der Verfassung vorgeschriebene Vereinheitlichung des Strafrechts nicht in vollem Umfang gebracht (u. a. blieben noch Provinzialgesetze; vor allem aber waren die Delikte des Ges. Nr. 49, deren Aburteilung zur Zuständigkeit der Nationalgerichte gehörte, nicht in das StGB aufgenommen worden), neue Rechtseinrichtungen (wie Sonderbehandlung des Rückfalls — bisher lediglich strafverschärfender Umstand —, bedingte Verurteilung, bedingte Entlassung usw.) nicht aufgenommen und strafwürdige Taten straflos gelassen habe usf.

Auf Grund dieser Kritik beauftragte die Regierung am 7. Juni 1890 die Dres. *Norberto Piñero*, *Rodolfo Rivarola* und *José Nicolás Matienzo*, einen Reformentwurf auszuarbeiten, der im Juni 1891 mit ausführlichen Motiven vorgelegt wurde. Man hatte nunmehr auch die Delikte des Ges. Nr. 49 in den Entwurf einbezogen. Er teilte die strafbaren Handlungen in Verbrechen und Übertretungen ein, wobei er für die letztgenannten u. a. Höchststrafen, die die Provinzen, Territorien und Gemeinden androhen dürften, festsetzte, selbst aber nur Übertretungen nationalen Charakters enthielt, ließ die Todesstrafe bestehen (aber nur für den, der, zu lebenslangem Zuchthaus verurteilt, während der Strafverbüßung ein anderes, mit derselben Strafe bedrohtes Verbrechen begeht; ausgenommen waren jedoch Frauen, Minderjährige unter 18 Jahren und Alte über 70 Jahre sowie die Fälle des Indizienbeweises) und beschränkte die Hauptstrafen auf Kerker und Besserungshaus. Es waren für gefährliche geisteskranke Täter Unterbringung in einem Irrenhaus, für Jugendliche unter 14 Jahren, deren Belassung im Elternhaus usw. gefährlich erschien, Korrektionsmaßnahmen vorgesehen. Die bedingte Entlassung wurde gestattet. Der Rückfall erhöhte nicht lediglich die Strafe, sondern bildete die Grundlage für die Feststellung der Gewohnheitsmäßigkeit. Gefährliche Rückfällige und Gewohnheitsmäßige sollten auf eine Insel deportiert werden (vgl. den heutigen Art. 52). Die zivilrechtliche Verantwortlichkeit für Straftaten wurde geregelt. — Der besondere Teil des Entwurfs 1891 führte neue Tatbestände ein und ist vor allem wichtig, weil das StGB 1921 den größten Teil seiner Tatbestände über den Entwurf 1906 aus dem Entwurf 1891 nahm. Dem Richter ließ man jetzt größeren Spielraum bei der Festsetzung der Strafe. — Als Vorbild für den Entwurf diente in erster Linie das italienische StGB 1889, das die strafrechtlichen Ideen der Zeit am besten zu verwirklichen schien. Der größte Teil der Bestimmungen über Verbrechen gegen Personen z. B. ist aus dem italienischen StGB 1889 übernommen worden. Auch das holländische StGB hatte teilweise als Vorbild gedient.

Der Entwurf erhielt eine günstige Kritik. Viele bezeichnen ihn als „klassisch", während andere in ihm bereits manche Zugeständnisse an die Lehren der positivistischen Schule sehen wollen (vor allem die Auffassung, das StGB sei Instrument im Kampf — in der Verteidigung — gegen das Verbrechertum).

Der Kongreß hielt jedoch schließlich Teilreformen für genügend, und so erging das *Gesetz Nr. 4189 (Ley de Reformas) vom 22. August 1903*. Die als Reformen in das StGB eingeführten neuen Vorschriften stammten fast alle aus dem Entwurf 1891. Die Änderungen wurden mit geteilter Meinung aufgenommen.

In den Jahren vor und nach dieser Teilreform trat eine Reihe von Gesetzen strafrechtlichen Inhalts, die lediglich einzelnen dringenden Bedürfnissen abhelfen sollten, zugleich aber eine gewisse gesetzliche Verwirrung brachten, in Kraft. Bereits ein Jahr nach der Reform von 1903 ernannte die Regierung angesichts der Notwendigkeit, „den vielfältigen Gesetzen, die in der Republik über Bestrafung und Strafverfahren gelten, die größtmögliche Beständigkeit und Einheit zu geben“, eine neue Reformkommission. Diese legte am *10. März 1906* ihren Entwurf vor, nachdem vorher (1905) Rivarola (selbst Mitglied der Kommission) seinen Vorentwurf nebst einer Darlegung der Reformgrundsätze veröffentlicht hatte[1]). Der Entwurf wollte u. a. das Strafrecht gegenüber der Vielzahl der damals geltenden strafrechtlichen Gesetze vereinheitlichen und einige Neuerungen, die in anderen Ländern erprobt schienen, einführen. Er teilte die strafbaren Handlungen in Verbrechen und Übertretungen ein und widmete den Übertretungen ein eigenes (drittes) Buch. Die Arten der Freiheitsstrafen wurden auf drei beschränkt: Zuchthaus, Gefängnis, Haft. Die Todesstrafe blieb (jedoch mit weiteren Einschränkungen). Die bedingte Entlassung wurde geregelt und erstmals die bedingte Verurteilung (bei Strafen unter 2 Jahren) in den Entwurf aufgenommen sowie das System der (Aufzählung der) mildernden und erschwerenden Umstände endgültig aufgegeben und durch eine dem heutigen Art. 41 entsprechende Bestimmung ersetzt. Die Hehlerei sollte keine Form der Teilnahme mehr sein. Für die mehrfach Rückfälligen war Strafverbüßung im Süden des Landes vorgesehen; die Deportation blieb (s. o. Entwurf 1891).

Vorbild für den Entwurf 1906 waren der Entwurf 1891 und damit das italienische und das holländische StGB. Der Entwurf fand zunächst überwiegend gute Aufnahme, dann aber mehrte sich die Kritik; man machte ihm vor allem zum Vorwurf, daß er das norwegische StGB von 1902 und den Entwurf Stooß zum Schweizer StGB nicht beachtet habe und daß er theoretisch neutral sein wolle, anstatt die modernen Strömungen im Strafrecht zu berücksichtigen. Immerhin wurde der Entwurf 1906 zum Vorläufer des geltenden StGB von 1921.

---

[1] Er trat darin vor allem für ein einheitliches StGB für das ganze Land, für die Verminderung der Arten der Freiheitsstrafe, die Abschaffung der Todesstrafe, die bedingte Verurteilung, Deportation bei Rückfälligkeit, Ersatz kurzzeitiger Freiheitsstrafen durch Geldstrafen, Ersatz des Schadens, allgemeine Strafzumessungsregeln mit Schwergewicht auf den persönlichen Umständen des Täters, Qualifizierung der Verjährung durch die gute Führung des Beschuldigten oder Bestraften ein (Angaben nach Jiménez de Asúa, Tratado I 824).

1916 legte *Rodolfo Moreno* einen auf der Grundlage des Entwurfs 1906 ausgearbeiteten Entwurf vor, über den eine Umfrage unter Richtern und anderen, namhaften Juristen des Landes veranstaltet wurde. Eine Kommission der Abgeordnetenkammer sollte unter dem Vorsitz von Moreno die vorgeschlagene Reform prüfen. Am 16. Juli 1917 hatte sie ihre Arbeit beendet; es wurde der Entwurf 1917 *(Proyecto de Código penal para la Nación Argentina)* nebst den Motiven (beides hatte Moreno abgefaßt) veröffentlicht. In dem Entwurf wollte man den neuen Gedanken der sog. kriminalpolitischen Richtung Rechnung tragen (so wenigstens die Motive, die behaupten, man habe die Ideen des norwegischen StGB und der Schweizer und der deutschen Entwürfe den aus den früheren argentinischen Gesetzen und Entwürfen sowie der spanischen Gesetzgebung überkommenen Prinzipien, soweit diese den Erfordernissen der Zeit nicht mehr entsprächen, vorgezogen[1]).

Moreno hatte mit seinem Entwurf 1916 vor allem folgende Änderungen vorgeschlagen: Ausscheidung aller Vorschriften über Übertretungen aus dem StGB; Abschaffung der Todesstrafe, Weiterzahlung der Hälfte der Renten bestimmter Verurteilter zugunsten ihrer Familie, Einarbeitung einiger strafrechtlicher Nebengesetze in das StGB sowie Änderung der Strafandrohung oder Einschränkung oder Erweiterung der Tatbestände bei einer Anzahl von Delikten. Der Entwurf 1917 sah denn ebenfalls eine große Zahl von Neuerungen vor, u. a. Bestrafung der durch Argentinier im Ausland begangenen Verbrechen, Rückwirkung des günstigeren Gesetzes, besondere Strafanstalten für Minderjährige und Frauen, Höchstgrenzen der Übertretungsstrafen (für die Provinzen), Definition der Unzurechnungsfähigkeit, Sicherungsmaßnahmen für die gefährlichen Unzurechnungsfähigen, besondere Vorschriften für Minderjährige unter 18 Jahren, Anweisung an den Richter, von dem Angeklagten unmittelbar und durch Augenschein Kenntnis zu nehmen, größere Freiheit in der Bestrafung des Versuchs und der Beihilfe usw.[2]).

Die Abgeordnetenkammer billigte den Entwurf 1917 noch im selben Jahre und überwies ihn dem Senat, dessen Gesetzgebungskommission in ihrem Gutachten von 1919 Änderungsvorschläge unterbreitete, die überwiegend angenommen wurden. Erwähnenswert sind hier vor allem der Vorschlag, daß jeder wegen eines mit mehr als 10 Jahren Zuchthaus oder Gefängnis bedrohten Verbrechens Angeklagte eine psychiatrische Untersuchung über sich ergehen lassen sollte (welche Reform dann im Prozeßrecht durchgeführt wurde), die mildere Bestrafung des Totschlags in Erregung (Art. 81 Z. 1 lit. a; aus dem Schweizer Entwurf 1916 übernommen) und die Straflosigkeit der medizinisch, eugenisch oder aus Gefühlsrücksichten indizierten Abtreibung (heutiger Art. 86 II; in Z. 2 waren noch die bewußtlose und die widerstandsunfähige Frau sowie die aus einer Blutschande herrührende

---

1 Nach dem Zitat bei Jiménez de Asúa, Tratado I 830, der dort weiter angibt, die Theorien der kriminalpolitischen Schule seien bei Abfassung des Entwurfs noch nicht bekannt gewesen, sondern hätten erst vor Abfassung der Motive Eingang in Argentinien gefunden. — Bekannt jedoch waren die gen. Entwürfe.

2 Angaben nach den Mitteilungen bei Jiménez de Asúa, Tratado I 828 ff.

Schwangerschaft genannt; aus dem Schweizer Entwurf 1916 übernommen) sowie die Beseitigung der richterlichen Befugnis, den Ehegatten, Verwandten aufsteigender Linie oder Bruder, der seine Ehefrau, eine Verwandte absteigender Linie oder seine Schwester mit einem Dritten beim unerlaubten Beischlaf überrascht und einen von beiden oder beide auf der Stelle tötet, straflos zu lassen. Dem zu Geldstrafe Verurteilten sollte gestattet werden, seine Strafe durch freie Arbeit zu tilgen, soweit sich Gelegenheit dazu böte, und der Richter die Möglichkeit haben, Zahlung der Geldstrafe in Raten zu erlauben, sowie a. m. Bevor jedoch der Senat seine soeben angeführte Stellungnahme der Abgeordnetenkammer zugeleitet hatte (1921), waren durch einige Werke[1]) Lehren zeitgenössischer kriminalistischer Strömungen weiter bekanntgemacht worden, und der italienische Entwurf 1921 (Ferri) hatte den Anhängern des Positivismus größeren Auftrieb gegeben. Es entstand infolgedessen eine starke Strömung gegen den Reformentwurf. Man verlangte tiefgreifende Änderungen, die bei dem Stand der Reformarbeit nur noch schwer durchzuführen gewesen wären; und von vorn wollte man nicht noch einmal anfangen. So begnügte man sich mit einer Reihe kleinerer Änderungen. U. a. sollten die Todesstrafe wieder eingeführt und auf die erschwerten Tötungsfälle des Art. 80 angedroht, die Beschränkungen der Provinzen in der Übertretungsstrafgesetzgebung gestrichen, in Art. 34 Z. 1 der nicht verschuldete Tatirrtum aufgenommen, die jetzt in Art. 78 zu findende Vorschrift geschaffen und schließlich im besonderen Teil zahlreiche Verbesserungen angebracht werden. Die einzige unmittelbare Anknüpfung an die positivistische Theorie der Gefährlichkeit blieb die Aufnahme des Wortes „Gefährlichkeit" (peligrosidad) in Art. 41, ohne daß jedoch damit der Charakter des StGB auch nur in einem Teil geändert worden wäre.

Der so umgestaltete Entwurf Moreno wurde im September 1921 in der Abgeordnetenkammer beraten, die sich mit einer Reihe von Änderungen einverstanden erklärte, jedoch vor allem die vom Senat in den Entwurf eingefügte Todesstrafe wieder strich. Am *30. September 1921* als Gesetz angenommen, wurde das geltende StGB mit *Gesetz Nr. 11.179 am 29. Oktober 1921 verkündet* und *trat am 29. April 1922 in Kraft.* — Das Gesetz Nr. 11.221 vom 21. September 1923 *(Fe de erratas)* verbesserte die Fehler, die im ersten offiziellen Gesetzestext enthalten waren.

Das StGB wurde zwar von manchen, z. T. mit Nachdruck, gut aufgenommen, stieß aber bei den Strafjuristen ganz überwiegend auf Ablehnung, und selbst die Regierung begegnete ihm mit wenig Sympathie. Der Grund dafür ist wohl, daß die Lehren des Positivismus inzwischen in Argentinien weitgehend Anerkennung gefunden hatten, das neue StGB den positivistischen Forderungen aber nicht entsprach. Von vielen Anhängern des Positivismus wurde das neue StGB daher als „neuklassisch" verurteilt, während einige andere in ihm doch moderne (also positivistische) Ideen verwirklicht finden wollten.

---

[1] U. a. des dem Positivismus anhängendem nachmaligen Verfassers des Entwurfs 1941, José Peco, und des Verfechters der Lehren der kriminalpolitischen Schule in Argentinien, Juan P. Ramos, der deutsche und Schweizer Theorien übernahm.

III. Einflüsse fremder Gesetzgebungswerke auf das argentinische StGB[1])

Am meisten ist das argentinische StGB, mindestens was die Fassung vieler Gesetzesstellen anbetrifft, auf Grund der spanischen Tradition des argentinischen Strafrechts wohl vom spanischen StGB 1870 (z. T. durch Beibehalten von Vorschriften aus dem StGB von 1886, das vieles aus dem span. StGB 1870 übernommen hatte) beeinflußt worden, ferner (über den Entwurf 1906) vom italienischen StGB 1889 (vor allem in Tatbeständen des besonderen Teils). Für die Einführung von Neuerungen, insbesondere solcher auf Grund moderner kriminalpolitischer Forderungen, wurden vor allem die Schweizer Entwürfe zu Rate gezogen (so sind die Vorschriften der Art. 36 ff., 81 Z. 1 a und 86 II nach Schweizer Vorbildern, z. T. in wörtlicher Anlehnung, gestaltet worden). Eine gewisse Rolle scheinen auch die Strafgesetze Hollands und Norwegens sowie die deutschen Entwürfe und der schwedische Entwurf 1916 (aus diesem soll die Wendung des Art. 41 Z. 2 „... die Not oder die Schwierigkeit, den notwendigen Lebensunterhalt für sich und die Seinen zu verdienen ..." stammen)[2]), gespielt zu haben. Der italienische Entwurf 1921 hat schließlich noch die Aufnahme der Worte „größere oder geringere Gefährlichkeit" in Art. 41 Z. 2 bewirkt (vorher war von der Verkommenheit die Rede). — So ist das vielfach gefällte Urteil verständlich und vielleicht nicht ungerecht, das argentinische StGB trage einen eklektischen Charakter, und es fehle ihm eine ausgeprägte wissenschaftliche Orientierung.

IV. Die theoretische Stellung des argentinischen StGB[3])

Zur Würdigung der theoretischen Grundlagen des argentinischen StGB muß man sich zunächst vor Augen halten, daß die (italienische) positivistische Schule (der naturalistische Positivismus Lombrosos und seiner Kriminalanthropologie, Ferris und Garofalos) mit ihren Forderungen, die auf die ethische Verantwortlichkeit gegründete Vorwerfbarkeit durch die auf der Gefährlichkeit des Verbrechers beruhende soziale Verantwortlichkeit, für die die Zurechnungsfähigkeit keine Rolle spiele, zu ersetzen, eine für die individuelle Behandlung der Verbrecher (zum Zweck der Verteidigung der Gesellschaft gegen das Verbrechen und damit, um das Ziel der Sanktion, die Resozialisierung des Verbrechers, erreichen zu können) geeignete Vielzahl von Sanktionen (die keine Strafen, sondern lediglich Maßnahmen darstellen sollten) einzuführen und die unbestimmte Verurteilung an die Stelle der

[1] Ausführlich darüber Luis Jiménez de Asúa, El Nuevo Código Penal Argentino y los recientes proyectos complementarios ante las modernas direcciones del derecho penal; Madrid 1928 (2. Aufl. Buenos Aires 1943).

[2] So Jiménez de Asúa, El Nueve Código, S. 213. Wie er a.a.O. weiter angibt, ist die Formel der Unzurechnungsfähigkeit in Art. 34 Z. 1 nach dem Vorbild des russischen StGB 1903 gefaßt worden.

[3] S. die Anm. zum vorigen Abschnitt (III).

im voraus bestimmten Strafe zu setzen, von je mehr oder minder zahlreiche Anhänger in Argentinien gehabt hat. Bis zu den Jahren vor der Verabschiedung des geltenden StGB war der Einfluß des italienischen strafrechtlichen Positivismus durch weitere Verbreitung und vertiefte Kenntnis seiner Lehren stark angewachsen. Daneben spielte die sogenannte kriminalpolitische Richtung (in Deutschland die kriminalsoziologische Schule Fr. v. Liszts), die u. a. den Begriff der Vorwerfbarkeit nicht beseitigen, sondern nur durch den der Gefährlichkeit ergänzen und daher neben die Strafen Sicherungs- und Besserungsmaßnahmen treten lassen, die kurzen Freiheitsstrafen durch Geldstrafen ablösen und die bedingte Verurteilung einführen sowie dem Richter die Befugnis, in gewissen Fällen von einer Bestrafung abzusehen, erteilen wollte, eine recht bedeutende Rolle, mehr noch als durch die Zahl ihrer Anhänger durch vorhandene Vorbilder (ausländische Gesetze und Entwürfe), die sie zu Reformimpulsen und Einflüssen auf Entwürfe befähigten, in welcher Hinsicht sie der positivistischen Schule dank ihrer weniger revolutionären Ideen, die nicht völlig mit dem überkommenen Strafrecht brachen, und dank der erwähnten Vorbilder überlegen war. Sie fand Eingang in Argentinien zunächst jedenfalls weniger durch theoretische Arbeiten (dies in der Hauptsache wohl erst durch das Wirken von Juan P. Ramos, der seit 1916 — von 1922 an als ordentlicher Professor — bis 1946 an der Universität von Buenos Aires tätig war) als vielmehr durch Bekanntwerden ausländischer Entwürfe, die von den Ideen der kriminalpolitischen Schule getragen waren und als Vorbilder bei den Reformarbeiten in Argentinien dienen konnten. Auf Grund ihrer Einflußnahme auf die Reformbestrebungen (Entwürfe und Gesetze) jener Zeit in einer Reihe ausländischer Staaten galt sie vielfach als auf der Höhe des strafrechtlichen Denkens der Zeit befindlich. Der Positivismus trat mit einem praktischen Vorbild größeren Stils erst mit dem Entwurf Ferri 1921 auf den Plan, als die argentinische Strafgesetzreform bereits vor dem Abschluß stand. So ist das StGB 1921 trotz des großen theoretischen Einflusses des Positivismus in Argentinien kein typisches Erzeugnis dieses Positivismus geworden. Jiménez de Asúa[1]) will dies in erster Linie darauf zurückführen, daß die führenden „fortschrittlichen" Strafjuristen nicht zu den Verfassern des StGB gehört (sich vielmehr gegen das StGB ausgesprochen) hätten. — Aber auch das Programm der kriminalpolitischen Schule wurde in weiten Teilen nicht verwirklicht. Der Senat führte dazu in seiner Stellungnahme von 1919 aus: „Die Grundsätze der modernen Kriminalpolitik haben die Verfasser des Entwurfs teilweise inspiriert, als sie gewisse Maßnahmen, die darauf abzielen, das Verbrechen mit größerem Nachdruck zu bekämpfen, übernahmen. Ohne Zweifel hätte man in der Reform weiter gehen können, im Einklang mit den neuen Richtungen im Strafrecht und dem Beispiel einiger Gesetzgebungen folgend; aber man hat geglaubt, daß es nicht klug sei, ein Strafgesetzbuch zu einem Versuchsfeld für Lehren, die durch die soziale Erfahrung noch nicht geweiht sind, zu machen. Tatsächlich würde ein ultramodernes Gesetzbuch alle die erzieherischen, sichernden und bessernden Maßnahmen, die von den

[1] a. a. O. S. 178.

beiden Richtungen der Kriminalpolitik, der europäischen und der nordamerikanischen, empfohlen werden, verzeichnen können, wenn es diese Richtungen im Hinblick auf die Behandlung oder den Schutz der Verbrecher und die Verteidigung der ihren Angriffen ausgesetzten Gesellschaft miteinander in Einklang bringen könnte; aber solange dies aus verschiedenen Gründen und Umständen nicht möglich ist, wird man nur ein Minimum der seit einiger Zeit von der wissenschaftlichen Meinung aller Nationen geforderten Reformen in die positive Gesetzgebung aufnehmen dürfen.“[1])

Immerhin ist das Urteil der argentinischen Strafjuristen über die wissenschaftliche Orientierung ihres StGB nicht einheitlich. Während die offenbar überwiegende Meinung zwar in Einzelheiten unmittelbare Einwirkungen der kriminalpolitischen Schule (des Positivismus außer der bereits genannten Wendung in Art. 41 Z. 2 nur solche mittelbarer Art) sieht, aber doch im ganzen die durchgehende charakteristische Gestaltung durch den Positivismus oder die Lehren der kriminalpolitischen Schule vermißt und das StGB daher als „neoklassisch“ bezeichnet, halten andere[2]) das argentinische StGB für eines der Gesetzbücher, die den Forderungen der kriminalpolitischen Schule gefolgt sind: Unterscheidung zwischen Zurechnungsfähigen und Unzurechnungsfähigen (Art. 34 Z. 1), Strafen für die ersten, Sicherungsmaßnahmen für die zweiten (Art. 34 Z. 1 II u. III), weitere Sicherungsmaßnahmen für Rückfällige, Gewohnheitsmäßige und die Täter besonders schwerer Verbrechen (Art. 52 u. 80), Gefährlichkeit als Grundlage der Verhängung von Maßnahmen (Art. 34 Z. 1, auch Art. 52 III), als Maßstab für die Strafzumessung (Art. 41 Z. 2) und sogar als Grundlage der Bestrafung überhaupt (Art. 44 IV); ferner bedingte Verurteilung für Ersttäter leichter Verbrechen und besonderes Minderjährigenrecht (Art. 36–38). Jedoch ist immerhin zu beachten, daß jedenfalls das Maßnahmenrecht nicht zu einem eigenen System neben den Strafen ausgestaltet wurde, sondern sich nur auf Einzelfälle verstreut im StGB findet und auch hier erst nachträglich in manchen Punkten ergänzt worden ist (so hat man Art. 52 III u. Art. 53 erst 1944 eingefügt), daß das StGB die kurzen Freiheitsstrafen nicht generell durch Geldstrafen ablöst oder abzulösen gestattet u. a. m. — Im ganzen bleibt das StGB hinter den Forderungen der kriminalpolitischen Schule zurück. —

V. Übersicht über den Inhalt des argentinischen StGB

Das StGB handelt nur von *Verbrechen*. Die Gesetzgebung in *Übertretungssachen* ist den Provinzen, Gemeinden und Territorien vorbehalten (dem Nationalkongreß nur in seiner Eigenschaft als örtlicher Gesetzgeber). So haben z. B. die Bundeshauptstadt ein Gemeindeübertretungsgesetzbuch (Gemeindedekret vom

---

1 Zitiert nach L. Jiménez de Asúa, Tratado I 832 (833).

2 Z.B. Fontán Balestra S. 82/83.

28. März 1944) und die Provinz Santa Fé ein Übertretungsgesetzbuch, das 1952 in Kraft trat[1]), erlassen.

Der Grundsatz, daß Strafen nur auf Grund eines vor der Tat geltenden Gesetzes verhängt werden dürfen, findet sich nicht im StGB, sondern ist in der Verfassung verankert (Art. 29 der Verfassung vom 11. März 1949 wie schon Art. 18 der Verfassung von 1853).

In den Art. 1 und 2 bestimmt das StGB über seine *örtliche* und seine *zeitliche Geltung*. Die örtliche Geltung richtet sich grundsätzlich nach dem *Territorialitätsprinzip*, das allerdings in der Wendung „... deren Erfolg dort eintritt ..." durch das *Real- oder Schutzprinzip* ergänzt wird. Eine Einschränkung bezüglich des *persönlichen Geltungsbereiches* enthält Art. 214, eine Ausdehnung Art. 1 Z. 2. Nicht völlig klar ist die Bedeutung der Worte *„deren Erfolg dort eintritt*". Während z. B. Gómez[2]) darauf hinweist, das Gesetz beziehe sich in Art. 1 Z. 1 nur auf das Begehen von Verbrechen (delitos cometidos), nicht auf ihre Vollendung (delitos consumados), und daraus ableitet, mit „Erfolg" sei in erster Linie der tatbestandsmäßige Erfolg gemeint, behauptet Fontán Balestra[3]), die Taten, deren Handlung im Ausland vorgenommen wird, und deren Erfolg im Inland eintritt, seien im Inland begangen und fielen daher auch ohne die fragliche Wendung unter Z. 1 des Art. 1. — Mit „Erfolg" sind jedenfalls nicht die Folgen (die tatsächlichen Auswirkungen), sondern nur die für den Deliktstypus rechtlich bedeutsamen Wirkungen gemeint. Die gen. Wendung erfaßt daher nicht nur die Verbrechen, deren tatbestandsmäßiger Erfolg in Argentinien eintritt, sondern auch alle (von einem Argentinier oder einem Ausländer) im Ausland begangenen Taten, die das wirtschaftliche oder politische Leben des Staates oder die nationale Verteidigung angreifen (sie brauchen deshalb auch nicht im einzelnen aufgezählt zu werden). Der „Eintritt des Erfolges in Argentinien" wird auch vielfach mit der Verletzung eines von der argentinischen Rechtsordnung gewährleisteten Interesses gleichgesetzt (entsprechend einer im Vertrag von Montevideo von 1889, der Fragen des internationalen Strafrechts regelte, enthaltenen Wendung). Fraglich ist die Strafbarkeit einer im Ausland vorgenommenen Eheschließung nach (ebenfalls im Ausland erwirkter) Scheidung der früheren Ehe, die nach argentinischem Recht, das eine Scheidung dem Bande nach nicht kennt, ungültig ist (vgl. Art. 134 StGB). Während die Gerichte in dieser Eheschließung vielfach die Verletzung des von der argentinischen Rechtsordnung geschützten Rechtsgutes des Zivilstandes der Personen oder einer für die Gesellschaft grundlegenden Institution der Einehe, und damit des ordre public sehen und sie somit bestrafen, wird in der Theorie häufig darauf abgestellt, daß die Eheschließung in

---

1 Jiménez de Asúa in der »Chronique étrangère« der »Revue de droit penal et de Criminologie«, Brüssel, Juli 1953, S. 962 (= Das Strafrecht Iberoamerikas während der letzten 2 Jahre [1951–1952], ZStW 1954 S. 450 ff., 456); dort auch Einzelangaben über das Gesetz von Santa Fé.

2 Tratado I 190.

3 S. 143.

Argentinien nicht gelte und folglich das in Art. 134 StGB geschützte Rechtsgut des Zivilstandes nicht verletzen könne.

Das *Weltrechtsprinzip* gilt auf Grund internationaler Verträge oder allgemein anerkannter Regeln des Völkerrechts[1]).

Die *strafrechtliche Immunität* der Angehörigen ausländischer diplomatischer Missionen usw. wird nach völkerrechtlichen Grundsätzen anerkannt. Die Verfassung gewährt im Art. 61 den Mitgliedern gesetzgebender Körperschaften Indemnität bezüglich ihrer Äußerungen, die sie bei Erfüllung ihrer Aufgabe machen, nicht aber wegen Straftaten, die mit ihrem Amte nichts zu tun haben.

Die Vorschriften des *allgemeinen Teils* bilden immer das Kampffeld für die strafrechtlichen Theorien. Hier haben die Verfasser des StGB, worauf bereits hingewiesen wurde, der Hauptforderung des strafrechtlichen (naturalistischen) Positivismus, den überkommenen Schuldbegriff aufzugeben und durch den Begriff der sozialen Verantwortlichkeit, die zur Grundlage die Gefährlichkeit des Verbrechers habe (weil die soziale Verteidigung gegen alle, Zurechnungsfähige wie Unzurechnungsfähige, wirken müsse; nur für die Art der Sanktion komme es auf den Zustand der Person des Täters an, nicht für die Verantwortlichkeit als solche), zu ersetzen, nicht nachgegeben. Das Gesetz macht in Art. 34 Z. 1 I die *Zurechnungsfähigkeit* zur Grundlage der strafrechtlichen Verantwortlichkeit und behält damit den überkommenen strafrechtlichen Schuldbegriff bei; daneben aber bestimmt es in einer Reihe von Vorschriften (vgl. Art. 34 Z. 1 II u. III; 36, 37; 52, 53, 80; ferner 41; 44) die *Gefährlichkeit* zum Anknüpfungspunkt strafrechtlicher Folgen.

Das Gesetz definiert die *Zurechnungsunfähigkeit* im Abschnitt über die Zurechenbarkeit, die außer durch Zurechnungsunfähigkeit auch durch unverschuldeten Tatirrtum, Notstand, Pflichterfüllung und rechtmäßige Ausübung eines Rechts, Handeln auf Befehl (geschuldeten Gehorsam), Notwehr und Nothilfe (Art. 34), ferner durch jugendliches Alter (Art. 36 I) ausgeschlossen wird. Es geht in Art. 34 von der Annahme aus, daß eine deliktische Handlung fehle, wenn einer der dort genannten Umstände vorhanden sei[2]), so daß sich eine weitere Einteilung (die allerdings in der Theorie gemacht wird) für seine Zwecke erübrigt. — Vgl. auch Art. 35. — Nicht zurechnungsfähig ist, wer infolge mangelnder (gleich, ob der Mangel angeboren oder erworben ist) geistiger Fähigkeiten oder Bewußtlosigkeit das Verbrecherische seiner Handlung nicht einsehen oder sein Verhalten nicht lenken konnte[3]).

---

[1] Gómez a. a. O. S. 203.

[2] So faßt auch Gómez, Tratado I 536, diese Umstände auf; er nennt sie Gründe, die das strafrechtliche Unrecht beseitigen.

[3] Der unverschuldete Tatirrtum wird in einem Zuge mit den mangelnden geistigen Fähigkeiten und der Bewußtlosigkeit genannt. Es sei darauf hingewiesen, daß er vielfach (u. a. häufig in der italienischen Lehre) als Grund, der die Zurechnungsfähigkeit i. w. S.

Entsprechend der durch die Begriffe *Verantwortlichkeit* (im überkommenen Sinn) und *Gefährlichkeit* angedeuteten Zweispurigkeit kennt das Gesetz Strafen und sichernde oder bessernde sowie erzieherische Maßnahmen. Jedoch ist diese Zweispurigkeit nicht voll ausgebildet, da es an einem eigentlichen Maßnahmesystem fehlt[1]).

Die *Strafen* des StGB sind Zuchthaus, Gefängnis, Geldstrafe und Aberkennung oder Beschränkung von Rechten und Fähigkeiten (Art. 5). Die Todesstrafe wird allerdings in Art. 11 des Gesetzes Nr. 13.985 vom 11. Oktober 1950 (über die Bestrafung derer, die die Sicherheit der Nation angreifen) auf einige in Kriegszeiten mit großem Schaden für die Nation oder ihre Verbündeten begangene Verbrechen der Spionage und Sabotage zusammen mit lebenslangem Zuchthaus wahlweise angedroht. Ebenso kennt das Militärstrafgesetzbuch die Todesstrafe (bei Verbrechen gegen die Staatssicherheit — Spionage, Revolte, Anschlag auf Vorgesetzte usw. —, in Kriegszeiten auch noch bei einer Reihe anderer Delikte). Bei politischen Straftaten ist sie jedoch durch die Verfassung verboten. Die Haftstrafe hat sich im Übertretungsstrafrecht erhalten. — Die Beschränkung der freiheitsentziehenden Strafen auf 2 wurde von vielen als Fortschritt begrüßt, von den Anhängern des Positivismus aber als Hindernis bei der Individualisierung der Strafe (= Strafbehandlung) getadelt.

Die *unbestimmte Verurteilung* (im voraus, d. h. von Gesetzes wegen nach Art und Maß sowie im Urteil nach der Dauer, nicht bestimmte Strafen), eine der Forderungen des Positivismus, hat das StGB nicht eingeführt, sondern lediglich den Maßnahmen in Art. 34 Z. 1, 36 ff. und 52 eine unbestimmte Dauer gegeben (bei Minderjährigen allerdings relativer Art). Durch die Gesetzesänderung von 1944/1947 mit Einfügung eines neuen Art. 53 ging der Maßnahme gegen Rückfällige und Gewohnheitsmäßige jedoch viel von ihrer Unbestimmtheit verloren.

Die *Zuchthaus- und die Gefängnisstrafe*, die lebenslang oder zeitig (Höchstmaß: 25 Jahre) sein können, werden mit Arbeitszwang verbüßt. Die Art. 6–10 versuchen eine gewisse Differenzierung des Strafvollzugs. Über die Verwendung des Arbeitsertrages vgl. Art. 11. Der Vereinheitlichung des Strafvollzugs im gesamten Lande soll Art. 18 dienen. Für die während der Strafverbüßung geisteskrank werdenden Häftlinge gilt Art. 25.

(Zurechenbarkeit) ausschließt, aufgefaßt wird. In Argentinien hatte man sich nach Jiménez de Asúa (El Nuevo Código, S. 231) mit diesem Problem seinerzeit wenig beschäftigt.

[1] Die Gefährlichkeit bildet nicht nur die Grundlage der Verhängung von Maßnahmen (z. T. auch bei Jugendlichen), sondern ebenso der Strafzumessung (Art. 41), weswegen sowie wegen Art. 44 IV manche sie sogar als Grundlage auch der Strafe ansehen wollen (z. B. Fontán Balestra S. 176). Die Gefährlichkeit wird damit zur Basis des Strafrechts (zum Rechtsgrund der strafrechtlichen Folgen) überhaupt; die (vorhandene oder fehlende) Zurechnungsfähigkeit gibt dann nur noch an, welche Folgen eintreten sollen. — Dies ist vielleicht kennzeichnend für eine allgemeine Tendenz im argentinischen Strafrecht, wenn auch das StGB nach der überwiegenden Meinung beträchtlich hinter ihr zurückbleibt — siehe die Reformbestrebungen.

Die Art. 13–17 sind der *bedingten Entlassung*, die schon in den Entwurf 1891 aufgenommen worden war, gewidmet[1]). Während der Zeit der nur bedingten Freilassung bleibt die umfassende Aberkennung oder Beschränkung von Rechten und Fähigkeiten des Art. 12 bestehen, während die übrigen Beschränkungen (Art. 12 Satz 2 u. 3; interdicción legal de carácter civil), die keinen Rechtsverlust darstellen, sondern nur die Ausübung gewisser Rechte hindern (man spricht auch von tatsächlicher —nicht rechtlicher — Geschäftsunfähigkeit), mit der bedingten Entlassung wegfallen[2]).

Im *Strafvollzug* sind nach dem Gesetz Nr. 11.833 vom 30. September 1933, das jedoch nur für die nationalen Strafanstalten gilt (von den Provinzen aber übernommen werden kann), u. a. der Unterschied zwischen der Zuchthaus- und der Gefängnisstrafe (vom StGB vorgeschrieben, s. Art. 6 und 9) beseitigt und der Stufenvollzug (von der Beobachtungszeit bis zur überwachten Freiheit in 5 Stufen; ohne Festsetzung der Dauer der einzelnen Stufen und der Voraussetzungen zum Eintritt in die nächsthöhere Stufe) vorgeschrieben worden u. a. m.[3]).

Die *Aberkennung oder Beschränkung von Rechten und Fähigkeiten* (Art. 19, 20) faßt das StGB als Strafe auf. Sie kann umfassend (absolut, Art. 19) oder auf einzelne Rechte oder Fähigkeiten beschränkt (besondere Aberkennung, Art. 20) sein. In der ersten Form wird sie bei schweren oder entehrenden Verbrechen allgemeinerer Art angedroht, in der zweiten bei Verbrechen, die mehr den Charakter von Berufsverbrechen tragen (z. B. bei fahrlässiger Tötung oder fahrlässiger Körperverletzung, Art. 84 u. 94, aber auch etwa in den Fällen der Art. 248 ff., 254 II, 260, 266 usw.). Sie ist entweder Haupt- oder Nebenstrafe. Beispiele für die Hauptstrafe in der ersten Form enthalten etwa die Art. 259, 273, 274, für die in der zweiten die Art. 235 II, 260, 264. Generell knüpft das Gesetz die umfassende Aberkennung oder Beschränkung von Rechten und Fähigkeiten als Nebenstrafe an Verurteilungen zu Zuchthaus- oder Gefängnisstrafen von mehr als drei Jahren (Art. 12, Zusatzstrafe genannt; auf sie bezieht sich Art. 16, jedoch nicht auf den Teil der Strafe, den das Gericht nach Art. 12 für weitere 3 Jahre verhängen kann[4]). Sonst wird die (umfassende oder beschränkte) Aberkennung in vielen Strafbestimmungen des besonderen Teils als Nebenstrafe angedroht (ergänzende oder verbundene Strafe — zum Unterschied von der Zusatzstrafe des Art. 12 — genannt, z. B. in Art. 207, 258 II usw.).

---

[1] In Art. 53 wird das Institut der bedingten Entlassung jetzt auch bei der Bekämpfung („Behandlung") der gefährlichen Gewohnheitsverbrecher verwendet.

[2] Fontán Balestra S. 480 ff. unter Berufung auf die h. M. und die Rechtsprechung.

[3] S. auch Núñez S. 65 f. — Nach den Angaben bei Aftalión, Planeación de la Política criminal en la Argentina, Anuario de Derecho penal y Ciencias penales, Madrid, 1954 S. 313, herrscht im argentinischen Strafvollzugswesen der letzten Jahre eine ausgesprochen humanisierende Tendenz. Aftalión versichert jedoch, die Einrichtungen der Fürsorge für den Gefangenen und die zu seiner sozialen Umerziehung böten keinen Anreiz zur Verbrechensbegehung, sondern bewirkten das Gegenteil.

[4] Fontán Balestra, S. 491.

Der *Geldstrafe* (Art. 21 u. 22) wollte das StGB gegenüber früher einen größeren Anwendungsbereich geben, um so die kurzzeitigen Freiheitsstrafen zu bekämpfen[1]) (wie die kriminalpolitische Schule forderte). Sehr weit ist es in diesem Bemühen allerdings nicht gegangen. Eine Vorschrift zur Umwandlung kurzer Freiheitsstrafen in Geldstrafen fehlt; es werden nur im besonderen Teil weniger schwerwiegende Taten mit Geldstrafe (allein, selten auch wahlweise neben anderen Strafen) bedroht. Art. 21 III zeigt das Bestreben, die Umwandlung der Geldstrafe in eine Ersatzfreiheitsstrafe möglichst zu vermeiden. — Das Tagesbußensystem (aus dem schwedischen Entwurf von Thyren von 1916 bei den Vorbereitungen der Reform bekannt) hat das StGB nicht übernommen; statt dessen gibt Art. 21 eine Handhabe für weitgehende Individualisierung der Geldstrafe und läßt dem richterlichen Ermessen insbesondere bei der Vollstreckung der Geldstrafe großen Spielraum (vgl. Art. 21 IV, der Zahlungserleichterungen ermöglicht). Bei der Umwandlung der Geldstrafe in Freiheitsstrafe ist das StGB dem spanischen Vorbild fester Umwandlungsmaßstäbe nicht gefolgt. — Vgl. auch Art. 24.

Die *bedingte Verurteilung* (Art. 26–28), einer der Programmpunkte der kriminalpolitischen Schule, die das argentinische StGB übernommen hat, findet sich erstmals im Entwurf 1906 (nach dem Vorgang des Entwurfs Rivarola 1905). Bemerkenswert ist, daß das Gesetz sie (außer bei Freiheitsstrafen bis zu 2 Jahren) auch bei Geldstrafen zuläßt, obwohl hier nicht die Gründe vorliegen können, die ursprünglich als Anlaß für einen bedingten Strafaufschub bei kurzzeitigen Freiheitsstrafen angegeben wurden (kriminelle Ansteckung, Verlust der Furcht vor dem Gefängnis, weder Besserung noch Einschüchterung usw.). — Hat die erstmalige Aburteilung (nur bei dieser kommt die bedingte Verurteilung in Betracht) mehrere Verbrechen zum Gegenstand (Verbrechenskonkurrenz), so ist die bedingte Verurteilung ausgeschlossen, wenn auf Zuchthaus erkannt wird (Art. 26 II). — Für die Frage der Erstverurteilung sind auch die verjährten Verurteilungen in Betracht zu ziehen; ebenfalls hat Art. 27 I hier keine Bedeutung[2]). — Streitig ist, ob bei einer bedingten Verurteilung auch die (in Art. 26 nicht genannte) Aberkennung oder Beschränkung von Rechten und Fähigkeiten aufgeschoben werden kann. In den Fällen der akzessorischen Aberkennung (Art. 12) wird die Frage wegen der Länge der verhängten Strafe nicht praktisch, wohl aber in den Fällen der ergänzenden Aberkennung (s. S. 29 oben). Die Rechtsprechung setzt hier teilweise die Komplementärstrafe mit der Hauptstrafe (Freiheitsstrafe, Geldstrafe) aus.

Der *Strafzumessung* widmet das StGB in den Art. 40 und 41 recht ausführliche Vorschriften. In Art. 41 hat es das frühere System abschließender Aufzählung der die Strafe beeinflussenden Umstände aufgegeben. Ziffer 1 nennt in weiter und allgemeiner Fassung die bei der Strafzumessung in Betracht zu ziehenden objektiven Umstände; Ziffer 2 gibt eine Anzahl subjektiver Merkmale an, die die größere oder

---

1 Jiménez de Asúa, El Nuevo Código, S. 186.

2 Fontán Balestra, S. 305.

geringere Gefährlichkeit des Täters zeigen können und daher bei der Strafzumessung berücksichtigt werden sollen, ohne jedoch die für die Beurteilung der Gefährlichkeit des Täters wesentlichen Umstände abschließend aufzuzählen. Die Gefährlichkeit des Täters wird damit zur Grundlage der Strafzumessung in subjektiver Hinsicht gemacht. — Der letzte Satz der Ziffer 2 enthält schließlich ein Anweisung an den Richter über die Art und Weise, wie er sich seine Überzeugung bilden (die Beweisaufnahme bezüglich der Beurteilung der Gefährlichkeit des Täters durchführen) soll[1]). — Vor allem Ziffer 2 des Art. 41 hat dem StGB mancherorts[2]) den Ruhm eingebracht, in seinem Strafzumessungssystem fortschrittlich zu sein und neue Wege zu gehen, wobei es dem richterlichen Ermessen weiten Spielraum lasse. Art. 41 Ziff. 2 ist die einzige Stelle, an der eine unmittelbare Beeinflussung durch den italienischen Positivismus nachweisbar ist. Der Entwurf hatte in Art. 41 Ziff. 2 die Umstände, die die „größere oder geringere Verkommenheit" (perversidad) des Verbrechers zeigen, aufgezählt. Der Entwurf Ferri (1921) sprach dann (anstelle der herkömmlichen erschwerenden und mildernden Umstände) von Umständen größerer oder geringerer „Gefährlichkeit". Bei der Senatsberatung wurde daraufhin *perversidad* durch *peligrosidad* (Gefährlichkeit) ersetzt[3]), womit man den jüngsten Fortschritten auf dem Gebiet der Verbrechensbekämpfung zu folgen glaubte.

Für die Bemessung der Geldstrafe gibt Art. 21 I noch eine über Art. 41 hinausgehende Regel.

Die *Untersuchungshaft* wird auf die erkannte Strafe angerechnet. Vgl. dazu Art. 24.

Neben den Strafen kennt das StGB einzelne (heilende, bessernde, erzieherische, sichernde) *Maßnahmen*: gegen die Unzurechnungsfähigen (an Stelle der Strafe, Art. 34 Ziff. 1 II und III; beachte die unterschiedliche Formulierung); gegen Minderjährige (an Stelle der Strafe; fraglich, ob daneben Bestrafung; Art. 36, 37); gegen Gewohnheitsverbrecher (neben der Strafe; Art. 52; daß die Maßnahme sich nicht gegen die Rückfälligkeit als solche, sondern gegen die Gewohnheitsmäßigkeit richtet, wird aus Art. 52 II hergeleitet[4]) und die Täter der schwersten Straftaten (Art. 80). Das Maßnahmerecht baut auf dem Begriff der Gefährlichkeit auf (vgl. Art. 34 Ziff. 1 II und III; Art. 36 III, 37 Ziff. a II; Art. 52 III, 53 I), ausgenommen bei Jugendlichen in Art. 36 II und 37 Ziff. a I, wo nicht allein auf die Persönlichkeit des Minderjährigen (ihre Gefährlichkeit) abgestellt ist (wie in Art. 36 III und 37

---

1 Inwieweit diese Vorschrift allerdings in der Praxis befolgt wird, steht dahin. Die Provinzen handhaben im Strafprozeß durchweg kein mündliches, sondern ein schriftliches Verfahren. Reformbestrebungen sollen im Gange sein. (Aftalión, Planeación de la política criminal en la Argentina, Anuario de derecho penal y ciencias penales, Madrid 1954, S. 314).

2 Z. B. bei Jiménez de Asúa, El Nuevo Código, S. 216.

3 Jiménez de Asúa, El Nuevo Código, S. 184.

4 so Gómez, Tratado I 531.

Ziff. a II). In einigen Fällen bestimmt das Gesetz, daß es den Täter unter den jeweiligen Voraussetzungen als gefährlich angesehen wissen will, in andern überläßt es dem Richter die Entscheidung über die Gefährlichkeit. Vgl. für die erste Alternative Art. 34 Ziff. 1 III (der sich auf die Bewußtlosigkeit — Zustand tiefgreifender Änderung des Bewußtseins, wie bei Trunkenheit, Mondsüchtigkeit, hypnotischem Schlaf, epileptischen Anfällen, Schlaftrunkenheit usw. — und den unverschuldeten Tatirrtum — auf diesen jedenfalls nur infolge schlechter Fassung des Artikels, da es hier an jeder Gefährlichkeit fehlt — bezieht[1])) und Art. 52 (s. aber auch Art. 52 III), für die zweite Alternative Art. 34 Ziff. 1 II (der sich auf die ungenügende Entwicklung oder krankhafte Störung der Geistestätigkeit bezieht), Art. 36 III, 37 Ziff. a II und Art. 80. In den Fällen der zweiten Alternative hat das Gericht die Maßnahmen zu verhängen, wenn es annimmt, die Gefährlichkeit sei vorhanden[2]). Als weitere Sicherungsmaßnahme (eliminierender Art) wird die *Ausweisung von Ausländern* (in Nebengesetzen, insbesondere dem Gesetz Nr. 4144 vom 23. November 1902 geregelt) angegeben.

Für die *Minderjährigen* galt nach dem StGB folgendes: 1. Jugendliche unter 14 Jahren sind nicht strafmündig, können jedoch Schutz- und Besserungsmaßnahmen (Erziehungsmaßnahmen) unterworfen werden: a) Belassen in der eigenen Familie, bei Vormündern oder Schutzpersonen; b) Einweisung in eine Besserungsanstalt unter den in Art. 36 II genannten Voraussetzungen; vgl. näher Art. 36. — 2. Bei Jugendlichen zwischen 14 und 18 Jahren (Art. 37) sind je nach der Schwere der Strafe zwei Fälle zu unterscheiden: a) Übersteigt die Freiheitsstrafe nicht 2 Jahre oder kommt nur eine Geldstrafe in Betracht (wäre also bedingte Verurteilung möglich), so können Schutz- und Erziehungsmaßnahmen ähnlich wie bei Jugendlichen unter 14 Jahren angeordnet werden[3]). Bestritten ist, ob in diesen Fällen α) weder effektiv noch bedingt bestraft, sondern nur auf Besserungsmaßnahmen erkannt werden durfte (so die h. M.) oder β) eine (effektive oder bedingte) Bestrafung erforderlich und das Gericht außerdem befugt war, zusätzlich Besserungsmaßnahmen anzuordnen (so die Cámara del Crimen de la Capital), oder γ) der Richter zwischen bedingter Verurteilung und Besserungsmaßnahmen wählen durfte[4]). — b) Bei höheren Strafen kann die Minderjährigkeit nicht mehr (i. S. der Theorie zu 2 a) α)) strafausschließend (Ersetzung der Strafe durch Maßnahmen) wirken; es kommt nur noch eine Strafmilderung in Betracht (Art. 37 Z. b). — S. auch Art. 38 und 39.

Das am 25. März 1955 in Kraft getretene Gesetz Nr. 14.394, das sich mit der Strafbarkeit Minderjähriger, der Eheschließung und der Ehescheidung sowie der Verschollenheitsvermutung und dem Familiengut befaßt, brachte eine Neuregelung

---

1 Fontán Balestra S. 520, 521.

2 Fontán Balestra S. 176, 177.

3 Belassen in der eigenen Familie, bei Vormündern oder Schutzpersonen; ehrbaren Dritten anvertrauen; Einweisung in eine Besserungsanstalt; Art. 37 Z. a I und II.

4 Nach Fontán Balestra S. 201, 202.

des Minderjährigenstrafrechts (in seinen Art. 1–13). Danach sind Minderjährige unter 16 Jahren nicht strafmündig und die 16- bis 18jährigen nur vermindert strafrechtlich verantwortlich. Für die 18- bis 22jährigen gibt das Gesetz einige Sondervorschriften. Neben den Maßnahmen können nötigenfalls auch Strafen verhängt werden[1]).

Daß es sich bei der Einschließung der *gefährlichen Gewohnheitsverbrecher* (Art. 52) um eine Maßnahme und nicht um eine (Zuchthaus-)Strafe handelt, ist in der Rechtsprechung und überwiegend in der Literatur anerkannt. Sie wird häufig als ausscheidende (eliminierende) Maßnahme bezeichnet. — Die Gewohnheitsmäßigkeit ergibt sich für das Gesetz aus rein objektiven Merkmalen, nämlich der Art und Anzahl der früheren Verurteilungen (Art. 52 I) oder der Art und Anzahl der abzuurteilenden Taten bei Zusammentreffen mehrerer Verbrechen (Art. 52 II). Die Gefährlichkeit folgt aus der Gewohnheitsmäßigkeit. Nur in den Fällen des Art. 52 III ist der Richter zu einer eigenen Beurteilung der Gefährlichkeit des Verbrechers befugt und verpflichtet. — Die Maßnahme der Einschließung tritt nicht etwa an die Stelle der Verurteilung, sondern es wird zusätzlich zu der dem Verbrecher wegen der abzuurteilenden Tat(en) zukommenden Bestrafung auf Einschließung von unbestimmter Dauer erkannt. Der Verurteilte gelangt dann nach Verbüßung der Strafe in die Sicherungsverwahrung. Vor der erwähnten Gesetzesänderung war in Art. 52 Einschließung im Süden vorgeschrieben; jetzt kann die Maßnahme auch an einem andern Ort vollzogen werden. — Weil es sich bei der Einschließung um eine Sicherungsmaßnahme und nicht um eine Strafe handelt, gilt nach der Rechtsprechung Art. 51 II nicht im Rahmen des Art. 52 (auch die Verurteilungen vor dem 18. Lebensjahr werden in Betracht gezogen). Ebenso ist die Rückfallverjährung (Art. 50 IV) im Rahmen des Art. 52 ohne Bedeutung[2]). Aus ähnlichen Gründen zieht die Rechtsprechung für die Anwendung des Art. 52 nur Vorsatzdelikte in Betracht[3]).

Ursprünglich enthielt das StGB keine Vorschriften über die Beendigung der Einschließung von unbestimmter Dauer (es hatte wohl der Richter a posteriori das Ende der Maßnahmen zu bestimmen). Die Reform von 1944 hat dann, entsprechenden Vorschlägen folgend, in Art. 53 die bedingte Entlassung eingeführt (die Freilassung unter der Bedingung des Nachweises, daß die Gefährlichkeit geschwunden sei) und bestimmte Fristen und Bedingungen für sie sowie für die endgültige Erlangung der Freiheit festgesetzt. Die 10- bzw. 5-Jahres-Frist, die Art. 53 I für die bedingte Entlassung angibt, beginnt erst nach verbüßter Hauptstrafe zu laufen[4]). — Die endgültige Freilassung ist nach 5 Jahren der überwachten Freiheit möglich.

---

[1] Nach den Angaben bei Jiménez de Asúa, Chronique de Droit Pénal de pays de l'Amérique Espagnole pendant les années 1954–1955, Revue de droit pénal et de criminologie, Brüssel, 1956, S. 924. — Der Text des gen. Gesetzes lag dem Übersetzer nicht vor.

[2] Gómez, Tratado I 531.

[3] Fontán Balestra S. 184.

[4] Fontán Balestra S. 186. — Nach seiner Angabe hat das Gesetz den zu lebenslänglicher Freiheitsstrafe und zusätzlicher Einschließung von unbestimmter Dauer (Art. 80) Verur-

Die Sicherungsmaßnahme des Art. 52 kann auch bei den Fällen der *erschwerten Tötung* des Art. 80 verhängt werden (Erschwerung der lebenslangen Strafe durch eine Sicherungsmaßnahme von unbestimmter Dauer). Nach Carlos Malagarriga[1]) handelt es sich hierbei um eine Überstrafe (superpena), die die Todesstrafe ersetzt hat.

Grundlage der Verhängung der Sicherungsmaßnahme des Art. 52 ist in erster Linie die *Rückfälligkeit* (Art. 52 I). Das StGB hat (wie die Entwürfe) die herkömmliche Bewertung des Rückfalls als eines lediglich strafschärfenden Umstandes aufgegeben und die Rückfälligkeit zu einem Ausgangspunkt der Sonderregelung für gefährliche Gewohnheitsverbrecher gemacht. In dieser Beziehung sind bereits die Art. 17, 14 und 26 von Interesse.

Der erste Rückfall (Art. 50) ist nur erschwerender Umstand, der die Strafe innerhalb des Strafrahmens erhöht (vgl. Art. 41 Z. 2). Der zweite Rückfall erschwert die Strafverbüßung (Art. 51), während schließlich der mehrfache Rückfall unter den in Art. 52 I genannten Umständen Anlaß zur Verhängung der Sicherungsmaßnahme wird.

Voraussetzung für die Rückfälligkeit nach Art. 50 (Entsprechendes gilt für Art. 51) ist — neben der erneuten Deliktsbegehung — lediglich eine frühere Verurteilung zu einer Freiheitsstrafe. Die (frühere) Strafe braucht, mit Ausnahme der Fälle des Art. 50 II (hier genügt aber schon teilweise Verbüßung), nicht verbüßt zu sein[2]). Auch für die zweite Verurteilung wird eine Freiheitsstrafe gefordert[3]). Die Verurteilung zu Geldstrafe oder zur Aberkennung oder Beschränkung von Rechten und Fähigkeiten wirkt nicht rückfallbegründend, wohl aber nach der Rechtsprechung (unter Widerspruch in der Literatur) die zu Freiheitsstrafe wegen einer nur fahrlässigen Tat[4]). — Art. 51 droht keine Sicherungsmaßnahme an, sondern sagt nur etwas über die Art der Strafverbüßung[5]).

In diesem Zusammenhang sei noch darauf hingewiesen, daß 1933 durch Gesetz Nr. 11.752 ein nationales *Strafregister* (Registro Nacional de Reincidencia) geschaffen wurde, dem jede Verurteilung nebst einer Reihe von Daten über den Verurteilten (u. a. der Fingerabdrücke) mitgeteilt werden muß.

---

teilten vergessen. Bei lebenslanger Freiheitsstrafe könne zwar grundsätzlich nach 20 Jahren die bedingte Freilassung erlangt werden, nicht aber im vorliegenden Falle (wegen der unbestimmten Einschließung des Art. 52); und da die lebenslangen Strafen kein Strafende hätten, könnten auch die in Art. 53 für die Gewährung der bedingten Freilassung vorgesehenen Fristen nicht zu laufen beginnen (S. 186/187).

1 Código Penal Argentino, Bd. I, S. 365.

2 Fontán Balestra S. 183.

3 Fontán Balestra, Manual I 165; Malagarriga, Código Penal Argentino I (1927) S. 348.

4 Fontán Balestra S. 184.

5 Fontán Balestra S. 187.

Weitere Straffolgen sind der *Verfall* (Art. 23), der *Entzug der väterlichen Gewalt, der Vermögensverwaltung und des Vermögensverfügungsrechts* sowie die *Stellung unter Pflegschaft* (Art. 12 Satz 2 und 3). Der Verfall wird von Gómez[1]) nicht als Strafe, sondern als Maßnahme (Vorsichtsmaßnahme, auch wegen der Untersuchung usw.) bezeichnet. Auch der Entzug der privaten Rechte in Art. 12 Satz 2 (interdicción civil) stellt keine Strafe, sondern eine notwendige Nebenfolge, die nur Schutzzwecken (keinen repressiven Zwecken) dient (denn es tritt ein Zustand „tatsächlicher Geschäftsunfähigkeit" ein), dar[2]) (deshalb endet er bei der bedingten Entlassung, nicht erst nach Ablauf der Bewährungszeit). Die Unterstellung unter Pflegschaft ist nur die Folge des Entzugs der gen. Rechte. — Das Recht zur Ausübung der väterlichen Gewalt geht nach Art. 305 ZGB auf die Frau (Mutter der Kinder) über; fehlt sie, so wird gem. Art. 480 ZGB der Pfleger, auf den sich Art. 12 S. 3 bezieht, zum Vormund.

Die *zivilrechtliche Verantwortlichkeit (Wiedergutmachung des Schadens)* hat das StGB eingehend geregelt (im Gegensatz zum StGB 1886, aber im Einklang mit anderen lateinischen Rechten und den Entwürfen). Schadenersatzpflichtig sind alle für das Verbrechen Verantwortlichen (wozu offenbar auch der Hehler gehört, vgl. die übernächste Anm.), und zwar gesamtschuldnerisch (Art. 31), andere Personen nur bis zur Höhe ihrer Teilhabe (sofern diese auf einem vorteilbringenden Rechtsgrund[3]) beruht) an den durch das Verbrechen erlangten Sachen (Art. 32)[4]). Ersatzberechtigt ist jeder durch das Verbrechen Geschädigte (Art. 29 Ziff. 1). Art und Umfang des ersatzfähigen Schadens und der Ersatzleistung bestimmt Art. 29 in Ziff. 1–3 (beachte aber Art. 32). Einzelheiten über die Rangfolge der Ersatzpflicht, die Zahlungsweise und die Beitreibung enthalten die Art. 30, 29 Ziff. 4 (Abführung eines Teils des Lohnes bei bedingt Entlassenen), 33 (Ziff. 1: Abführung eines Teils des Ertrags der Gefängnisarbeit; Ziff. 2: Abführung eines Teils der Einkünfte) und 70.

Es ist nicht vorgeschrieben, daß das Strafurteil eine Anordnung über die Wiedergutmachung zu enthalten habe (Art. 29). Ob die zivilrechtliche Schadenersatzforde-

---

1 Tratado I 603.

2 Gómez, Tratado I 592/593.

3 título lucrativo: zivilrechtlich eigentlich der Rechtsgrund, auf Grund dessen man unentgeltlich erwirbt (Gegensatz: título oneroso); so auch eine verbreitete Auslegung, während aber z. B. Antón Oneca (Derecho Penal, Bd. I 1949, S. 618) für das spanische Recht auch den Erwerb zu niedrigem Preise hierher zählt und Mallo I 195 für das argentinische Recht ganz allgemein vom Kauf spricht. — Die Grundlage der Vorschrift sieht man in dem Satz „nemo cum alterius damno fieri locupletior".

4 Rückforderung der ungerechtfertigten Bereicherung. Nach Gómez, Tratado I 662, bezieht sich Art. 32 selbstverständlich nicht auf solche Personen, die wissentlich in einer Weise erworben haben, die sie zu Hehlern macht — wohl weil der Hehler unter Art. 31 fällt (a. A. Mallo I 195/196, der auf ihn Art. 32 anwenden will). — Die Vorschrift ist fast wörtlich aus Art. 128 des span. StGB 1870 (heute Art. 108) übernommen worden (über den E Tejedor und den E 1906). Nach dem span. StGB zählt die Hehlerei zur Teilnahme, und der Hehler ist ausdrücklich nach dem Täter und dem Gehilfen unter den Ersatzpflichtigen genannt (Art. 107).

rung im Strafprozeß geltend gemacht werden kann, hängt vom jeweiligen Prozeßrecht (Angelegenheit der Provinzen) ab.

Neben den bisher behandelten Fragen, in denen sich vor allem die kriminalpolitische Haltung des StGB abzeichnet, treten die Fragen mehr dogmatischen Interesses etwas in den Hintergrund[1]). Es sei nur auf einige kurz eingegangen.

Über die *Tatbestandsmäßigkeit* findet sich im StGB nichts. Sie hat auch als systematische Frage im argentinischen Strafrecht nur geringe Bedeutung. Wo sie in der Literatur behandelt wird, geschieht dies meist im Anschluß an ausländische Vorbilder. Eigentliche Tatbestandsprobleme spielen kaum eine Rolle.

Die Theorie bemüht sich, die in Art. 34 neben der Zurechnungsunfähigkeit als die Strafbarkeit ausschließend genannten Umstände nach Rechtfertigungs- und Schuldausschließungsgründen aufzuteilen. Sie werden aber auch zusammenfassend als Gründe, die das strafrechtliche Unrecht beseitigen, bezeichnet: Sobald sie vorliegen, fehle es an einer deliktischen Handlung[2]).

Als *Unrechtsausschließungsgründe* gelten die in Art. 34 Ziff. 3, 4, 6 und 7 genannten Umstände. Dazu kommen nicht im Gesetz genannte Rechtfertigungsgründe (deren Existenz die Literatur bejaht): so die Einwilligung des Verletzten, sofern dieser dispositionsbefugt ist; ferner Handeln in der Verwirklichung eines vom Staat anerkannten Zieles[3]) und (wenigstens bei manchen Schriftstellern; bestritten) Nichtzumutbarkeit anderen Verhaltens[4]). — Ebenfalls bestritten ist die Einordnung

---

1 Jedenfalls nach dem Gesetz. Für die Theorie gilt dies allerdings großenteils nicht. Trotz der Vorherrschaft des Positivismus und der beständigen Kritik seiner Vertreter am StGB hat sich eine Dogmatik, selbst unter Beteiligung führender Positivisten (Gómez, Peco u. a.) herausgebildet. In erster Linie sind hier Gómez (bis 1946 Professor in Buenos Aires, Positivist, gestorben am 27. Juli 1954) und Soler (bis 1946 Professor in Córdoba, „Klassiker“) mit ihren großen Lehrbüchern (s. Abkürzungsverzeichnis) zu nennen. Soler war von der deutschen Dogmatik beeinflußt. Schon vorher (s. o. unter IV) hatte Ramos das Interesse für deutsche Lehren zu wecken gesucht und von 1916 an an der Universität von Buenos Aires gegenüber dem bis dahin dort herrschenden italienischen Positivismus nachder sog. kriminalpolitischen Richtung hin orientierte deutsche und Schweizer Doktrinen vertreten (nach Jiménez de Asúa, Tratado I 886, 892). In Soler erreichte dann der Einfluß deutscher Lehren wohl einen Höhepunkt (Jiménez de Asúa, Tratado I, 892).

2 So Gómez, Tratado I 536.

3 Fontán Balestra S. 264. Z. B. wird die Sportverletzung in der Rechtsprechung durch den übergesetzlichen Rechtfertigungsgrund der Gewährleistung des vom Staat verfolgten Zieles der Verbesserung der Gesundheit und der Stärkung des Volkstums gerechtfertigt, aber unter der Voraussetzung, daß die Spielregeln eingehalten worden sind (Jiménez de Asúa in der „Chronique Etrangère“ der „Revue de droit pénal et de criminologie“, Brüssel, Juli 1953, S. 965).

4 So Fontán Balestra S. 268, 269: Diese Nichtzumutbarkeit sei wesentliches Merkmal aller Unrechtsausschließungsgründe. — Nach ihm ist auch z. B. die Rechtfertigung der beim ärztlichen Eingriff verursachten Verletzung oder Tötung im argentinischen Strafrecht kein Problem, da der Eingriff durch die (in Art. 34 Z. 4) ausdrücklich gestattete rechtmäßige Ausübung eines Rechts gedeckt sei. Diese Argumentation wendet er — mit der bereits genannten — auch bei den Sportverletzungen an (S. 264).

des Handelns auf Befehl (Art. 34 Z. 5). Núñez z. B. sieht in ihm einen Rechtfertigungsgrund[1]), während wahrscheinlich überwiegend nur ein Schuldausschließungsgrund angenommen wird[2]). — Wegen der Überschreitung der Grenzen rechtmäßigen Handelns vgl. Art. 35.

Den *Vorsatz* definiert das StGB nicht; es findet sich auch keine Vorschrift, die auf einen bestimmten Vorsatzbegriff Bezug nimmt. Die Auffassung vom Vorsatz ist (wobei eine Rolle spielen mag, daß es an einer eigentlichen Tatbestandslehre fehlt; auch etwa ein „wertfreier" Tatbestand wird nicht gedacht) nicht durch eine analysierende Betrachtungsweise gekennzeichnet. Es wird das Verbrechen als solches (in seiner Gesamtheit) ins Auge gefaßt, wodurch der Vorsatz sich wesentlich durch seine Richtung auf das Verbrecherische der Handlungsweise bestimmt. Das Verbrecherische der Handlungsweise aber ist in der Verbrechensbeschreibung des Gesetzes angegeben und in der Hauptsache durch das Hervorrufen des verbrecherischen Erfolges, zu dessen Verhinderung das Gesetz eine Handlung mit Strafe bedroht, charakterisiert. Unter diesem Blickpunkt wird das Vorsatzproblem im allgemeinen gesehen. Der Vorsatz ist daher immer als verbrecherischer Vorsatz gemeint, dessen Inhalt nicht in einer Beziehung des handelnden Subjekts zu einer wie auch immer aufgefaßten Tatbestandsverwirklichung, sondern wesentlich in der Beziehung zum Deliktischen des vom Subjekt herbeigeführten Geschehens liegt[3]), für das der den Deliktstypus bestimmende (verbotene) Erfolg konstitutiv ist. Deshalb auch konnte Art. 34 Z. 1 einem großen Teil der Theorie als Anknüpfungspunkt für eine Vorsatzdefinition dienen. Danach handelt vorsätzlich, wer im Zeitpunkt der Handlung das Verbrecherische der Tat[4]) begriffen und sein Verhalten geleitet hat[5]). Soler ersetzt das „und" in dieser Definition durch „oder" (vorsätzlich handelt demnach, wer das Bewußtsein vom Verbrecherischen der Tat hat *oder* seine Handlung leitet: Es genügt, daß die Tat bewußt vorgenommen oder gelenkt worden ist[6]), und sein Schüler Núñez erläutert, der Täter handle vorsätzlich, wenn er bei der Handlung die Absicht hatte, das Verbrechen zu begehen, oder doch seiner Verwirk-

---

[1] Sofern der Untergebene den Befehl nicht prüfen durfte; bei Prüfungsbefugnis und Irrtum: Schuldausschließungsgrund (S. 24).

[2] Z. B. Fontán Balestra S. 328 ff.

[3] Daß die — vergleichsweise — geringe Ausbildung der Tatbestandssystematik damit Hand in Hand geht, dürfte einleuchtend sein. Die strenge Zergliederung in Tatbestandsmäßigkeit und Rechtswidrigkeit und des Tatbestandes in Einzelbestandteile fehlt (obwohl diese Begriffe natürlich bekannt sind und Rechtswidrigkeitsprobleme — vor allem als Rechtfertigungsprobleme — ausgiebig behandelt werden), wodurch das Vorsatzproblem unter den gen. Blickpunkt gerückt wird.

[4] „Tat" ist hier nicht der Akt des Handelns (= Tun), sondern das „Gehandelte".

[5] Fontán Balestra S. 298 im Anschluß an Ramos (Los delitos contra el honor, 1939, S. 111), der wohl als erster die Vorsatzdefinition aus Art. 34 Z. 1 herleitete. Ähnlich auch Jiménez de Asúa, Tratado V 376, 422.

[6] Intellektuelle und voluntative Vorsatzkonstruktion stehen gleichwertig nebeneinander.

lichung innerlich zustimmte[1]). — Aber auch dort, wo die Vorsatzdefinition nicht aus Art. 34 Z. 1 hergeleitet wird, fällt sie kaum anders aus: Vorsatz ist dann im wesentlichen immer das Vorhaben, eine verbrecherische Handlung auszuführen[2]). Die Einsicht in das Verbrecherische der Tat folgt aus der Kenntnis der (konstitutiven) Verbrechensmerkmale, vor allem also des verbrecherischen Erfolges[3]).

Mit Hilfe der genannten Vorsatzdefinition wird auch das Irrtumsproblem gelöst: Der Irrtum beseitigt den Vorsatz nur, wenn er wesentlich ist, d. h. die Kenntnis des Verbrecherischen der Handlung beseitigt. Daher ist z. B. der error in persona unbeachtlich, beachtlich aber der Irrtum über einen Tatumstand i. S. des § 59 des deutschen StGB. Ein *Bewußtsein der Rechtswidrigkeit* wird für den Vorsatz überwiegend nicht verlangt, ein eigentliches Unrechtsbewußtsein neben dem Vorsatz vielfach auch gar nicht gedacht: Es ist von der Kenntnis des Verbrecherischen der Handlung meist nicht als selbständiges Element geschieden. Wo sich daher das Bewußtsein der Rechtswidrigkeit erwähnt findet, wird es häufig als Gesetzeskenntnis verstanden, die überflüssig sei[4]). Entgegen der h. M. verteidigt jedoch Soler den Standpunkt, daß das zum Vorsatz erforderliche Bewußtsein des Verbrecherischen der Tat ein Bewußtsein des Unerlaubten der Handlung sei (nicht aber Kenntnis der Strafbarkeit)[5]). Ähnlich halten ein Bewußtsein der Rechtswidrigkeit für erforderlich Jiménez de Asúa[6]) und Fontán Balestra[7]), [8]).

---

1 S. 25.

2 Nach dem Entwurf Tejedor z. B. handelte vorsätzlich, wer „sich die Verwirklichung des aus seiner Handlung als vorgehabten Zweck derselben herrührenden Verbrechens, wissend, daß der gefaßte Entschluß unrecht und strafbar ist, vornimmt." — Gómez definierte im Entwurf 1937 (ebenso in seinem Tratado I 439): „Das Verbrechen ist vorsätzlich, wenn das Ergebnis der Handlung oder Unterlassung, welches das Verbrechen darstellt, der Absicht, die bei seiner Ausführung vorhanden war, entspricht." — In Art. 7 I des Entwurfs Peco (1941) heißt es:„Ein Verbrechen ist vorsätzlich, wenn der Täter eine tatbestandsmäßig rechtswidrige Tat mit Bewußtsein, willentlich und mit der Vorstellung des gewollten oder gebilligten Erfolges ausführt." — Und nach Fontán Balestra handelt ganz allgemein vorsätzlich, wer sich im Augenblick der Handlung einen verbrecherischen Erfolg als sicher oder möglich eintretend vorstellt, den er, in erster oder letzter Hinsicht, will oder billigt (S. 294/295).

3 S. dazu auch unten beim Bewußtsein der Rechtswidrigkeit.

4 So Gómez, Tratado I 437.

5 II 69.

6 Tratado V 422, 469 ff.

7 S. 296. Nach ihm besteht das Bewußtsein der Rechtswidrigkeit in der Kenntnis der verbrecherischen Natur der Tat, die verwirklicht wird, wozu lediglich Kenntnis der Tatsachen sowie die ihrer rechtlichen Bedeutung — jedoch nur in einer laienhaften Art (hierin Jiménez de Asúa folgend, der insoweit von deutschen Lehren beeinflußt ist) — erforderlich sei (S. 297). Bewußtsein der Rechtswidrigkeit und die mit Kenntnis der deliktskonstitutiven Merkmale gegebene Kenntnis des Verbrecherischen der Handlung werden also im Grunde nicht geschieden.

8 Die Rechtsprechung spricht mitunter vom erforderlichen Bewußtsein, daß gegen eine Pflicht gehandelt werde oder wendet die Formel, der Vorsatz bestehe im Bewußtsein des

Die h. L. stützt ihre Meinung, daß das Bewußtsein der Rechtswidrigkeit nicht zum Vorsatz gehöre, großenteils auf Art. 34 Z. 1 (wo nur vom Tatirrtum die Rede ist). Aus dieser Vorschrift wird auch abgeleitet, daß der Rechtsirrtum (den man häufig nicht vom Problem des Bewußtseins der Rechtswidrigkeit unterschieden findet) im argentinischen Strafrecht keine Bedeutung habe, also nicht entschuldige[1]). Dagegen Jiménez de Asúa[2]). — Soweit es sich um den Irrtum über Rechtsbegriffe, die zur Tatbestandsbeschreibung verwendet werden, handelt, wird man vielleicht sagen können, daß das Bestreben dahin geht, als vorsatzausschließend nicht den Irrtum über eine rechtliche Vorschrift oder den Rechtsbegriff als solchen, sondern nur über ihren als Merkmal des gesetzlichen Tatbestandes aufzufassender Inhalt (tatsächlicher oder rechtlicher Art) anzusehen[3]).

Es werden verschiedene *Arten des Vorsatzes* unterschieden: dolus directus und dolus indirectus oder eventualis, dolus determinatus und dolus indeterminatus. Vor allem bei der Abgrenzung des dolus eventualis zur Fahrlässigkeit und zum schuldlosen Verhalten (Zufall) treten eine Reihe von Einzelproblemen auf. — Eine gewisse Bedeutung hat auch die Unterscheidung zwischen generischem und spezifischem Vorsatz, weil der zweite für manche Delikte erforderlich ist oder die Verbrechensbegehung qualifiziert oder privilegiert. Man spricht von generischem Vorsatz, wenn der vorgestellte und gewollte Erfolg mit dem Ergebnis der Handlung (dem schädigenden Ereignis) übereinstimmt (das Vorhaben also nicht über die Tatbestandserfüllung als solche hinausgeht), von spezifischem Vorsatz hingegen, wenn eine weitergehende Absicht, die mit der Tat verfolgt wird, hinzutritt: vgl. z. B. Art. 130, 138, 170 (ohne die Absicht Art. 141), 107 S. 2 (ohne die Absicht Art. 106).

Verbrecherischen der Tat bzw. sei Bewußtsein der Ausführung der Handlung, an. — Die Cámara de lo Criminal y Correccional de la Capital verlangt z. B. für Verleumdung das Wissen, daß man ein Verbrechen niemandem, der es nicht begangen hat, nachsagen darf; der Zeuge, der Umstände verschweigt, müsse seine Rechtspflicht kennen, sie mitzuteilen (Angaben nach den bei Jiménez de Asúa, Tratado V 469, 473, aufgeführten Urteilen).

[1] So Fontán Balestra, Manual I 270 ff.; ähnlich wohl Núñez S. 25. — José Peco schlug in seinem Entwurf (1941) folgende Irrtumsvorschrift vor (Art. 9):

Bei einem wesentlichen Rechtsirrtum kann der Richter die Sanktion frei mildern oder auch die Verantwortlichkeit ausschließen, wenn der Täter begründeten Anlaß hatte, an die Erlaubtheit der Tat zu glauben.

Beim Tatirrtum über ein wesentliches Merkmal eines bestimmten Verbrechens hat der Richter die irrige Abschätzung für den Ausschluß der Verantwortlichkeit in Betracht zu ziehen.

Wenn der Rechts- oder der Tatirrtum durch Fahrlässigkeit bedingt ist, wird die auf das fahrlässige Verbrechen angedrohte Sanktion verhängt.

[2] Tratado V 422.

[3] Vgl. Núñez S. 25. — Fontán Balestra trennt (Manual I 271/272) zwischen strafrechtlichem und außerstrafrechtlichem Rechtsirrtum, hält aber auch den letzten wegen Art. 34 Z. 1 nach dem Gesetz nicht für vorsatzausschließend, will jedoch unter Berufung auf Soler bei wirklichem (?) Rechtsirrtum dieser Art annehmen, daß nicht alle objektiven und subjektiven Erfordernisse (?) des Tatbestandes erfüllt seien.

Zu den Vorsatzverbrechen gehört auch das sog. *präterintentionelle Delikt*: Der Täter nimmt sich einen bestimmten Erfolg vor, es tritt aber ein anderer, weitergehender ein, der weder vorhergesehen noch gewollt war (erfolgsqualifiziertes Delikt). Das einzige Beispiel dieser Art im argentinischen StGB steht in Art. 81 Z. 1 lit. b. Der Deliktstypus wird durch den weitergehenden Erfolg bestimmt. Es muß aber dieser Erfolg ein Interesse oder Gut verletzen, dessen Natur nicht von der des anderen, das angegriffen werden sollte, verschieden ist. Wenn z. B. aus der beabsichtigten Sachbeschädigung eine Personenverletzung wird, so kommt höchstens eine fahrlässige Körperverletzung in Betracht. Das StGB hat die Präterintentionalität nur beim Totschlag aufgenommen (Art. 81 Z. 1 lit. b). Sie wirkt hier als Milderungsgrund; die Tat wird als vorsätzliche Tötung angesehen (denn sie entspricht der verfolgten Absicht, einen Schaden zu verursachen), aber milder bestraft. In der Theorie nimmt man (im Einklang mit Art. 81 Z. 1 lit. b) an, daß beim präterintentionellen Delikt der das Vorhaben übersteigende Erfolg nicht voraussehbar gewesen sein darf (war er voraussehbar, so entfällt die Privilegierung durch die Präterintentionalität, es wird z. B. wegen voller vorsätzlicher Tötung bestraft; vgl. Art. 81 Z. 1 lit. b[1]).

Wie eine allgemeine Begriffsbestimmung des Vorsatzes, so fehlt auch eine solche der *Fahrlässigkeit*. Das Gesetz beschreibt aber im besonderen Teil einzelne Fälle dieser, die dementsprechend oft durch Aufzählung ihrer einzelnen Fälle definiert wird[2]). — Die Unterscheidung zwischen bewußter und unbewußter Fahrlässigkeit scheint man nicht allgemein zu machen[3]). — Bezüglich der Voraussehbarkeit stellt Gómez[4]) nicht auf das einzelne Individuum, sondern auf den normalen Menschen ab. — Die im Nichtbeachten von Vorschriften oder Pflichten liegende Unterlassung wird als eine Form der Nachlässigkeit angesehen; sie stellt für sich allein schon die Fahrlässigkeit dar (objektives Fahrlässigkeitsurteil)[5]).

---

1 Angaben nach Gómez, Tratado S. 443 ff. — Im Entwurf 1937 sollte die Präterintentionalität nicht auf Totschlag beschränkt bleiben. Coll-Gómez definierten: „Ein Verbrechen ist präterintentional, in den vom Gesetz besonders bestimmten Fällen, wenn der Erfolg die bei der Ausführung des Verbrechens vorhandene Absicht übersteigt, sofern das angewendete Mittel ihn vernünftigerweise nicht herbeiführen durfte." — Vgl. auch Art. 8 des Entwurfs 1941 von J. Peco (der den Ausdruck „Präterintentionalität" vermeidet und von „erfolgsqualifiziertem Verbrechen" spricht): „Bei dem durch den Erfolg qualifizierten Verbrechen ist die für den Erfolg angedrohte Sanktion zu verhängen, wenn der Täter ihn vorhersehen konnte."

2 Z. B. von Gómez entsprechend dem Entwurf 1937: „Ein Verbrechen ist fahrlässig, in den vom Gesetz besonders bestimmten Fällen, wenn der Erfolg durch Unvorsichtigkeit, Nachlässigkeit, Unerfahrenheit oder Nichtbeachten von Gesetzen, Verordnungen, Anordnungen, Pflichten oder Regeln entsteht." — Art. 7 II des Entwurfs Peco (1941) enthält eine ähnliche Bestimmung. — Ähnlich auch Núñez S. 25.

3 Gómez z. B. leugnet, daß es eine bewußte Fahrlässigkeit gebe; er zählt diese Fälle zu den Vorsatztaten (Tratado I 452); anders dagegen z. B. Fontán Balestra S. 305.

4 Tratado I 451.

5 Das Gesetz habe hier bestimmt, daß unter den gen. Voraussetzungen Fahrlässigkeit des Täters als gegeben hinzunehmen sei (Fontán Balestra S. 312).

Entschuldigungsgründe sind der unverschuldete Tatirrtum in Art. 34 Ziff. 1 (dazu gehört auch der Irrtum über die — tatsächlichen — Voraussetzungen eines Rechtfertigungsgrundes), der Notstand (Zwang) des Art. 34 Ziff. 2 und (bestr.; s. o. bei den Rechtfertigungsgründen) das Handeln auf Befehl (Art. 34 Ziff. 5)[1]).

Wegen der Überschreitung der Grenzen eines Entschuldigungsgrundes vgl. Art. 35.

Persönliche *Strafausschließungsgründe* kommen im Gesetz mehrfach vor, z. B. in Art. 185; 278, 279; 217[2]).

Von der *Versuchsbestrafung* handeln die Art. 42–44.

Hinsichtlich der *Teilnahme* ist wichtig zu bemerken, daß das StGB, (wie schon der Entwurf 1906) die Hehlerei nicht mehr als Form der Teilnahme auffaßt, sondern ihr einen besonderen Tatbestand (im Abschnitt über die Straftaten gegen die öffentliche Verwaltung, Art. 277) widmet. Vgl. im übrigen die Art. 45–49.

Vorschriften über die *Verbrechenskonkurrenz* finden sich in den Art. 54 bis 58. Das StGB unterscheidet Handlungseinheit (Art. 54) und Handlungsmehrheit (Art. 55, 56). Das Unterscheidungsmerkmal liegt nach dem Gesetz in der Selbständigkeit der Handlung. — Von der Gesamtstrafenbildung spricht Art. 58 (dessen Absatz 2 auf das eingangs erwähnte Nebeneinander verschiedener Gerichtsbarkeiten Bezug nimmt). — Das Gesetz enthält keine Regeln über die Gesetzeskonkurrenz; wohl aber haben sich solche in Lehre und Rechtsprechung herausgebildet.

Der Abschnitt über das „Erheben der Klagen" bringt Vorschriften über *Strafantrag* und *Privatklagen* (Art. 71–76), während sich im Abschnitt „Erlöschen der Klagen und der Strafen" Bestimmungen über das Erlöschen des Klagerechts (Art. 59) durch den Tod des Beschuldigten (Art. 59), durch Amnestie (Art. 61), *Verfolgungsverjährung* (Art. 62, 63) oder Verzicht des Verletzten (Art. 60), über die *Vollstreckungsverjährung* (Art. 65, 66), die Hemmung und Unterbrechung der Verjährung (Art. 67) sowie über die Wirkung einer *freiwilligen Zahlung* bei den mit Geldstrafen bedrohten Verbrechen (Art. 64), der Begnadigung und der Verzeihung durch den Verletzten (Art. 68, 69) finden. Art. 70 stellt schließlich klar, daß das Vermögen des Verurteilten stets dem Zugriff wegen der im Strafurteil zuerkannten vermögensrechtlichen Schadenersatzforderungen unterliegt und auch der

---

1 Zum Handeln auf Befehl gilt folgendes: a) durfte der Untergebene den Befehl, der rechtswidrig war, prüfen, so ist er — außer bei Zwang — verantwortlich; b) hat er diesen Befehl zu prüfen unterlassen, so hat er fahrlässig gehandelt; c) fehlte die Prüfungsbefugnis oder hatte der Untergebene die Rechtswidrigkeit nicht erkennen können, dann fehlt die Verantwortlichkeit oder der Täter befand sich in unverschuldetem Irrtum (Fontán Balestra S. 329). — Gómez, Tratado I 549: einem gesetzwidrigen Befehl gegenüber sei niemand zum Gehorsam verpflichtet.

2 Der letzte wird von Jiménez de Asúa, El Nuevo Código, S. 222, als Untergrabung der Treue und Belohnung des Verrats schwer getadelt.

Tod des Verurteilten daran nichts ändert. Amnestie und Begnadigung lassen die Schadenersatzansprüche Privater unberührt (Art. 61 und 68).

Im letzten Abschnitt des allgemeinen Teils (Art, 77 und 78) gibt das Gesetz einige Begriffserläuterungen.

Der *besondere Teil* des StGB (Zweites Buch) ist in 12 Abschnitte aufgegliedert (Art. 79–302). Trotzdem er nicht über eine sehr große Anzahl von Artikeln verfügt, entbehrt er nicht einer gewissen Kasuistik. Hinzu kommt, daß, was man auch im allgemeinen Teil bemerken kann, der Gesetzgeber wiederholt zur Beschreibung eines Tatbestandsmerkmals mehrere Ausdrücke gleicher oder ähnlicher Bedeutung anwendet. In der Übersetzung wurde diese Häufung manchmal vereinfacht. — Zur Fassung der Strafbestimmungen ist noch zu bemerken, daß das Gesetz in der Regel die Strafdrohung voranstellt und daran die Tatbestandsbeschreibung schließt („Es wird bestraft werden mit ..., wer ...“). Es erschien angebracht, bei der Übersetzung die Strafdrohungen, wie auch im deutschen StGB üblich, nachzustellen.

In seinem besonderen Teil hat das StGB Argentiniens durch den Aufbau seiner Tatbestände stark den Charakter eines Schutzrechts, d. h. eines *Rechts zum Schutze der* anderweit, d. h. außerhalb des Strafrechts, bestehenden *Rechtsordnung*. Es fällt dem Betrachter auf, daß das Gesetz zur Tatbestandsbildung häufig Begriffe aus anderen Rechtsgebieten, insbesondere dem Zivilrecht, verwendet, die dabei nicht etwa ihre ursprüngliche Sinngebung verlieren, sondern in aller Regel weiterhin i. S. ihrer z. B. privatrechtlichen Bedeutung ausgelegt werden. Durchweg ist die *strafrechtliche Begriffsbildung*, gemessen am deutschen Strafrecht, wenig verselbständigt. Man will dies auch im allgemeinen nicht (wohl aus der Auffassung, daß dies dem Zweck der Strafdrohungen, die anderweit vorgegebenen Rechtsinstitutionen zu schützen, widerspräche[1])); einzelne Versuche in dieser Richtung sind i. d. R. auf Ablehnung gestoßen. — Auf Grund des geschilderten Sachverhaltes erschien es angebracht, in Anmerkungen, soweit erforderlich, auf die entsprechenden außerstrafrechtlichen Vorschriften hinzuweisen, um damit eine richtige Einordnung der Strafbestimmung innerhalb des Rahmens der Strafrechtsordnung zu ermöglichen sowie ihren Inhalt und ihre Bedeutung erkennen zu lassen.

Die Systematik des Gesetzes verdient wegen der in ihr ausgedrückten Wertung der geschützten Rechtsgüter ein gewisses Interesse. Vorangestellt sind die Verbrechen gegen den einzelnen (gegen individuelle Rechtsgüter oder vorwiegend gegen solche, wenn mehrere betroffen sind)[2]); es schließen sich an die Verbrechen gegen

---

1 „Man darf nicht vergessen, daß die Rechtsordnung eine einzige ist ... Der Gesetzesausleger muß die Normen, die er analysiert, immer ... vor allem mit jenen, die dasselbe geschützte Gut betreffen, in Verbindung bringen ...“: so Fontán Balestra, Manual II 1 S. 15.

2 Dies entspricht bereits einer argentinischen Tradition: Seit dem Entwurf Tejedor haben alle Gesetze und Entwürfe — mit Ausnahme des Entwurfs 1881, der die Verbrechen

die Gesamtheit (die Öffentlichkeit); danach kommen die gegen die Nation als solche, den Staat als Institution, seine Ordnung und seine Einrichtungen. Den Schluß bildet eine Anzahl von Straftaten unter der Bezeichnung „Verbrechen gegen das öffentliche Vertrauen", die offenbar ebenfalls als gegen Rechtsgüter der Gesamtheit gerichtet angesehen werden sollen, über deren genauere Einordnung sich der Gesetzgeber aber vielleicht nicht im klaren gewesen ist.

Bei den *Verbrechen gegen den einzelnen* stehen die Straftaten gegen die Person (gegen das Leben und die körperliche Unversehrtheit) an erster Stelle; den Schluß bilden die dem Schutz des Vermögens gewidmeten Strafvorschriften. Dazwischen ordnen sich die Straftaten gegen die Ehre, die Sittlichkeitsverbrechen, die Verletzungen des Personenstandes und die Straftaten gegen die Freiheit ein. — In der Literatur wird kritisiert, daß der Ehebruch unter den Sittlichkeitsdelikten steht. Man sieht ihn als Verbrechen gegen die eheliche Treue an, wobei eine gewisse Neigung festzustellen ist, als geschütztes Rechtsgut ein überindividuelles (Familie, Familienordnung[1])) anzunehmen. Bei den eigentlichen Sittlichkeitsdelikten (Vergewaltigung, Verführung, sittliche Verderbnis, Verletzung des Schamgefühls und Entführung) scheint die Literatur doch mit dem StGB darin übereinzustimmen, daß das geschützte (oder doch in erster Linie geschützte) Rechtsgut ein individuelles sei (Freiheit des Willens in sexueller Hinsicht, individuelles Schamgefühl oder individuelle Sittlichkeit, wozu manchmal noch das kollektive Schamgefühl — die öffentliche Sittlichkeit — tritt)[2]). Beachtenswert ist auch, daß Vergewaltigung (Art. 119), Verführung (Art. 120, 121), Verletzung des Schamgefühls (Art. 127–129) und Entführung (Art. 130, 131) nur auf Antrag des Verletzten oder seines gesetzlichen Vertreters, Vormundes oder seiner Schutzperson verfolgt werden (Art. 72; siehe jedoch die Ausnahmen in Art. 72 I zweiter Halbsatz und Art. 72 II 2). Der Ehebruch ist Privatklagedelikt (Art. 73). — Auch an der Einordnung der Verbrechen gegen den Personenstand (Art. 134–139) wird teilweise Kritik geübt. Diese Delikte gelten wohl (mindestens in erster Linie) als Angriffe auf den Zivilstand (den jede Person — als individuelles Rechtsgut — hat), was allerdings bei den einzelnen Delikten zweifelhaft sein kann. — Zu den Verbrechen gegen die Freiheit gehören auch die Geheimnisverletzung (Verletzung des Post-, Berufsgeheimnisses usw.) und die Verletzung der Arbeits-, Vereinigungs-, Versammlungs- und Pressefreiheit (Art. 140–161). — Bei den erschwerten Fällen des Diebstahls im Art. 163 fällt auf, daß insbesondere Ziff. 1 durch die Verhältnisse des Landes bestimmt ist (ähnlich bei den erschwerten Fällen des Raubes). Das Kapitel über den Betrug enthält eine

---

gegen die öffentliche Ordnung vorangestellt hatte — den besonderen Teil mit den Verbrechen gegen Personen begonnen (nach Gómez, Tratado II 9).

[1] So Fontán Balestra, Manual II 1/189.

[2] Der Entwurf 1881 sprach statt von Sittlichkeitsdelikten von „Verbrechen gegen die Familienordnung und die öffentliche Moral". Tejedor sah in den Sittlichkeitsdelikten Angriffe auf die Familienordnung; vorher galten sie als Angriffe auf das Leben der Personen (Fontán Balestra II 1/188).

ausgedehnte Kasuistik (vgl. insbes. Art. 173). Unter den Betrugstatbeständen finden sich u. a. die Besitzentwendung (strafbare Entwendung der eigenen Sache, Art. 173 Ziff. 5), Pfandrechtsverletzungen (Art. 173 Ziff. 9; der Siegelbruch steht in Art. 254) und Unterschlagungsfälle (Art 175 Ziff. 1–3; ebenso Art. 173 Ziff. 9, in gewisser Hinsicht auch Art. 173 Ziff. 2): Einen besonderen Tatbestand der Unterschlagung — als Eigentumsdelikt — gibt es nicht, die Unterschlagung wird — kausuistisch — als Betrugshandlung aufgefaßt und konstruiert. — Das Kapitel über die widerrechtliche Besitzergreifung (Art. 181) bildet in bezug auf Grundstücke und Gewässer ein gewisses Korrelat zu den Eigentums-(teils auch Betrugs-) verbrechen an beweglichen Sachen.

Die gegen die Öffentlichkeit gerichteten Verbrechen gliedern sich in solche gegen die öffentliche Sicherheit (Brandstiftungen und andere Verheerungen, Beeinträchtigungen der Sicherheit der Transport- und Verkehrsmittel, Seeräuberei und Straftaten gegen die öffentliche Gesundheit, Art. 186–208) und solche gegen die öffentliche Ordnung (Aufforderung zur Verbrechensbegehung, unerlaubte Vereinigung, öffentliche Einschüchterung und Verherrlichung von Verbrechen, Art. 209–213).

Unter den dem *Schutz der Nation bzw. des Staates* gewidmeten Vorschriften nehmen die Staatsschutzbestimmungen den ersten Rang ein. Diese werden durch einige Gesetze außerhalb des StGB vervollständigt: vor allem durch die Gesetze Nr. 13.985 vom 11. Oktober 1950 (Strafbestimmungen gegen die, die die Sicherheit der Nation angreifen; enthält Strafbestimmungen über Spionage und Sabotage sowie ergänzende Strafbestimmungen) und Nr. 14.034 vom 26. Juli 1951 über die Bestrafung derer, die zu Sanktionen gegen den argentinischen Staat geneigt machen[1]). Auch das Militärstrafgesetzbuch von 1951 enthält (wie das vorhergehende von 1898) Staatsschutzbestimmungen. — Der Abschnitt über die Verbrechen gegen die öffentliche Verwaltung (Art. 237–281) umfaßt alle gegen Institutionen des Staates im Innern gerichtete Straftaten (soweit sie nicht die verfassungsmäßige Ordnung selbst betreffen), darunter Widerstand gegen die Staatsgewalt, Amtsanmaßung und Amtsmißbrauch, gegen die Rechtspflege gerichtete Taten, Amtsdelikte u. a. m.

Der letzte Abschnitt enthält in erster Linie die Fälschungstaten (Falschmünzerei, Urkundenfälschung, Stempelfälschung; Art. 282–299). Dazu kommen einige Täuschungshandlungen und andere unlautere Handlungen, die schädigende Auswirkungen auf die Wirtschaftslage (auf Handel und Gewerbe) haben können (Art. 300, 301) sowie schließlich noch eine Bestimmung zum Schutz des Scheckverkehrs (Bestrafung der Zahlung mit ungedeckten Schecks), Art. 302. Es wird nur der

---

[1] Das decreto Nr. 538 vom 15. Januar 1945 über „Verbrechen gegen die Staatssicherheit" (abgedruckt in deutscher Übersetzung bei Schönke, Die strafrechtlichen Staatsschutzbestimmungen des Auslandes, 1953, S. 104 ff.) wurde nach dem Sturz der Regierung Perón durch decreto-ley vom 5. Dezember 1955 aufgehoben.

Scheck als Zahlungsmittel in dieser Weise geschützt, nicht jedoch der Wechsel (der der Kreditbeschaffung dient). Ausdrücklich den Schutz des Scheckverkehrs haben auch die Art. 175 Z. 4 und 285 im Auge.

Die Systematik des letzten Abschnitts wird wegen Uneinheitlichkeit des geschützten Rechtsgutes kritisiert: Das öffentliche Vertrauen sei geschütztes Rechtsgut nur bei den Fälschungstaten, sonst würden Handel, Industrie und öffentliche Wirtschaft geschützt[1]).

Wegen der Einzelheiten wird auf den Gesetzestext und die dazugehörigen Anmerkungen (in der Übersetzung 1957 – Anm. der Redaktion) verwiesen.

VI. Reformbestrebungen seit Inkrafttreten des geltenden StGB

Bei der verbreiteten Ablehnung und einer gewissen Abneigung von offizieller Seite, die dem StGB bei seinem Inkrafttreten widerfuhren, nimmt es nicht wunder, daß die Reformbemühungen alsbald erneut einsetzten. Sie waren von der nun in Argentinien vorherrschenden positivistischen Strömung, mehr vielleicht noch von der kriminalpolitischen Richtung getragen und wurden durch stete Kritik des StGB von den Lehrstühlen herab unterstützt[2]). Die Bemühungen gingen zunächst dahin, im Wege von Teilreformen *Sicherungsmaßnahmen* (auch solche vorbeugender Art) gegen die Gefährlichen zu schaffen und in die Systematik des StGB den Begriff der Gefährlichkeit (neben den der Verantwortlichkeit) einzuführen. Ergebnisse dieser Bestrebungen waren[3]) der *Entwurf vom 3. September 1924* (mit Vorschriften über die deliktische und die vordeliktische Gefährlichkeit), der *Entwurf vom 29. Dezember 1926* (der nur eine sich in Verbrechen zeigende Gefährlichkeit kannte und dafür noch andere Teile des StGB reformieren wollte) sowie der *Entwurf vom 21. Mai 1928* über die „Gefährlichkeit ohne Verbrechen" (estado peligroso sin delito; also, betr. Maßnahmen gegen Personen, die zu Verbrechen geneigt sind, sie aber noch nicht begangen haben), die sämtlich von Kommissionen, die die Regierung ernannt hatte, ausgearbeitet worden waren.

Keiner dieser Entwürfe erlangte jedoch Gesetzeskraft, obwohl die Regierung die Entwürfe 1926 und 1928 gebilligt hatte. Am *6. Dezember 1932* legte die Regierung schließlich dem Senat einen neuen Entwurf vor, der die Entwürfe 1926 (mit geringen Änderungen) und 1928 und Vorschläge zu weiteren Änderungen im allgemeinen und besonderen Teil des StGB enthielt. Damit begannen die Bemühungen um eine umfassende Reform. Aus dem gen. Regierungsentwurf entstand die *Senats-*

---

[1] Gómez, Tratado VI 166, 30. Der öffentliche Glaube ist nach ihm „das allgemeine Vertrauen, das in bestimmte Urkunden, Zeichen und Sinnbilder in bezug auf das, was sie ausdrücken, gesetzt wird". Aber nicht alle Fälschungstaten seien Verbrechen gegen den öffentlichen Glauben, da nicht alle dieses Vertrauen verletzten.

[2] Jiménez de Asúa, Tratado I 853, 854.

[3] Angaben nach Jiménez de Asúa, Tratado I 853–855.

reform 1933, die noch umfassendere Reformen im allgemeinen und besonderen Teil vorsah (u. a. sollte die Todesstrafe — Vollstreckung durch Erschießen oder Elektrohinrichtung — wieder eingeführt werden), in bezug auf die Bekämpfung der Gefährlichen aber nur von der deliktischen Gefährlichkeit, nicht auch von der ohne Delikt handelte. Dieser Reformentwurf erlitt starke Angriffe und wurde nicht Gesetz.

1936 beauftragte die Regierung zwei namhafte Vertreter des Positivismus in Argentinien, *Eusebio Gómez* und *Jorge E. Coll*, mit der Ausarbeitung eines Entwurfs. Der Positivismus herrschte damals unbestritten[1]). Am 25. August 1937 wurde der *Entwurf Coll-Gómez* der Abgeordnetenkammer vorgelegt, aber nicht Gesetz. Er baut gemäß dem Prinzip der sozialen Verteidigung auf der Gefährlichkeit auf, wonach die soziale Verteidigung ohne Rücksicht auf die Verantwortlichkeit des Täters im überkommenen Sinne einzusetzen habe. Dementsprechend weiß der Entwurf von einer Zurechnungsfähigkeit nichts (so fehlt bei den Umständen, die die Strafbarkeit der Tat ausschließen, als welche unverschuldeter Tatirrtum, Ausübung von Rechten, Befugnissen oder Pflichten, Notwehr und Notstand aufgezählt werden, die Zurechnungsunfähigkeit); statt dessen nennt er (unter der Überschrift „Der Täter“) die einzelnen Merkmale, die die größere oder geringere Gefährlichkeit des Täters zeigen sollen, und gibt Anweisungen, wie die für die Gefährlichkeit bedeutsamen Umstände (durch Berücksichtigung weiterer Umstände und Bezugnahme auf die im ganzen betrachtete Persönlichkeit des Täters) gewertet und die Täter — was für die Verhängung der Sanktionen wichtig ist — klassifiziert werden sollen. Strafen oder ein Nebeneinander von Strafen und Maßnahmen kennt der Entwurf nicht, sondern nur noch einheitlich „Sanktionen“. Solche Sanktionen sind: Einschließung (reclusión), Gefängnis, Einweisung in ein Irrenhaus oder in eine amtliche Anstalt, die zur Heilung oder Behandlung geeignet ist, Ausweisung, Aberkennung oder Beschränkung von Rechten und Fähigkeiten und Geldstrafe. Für den Vollzug der Sanktionen sind eine gewisse Differenzierung (für Schwachsinnige, Kranke, Alte und Frauen) sowie die bedingte Entlassung vorgesehen. Auch die bedingte Verurteilung findet sich im Entwurf. Den Jugendlichen unter 18 Jahren gelten ausgedehnte Sonderbestimmungen. Die unbestimmte Verurteilung fehlt als allgemeines Rechtsinstitut; der besondere Teil enthält in Rahmen bestimmte Sanktionsandrohungen. Innerhalb dieser Rahmen sollen die Sanktionen grundsätzlich nach der Gefährlichkeit des Täters bemessen werden. Für einzelne Täter bestimmt der Entwurf sodann Art und Dauer der Sanktion gesondert: Einweisung in eine entsprechende Anstalt bei Geisteskranken oder im Zustand der Bewußtlosigkeit sanktionsfällig gewordenen Tätern (Entlassung nur auf Grund gerichtlicher Entscheidung, keine Einweisung bei fehlender Gefährlichkeit) sowie bei psychisch anomalen und chronisch vergifteten (intoxierten) Tätern[2]) (auf unbestimmte Dauer,

---

[1] Jiménez de Asúa, Tratado I 855, 856.

[2] Süchtigen.

sofern nicht nach der Sanktionsandrohung lebenslange Einschließung zu verhängen war); ferner Einschließung von unbestimmter Dauer (falls nicht lebenslange angedroht) bei Hangverbrechern und gefährlichen gewohnheitsmäßigen oder rückfälligen Verbrechern. Für die unbestimmte Mauer werden jeweils Mindestgrenzen festgesetzt. Einschließung von unbestimmter Dauer soll auch bei bestimmten Fällen der Realkonkurrenz verhängt werden, bei anderen kommen nur näher bezeichnete Sanktionserhöhungen in Betracht. Allen diesen Tätern, auch den lebenslang Eingeschlossenen, will der Entwurf die Möglichkeit geben, die bedingte (überwachte) Freilassung zu erlangen. — Der allgemeine Teil enthält weiterhin Vorschriften über vorsätzliche, präterintentionelle und fahrlässige Deliktsbegehung, die Verursachung, den error in persona, Versuch und Teilnahme (wobei keine Formen der Teilnahme mehr unterschieden werden), die Wiedergutmachung u. a. m. In den allgemeinen, vor allem aber in den besonderen Teil ist vieles, was mit den neuen Prinzipien nicht in Widerspruch zu stehen schien, aus dem StGB 1921 übernommen worden, da man offenbar eine gewisse Kontinuität wahren wollte.

Der folgende *Entwurf 1941* von *José Peco* wies bereits eine etwas geänderte Orientierung auf und war von dem betonten Positivismus des vorigen um einiges abgerückt[1]). Sein Verfasser nannte ihn neopositivistisch. Er sucht in ihm den überkommenen Begriff der Verantwortlichkeit mit dem der Gefährlichkeit zu verbinden. Die Verantwortlichkeit, von der er im Entwurf spricht, ist jedoch nicht die schuldhafte, sondern die soziale Verantwortlichkeit. Sie wird ausgeschlossen durch Unzurechnungsfähigkeit, Rechtfertigungs-, Schuldausschließungs- und Straffreiheitsgründe (Art. 25). Der Entwurf will die Tat nur dann nicht zugerechnet wissen, wenn der Täter unter Drohung handelt oder sich in einem Zustand vorübergehender, nicht pathologischer Störung der Geistestätigkeit befindet, sofern er in diesem Zustand die „ethische Natur“ seiner Handlungen nicht erkennen oder seine verbrecherischen Antriebe nicht unterdrücken kann (Art. 26). Zu den Rechtfertigungsgründen zählen Notstand, Notwehr, Ausübung eines Rechtes oder Auftrags innerhalb ihrer Grenzen und die Erfüllung einer von einer Rechtsnorm vorgeschriebenen Pflicht (Art. 27). Art. 28 nennt sodann als Entschuldigungsgründe den Tatirrtum bei Ausführung eines gesetzmäßigen Befehls und die Ausführung eines ungesetzlichen Befehls, dessen Prüfung auf seine Rechtmäßigkeit hin von einer rechtlichen Vorschrift untersagt ist. Wegen des Irrtums vgl. oben bei Besprechung der Irrtumsregelung nach dem geltenden StGB. — Wie er hier von einem einheitlichen Begriff der Verantwortlichkeit ausgeht, so sucht Peco auch einen einheitlichen Begriff der Sanktion zu wahren: Alle Verantwortlichen unterliegen der vom Gesetz angedrohten Sanktion. Die Sanktionen jedoch gliedern sich (Art. 39) in Strafsanktionen, die hauptsächlicher (Zuchthaus, Gefängnis, Geldstrafe) oder akzessorischer (Geldstrafe, umfassende und beschränkte Aberkennung oder Beschränkung von Rechten und

---

[1] Inzwischen waren dem Positivismus vor allem in Sebastian Soler und seinen Schülern wissenschaftliche Gegner erwachsen (s. o. S. 35 Anm. 1).

Fähigkeiten, Verfall und Urteilsveröffentlichung) Art sein können, heilende (Einweisung in eine Heilanstalt für Geisteskranke, Trinker oder Süchtige), erziehende (bei Minderjährigen), ausscheidende (Einschließung im Süden) und zivilrechtliche (Schadenersatzleistungen) Sanktionen (also in Strafen, Maßnahmen und Wiedergutmachung). Die Art der Sanktion (Strafe oder Maßnahme) ist nach der Person des Täters zu bestimmen. Die Geisteskranken, die an einer vorübergehenden pathologischen Störung der Geistestätigkeit Leidenden und die chronisch Alkohol- oder Rauschgiftsüchtigen werden auf unbestimmte Zeit in eine besondere Anstalt eingewiesen, die sie erst wieder verlassen dürfen, wenn sie nicht mehr für sich oder andere gefährlich sind (Art. 30). Für die Minderjährigen enthält der Entwurf ausgedehnte Sondervorschriften (Art. 31–33). Bei den erstmals Rückfälligen (hier genügen Fahrlässigkeitsdelikte) kann der Richter die angedrohte Sanktion bis um ein Drittel erhöhen, wenn der Täter größere Gefährlichkeit zeigt (Art. 35). Wer schon wegen mindestens zweier vorsätzlicher Verbrechen verurteilt worden ist und ein weiteres begeht, erhält, wenn er besonders gefährlich ist, als gewohnheitsmäßiger Verbrecher für die Zeit nach Verbüßung seiner Strafsanktion eine 15 Jahre nicht übersteigende ausscheidende Sanktion von unbestimmter Dauer (Art. 36). Schließlich kennt der Entwurf noch den Triebverbrecher: Jemand, der, ohne geisteskrank oder geistesgestört zu sein, infolge seiner anomalen organisch-psychischen Konstitution ein Verbrechen, das eine besondere Verkommenheit offenbart, begeht. Für ihn ist eine Sanktion unbestimmter Dauer von mindestens zwei Dritteln der angedrohten Höchststrafe (sofern dies nicht lebenslange Freiheitsstrafe ist) vorgesehen (Art. 38). — Die Strafe soll nach der Gefährlichkeit (bei Geldstrafe auch nach den wirtschaftlichen Verhältnissen), für deren Beurteilung die Persönlichkeit und die Führung des Täters, die Art der persönlichen, familiären oder sozialen Motive sowie die Schwere und die Umstände des Verbrechens ausschlaggebend sind (Art. 34), bemessen werden (Art. 77). Im besonderen Teil wird lediglich „Freiheitsstrafe“ angedroht. Der Richter hat dann nach der Persönlichkeit des Verbrechers, dem bestimmenden Beweggrund und der Art des Verbrechens zwischen Zuchthaus und Gefängnis zu wählen. Dasselbe gilt für die Wahl zwischen Geldstrafe und Freiheitsstrafe (Art. 79). Bei Ersttätern ist gerichtliche Verzeihung möglich (wenn die geringe Schwere der Tat und die geringe Gefährlichkeit einen Rückfall unwahrscheinlich erscheinen lassen). — Jeder Verurteilte kann einmal die bedingte Entlassung (bei guter Führung und geschwundener Gefährlichkeit für die Gesellschaft) erlangen: nach Verbüßen von zwanzig Jahren der lebenslangen oder von zwei Dritteln einer mindestens dreijährigen Sanktion. Gefährliche Rückfällige müssen fünfundzwanzig Jahre bzw. drei Viertel der Sanktion verbüßt haben. Gewohnheits- und Triebverbrecher werden immer nur bedingt entlassen (Art. 86). — Täter, Anstifter und Gehilfe unterliegen in gleicher Weise der angedrohten Sanktion, die lediglich für den Teilnehmer, dessen Mitwirkung geringere Gefährlichkeit enthüllt, gemindert werden kann (Art. 19). — Der besondere Teil bringt manche neue Tatbestände und weist eine eigene und verbesserte Systematik auf. An erster Stelle stehen auch hier die Strafbestimmungen, die Rechtsgüter des einzelnen (Leben und körperliche

Unversehrtheit; Ehre; Vermögen; Freiheit; gute Sitten[1])) schützen sollen; es folgen die Verbrechen gegen Rechtsgüter der Familie[2]), gegen solche der Gesellschaft[3]) und zum Schluß gegen Rechtsgüter des Staates: den Staat als solchen[4]), den Volkswillen (Wahldelikte), die öffentliche Verwaltung[5]), die Rechtspflege[6]) und Rechtsgüter der Staatengemeinschaft[7]).

Peco gab an, seinen Entwurf auf den Prinzipien der sozialen Verteidigung, der Verhängung einer Sanktion für jedes Verbrechen oder gegen jeden Urheber einer als Verbrechen betrachteten Handlung, der kriminellen Gefährlichkeit und dem richterlichen Ermessen aufgebaut zu haben, unbeschadet der juristischen Konstruktion des Verbrechens[8]).

Peco legte seinen Entwurf am 25. September 1941 der Abgeordnetenkammer, der er selbst angehörte, vor. Auch dieser Entwurf wurde nicht Gesetz.

Mit der Ausarbeitung von (auf Teilgebiete beschränkten) Reformvorschlägen befaßte sich auch das 1935 gegründete „Instituto Argentino de Estudios Legislativos“[9]).

Die neue argentinische *Verfassung vom 11. März 1949* („Perón-Verfassung“ genannt)[10]) enthält wie die vorhergehende von 1853 eine Reihe von Vorschriften strafrechtlichen Charakters, die größtenteils aus der alten Verfassung übernommen wurden. In Art. 29 wird (noch deutlicher als in Art. 18 der alten Verfassung, s. o. unter II) ausgesprochen, daß Zweck der Strafe nicht die Sühne ist: „Die Gefängnisse sollen gesund, sauber und zur sozialen Umerziehung der Häftlinge geeignet sein; für jede aus Gründen der Vorsicht getroffene Maßnahme, die dazu führt, die Häftlinge mehr leiden zu lassen, als die Sicherheit erfordert, ist der Richter oder Beamte, der sie gestattet, verantwortlich“. — Art. 16 schreibt die Reform der gesamten

---

1 Sittlichkeitsdelikte; unterteilt in Taten gegen die geschlechtliche Freiheit, die geschlechtliche Scham und die Freiheit und Würde der Person (Verführung Jugendlicher, Förderung der Prostitution u. a.).

2 Familienreinheit (Blutschande); Ehe; Familienstand (Personenstand); Familienhilfspflichten; väterliche Gewalt, Vormundschaft, Pflegschaft, Aufsicht.

3 Gemeingefährliche Verbrechen; Verbrechen gegen den öffentlichen Glauben; die öffentliche Wirtschaft, den Handel und die Industrie; das religiöse Empfinden und die Ehrfurcht vor Verstorbenen; den öffentlichen Frieden.

4 Seine äußere und innere Sicherheit und vorbeugende Strafandrohungen.

5 Amtspflichtverletzungen und Taten gegen die Obrigkeit.

6 Gegen die gerichtliche Tätigkeit, die Autorität gerichtlicher Entscheidungen, gewaltsame Rechtsausübung.

7 Verbrechen gegen den internationalen Frieden (öffentliche Anstiftung zum Angriffskrieg) und solche unbestimmter allgemeiner Gefahr (Seeräuberei).

8 Nach Fontán Balestra, Manual I 66.

9 Jiménez de Asúa, Tratado I 860–861.

10 Perón selbst bezeichnete sie als „Constitución justicialista“ (Jiménez de Asúa, Tratado I 866).

Gesetzgebung vor, damit diese den Grundsätzen der neuen Verfassung angepaßt werde.

Im Zuge der *Reformarbeiten* wurden 1948 besondere Abteilungen *(„Institutos Jurídicos")* im Justizministerium geschaffen, die die Entwürfe ausarbeiten sollten, die die Regierung dem Kongreß vorlegen wollte. Der 2. Fünfjahresplan der Regierung Perón (1953–1958) hatte sich die Schaffung eines neuen StGB zum Ziel gesetzt[1]). Das neue StGB sollte es ermöglichen, „sich den Idealen der Individualisierung der Strafe und der unbestimmten Verurteilung zu nähern"[2]).

Im Rahmen der von der Verfassung angeordneten Reformbemühungen legte die Regierung am 1. August 1951 dem Kongreß einen von der strafrechtlichen der genannten Abteilungen (Institutos jurídicos) ausgearbeiteten Entwurf *(E 1951)* vor. Dieser Entwurf will die Zweispurigkeit von Zurechnungsfähigkeit und Gefährlichkeit, Strafen und Sicherungsmaßnahmen (die zusammenfassend als strafrechtliche Sanktionen bezeichnet werden) einführen. Strafen sind Gefängnisstrafe, Geldstrafe und Aberkennung oder Beschränkung von Rechten und Fähigkeiten, Sicherungsmaßnahmen lediglich gerichtliche Unterbringung für die Unzurechnungsfähigen und unbestimmte Freiheitsentziehung für die mehrfach Rückfälligen. Bei der Feststellung der Gefährlichkeit sollen in erster Linie die persönlichen, familiären und sozialen Daten aus dem Vorleben sowie die Führung und die biopsychische Persönlichkeit des Beschuldigten, daneben aber auch die Natur und die Schwere der Straftat beachtet werden. Der Entwurf zählt die erschwerenden und mildernden Umstände, die er „Anzeichen größerer oder geringerer Gefährlichkeit" nennt, kasuistisch auf (keine Generalklausel). Das Minderjährigenrecht ist in einem besonderen Abschnitt geregelt (3 Gruppen von Jugendlichen, für die die Bestimmungen dieses Abschnitts gelten sollen: die 7–14-, 14–18- und 18–21jährigen).

Im besonderen Teil werden neue Straftaten eingeführt und u. a. die Staatsschutzdelikte der Nebengesetze eingearbeitet. Die Systematik weist einige Neuerungen auf. Voran stehen wiederum die Verbrechen gegen das Leben und die Unversehrtheit der Person nebst den übrigen Verbrechen gegen den einzelnen (gegen die Ehre, die Freiheit und das Vermögen). Die Sittlichkeitsdelikte sind aber jetzt zu Verbrechen gegen die öffentliche Moral und die guten Sitten geworden. Zu den Verbrechen gegen die Familie gehören die Angriffe auf die Ehe, das Familienband, den Familienstatus, Verletzung von Familienhilfspflichten, der väterlichen Gewalt, der Adoption, der Vormundschaft, Pflegschaft oder Aufsicht über Geschäftsunfähige. Zu dieser Gruppe von Straftaten gegen überpersönliche Rechtsgüter zählt der Entwurf weiter Angriffe auf das religiöse Empfinden und die Ehrfurcht vor Verstorbenen, Verbrechen gegen das öffentliche Vertrauen (Fälschungen usw.), die öffentliche Wirtschaft, die Industrie und den Handel. Den Schluß bilden die Staats-

---

1 Aftalión, Planeación de la política criminal en la Argentina, in: Anuario de Derecho penal y Ciencias penales, Madrid 1954 S. 311 ff.

2 Aftalión a. a. 0.

schutzverbrechen, die Straftaten gegen die öffentliche Verwaltung und die Angriffe auf die Rechtspflege[1]).

Der Entwurf 1951 wurde nicht Gesetz, ebensowenig ein weiterer Entwurf (1953)[2]). Nach einer mündlichen Mitteilung ist dem Kongreß 1955/56 bereits ein neuer Entwurf vorgelegt worden.

VII. Änderungen des StGB

Das StGB hat einige Änderungen erfahren. In den Anmerkungen (zur Übersetzung 1957, Anm. der Redaktion) finden sich Hinweise darauf. Das Gesetz Nr. 13.569 vom 13. Oktober 1949 brachte in den Art. 67, 89, 219, 244 und 245 z. T. wesentliche Änderungen. Dem Art. 89 wurde folgender Absatz 2 hinzugefügt: „Die ohne Waffengebrauch herbeigeführte Verletzung, die keine andere Folge hat als die, das Opfer für einen Zeitraum von höchstens 3 Tagen zu seiner gewöhnlichen Beschäftigung unfähig zu machen, und die spontan heilt, ist keiner Sanktion unterworfen". — Der Senat legte jedoch sein Veto gegen diese Vorschrift ein und versagte ihr die Bestätigung. — Das decreto Nr. 486 vom 7. Oktober 1955 hat inzwischen den alten Art. 244 wieder in Kraft gesetzt.

Hingewiesen sei auch auf die durch decreto vom 3. August 1944 eingefügte Änderung des Art. 52 (mit entsprechenden Änderungen der Art. 50 und 53). Dies von der damaligen „de facto"-Regierung erlassene decreto wurde durch Gesetz Nr. 12 997 vom 23. August 1947 ratifiziert.

VIII. Strafrechtliche Nebengesetze[3])

Die strafrechtlichen Nebengesetze sind sehr zahlreich. Es sollen nur einige der wichtigsten angeführt werden: die bei der Besprechung des besonderen Teils des StGB erwähnten Staatsschutzgesetze, das Gesetz Nr. 13 945 vom 3. Oktober 1950 über Waffen und Sprengstoffe, das Gesetz Nr. 4097 vom 9. August 1902 über das Verbot des Glücksspiels, das Gesetz Nr. 4144 vom 23. November 1902 über die Ausweisung von Ausländern, das Gesetz Nr. 9643 vom 15. Oktober 1914 über Warrants und Hinterlegungsscheine bei Obst und landwirtschaftlichen Erzeugnissen usw., das Gesetz Nr. 12 331 vom 17. Dezember 1936 über Geschlechtskrank-

---

[1] Angaben nach den Mitteilungen bei Antonio Quintano Ripollés, Nuevo proyecto del Código penal en Argentina, in: Anuario de Derecho penal y Ciencias penales, Madrid 1952, S. 478 ff. und bei Luis Jiménez de Asúa in der „Chronique Etrangère" der „Revue de droit pénal et de criminologie", Brüssel 1953 S. 956 ff. (= Das Strafrecht Iberoamerikas während der letzten 2 Jahre [1951–1952], ZStW 1954 S. 450 ff., Auslandsrundschau S. 78 ff.). — Nach Jiménez de Asúa hat der Entwurf 1951 eine ungünstige Kritik erfahren.

[2] Vgl. über diesen Entwurf Jiménez de Asúa, Das Strafrecht Lateinamerikas im Jahre 1953, ZStW 1956, Auslandsrundschau S. 55 ff.

[3] Für sie gilt Art. 4 StGB.

heiten (das u. a. das Unterhalten von Bordellen strafrechtlich verbietet), das Gesetz Nr. 12 591 vom 8. September 1939 über Spekulation und Höchstpreise, das Gesetz Nr. 12.906 vom 30. Dezember 1946 über die Bestrafung von Spekulation und Monopol (der Trusts), das Gesetz Nr. 12 962 (decreto-ley Nr. 15.348/1946) vom 27. März 1947 über Registerpfandrecht; das Gesetz Nr. 13 944 vom 9. Oktober 1950 über die Strafbarkeit der Nichterfüllung von Familienunterhaltspflichten (s. Art. 73 Z. 5 StGB), das Gesetz Nr. 14.129 vom 31. Juli 1952 über die Bestrafung des Schmuggels (geändert durch Ges. Nr. 14.391 und decreto-ley Nr. 10.317 bis vom 7. Juli 1956), das Ges. Nr. 14.346 vom 27. Okt. 1954 (Tierschutzgesetz), das Ges. Nr. 14.307 vom 15. Juli 1954 (Luftfahrtgesetz) usw. — Sehr zahlreich sind auch die Gesetze verwaltungsrechtlichen und anderen Inhalts, die Strafbestimmungen enthalten.

Schließlich sei noch das decreto-ley vom 26. September 1955 erwähnt, das (nach dem Sturz der Perón-Regierung) eine allgemeine Amnestie für alle brachte, die in der Zeit vom 4. Juni 1946 bis zum 26. September 1955 wegen politischer Verbrechen oder wegen gemeiner Verbrechen, die mit politischen im Zusammenhang standen, verurteilt wurden oder gegen die wegen solcher Verbrechen bis zum 16. Juni 1955 eine Strafverfolgung eingeleitet worden war. Zu seiner Erläuterung erging am 21. Dezember 1955 ein weiteres decreto-ley, das klarstellte, daß die Amnestie nur für Personen, die infolge ihrer gegen das frühere Regierungssystem gerichteten politischen Tätigkeit wegen der genannten Verbrechen abgeurteilt oder strafrechtlich verfolgt wurden, gelte[1]).

[1] Angaben nach Jiménez de Asúa in der Chronique de Droit Pénal Etranger (Chronique de Droit Pénal des Pays de l'Amérique espagnole pendant les années 1954–55) der Revue de droit pénal et de criminologie, Brüssel, 1956, S. 927/928.

Abkürzungsverzeichnis

Fontán Balestra:	Carlos Fontán Balestra, Derecho penal, Introducción y Parte general, 2. Aufl., Buenos Aires, 1953.
Fontán Balestra, Manual I:	Carlos Fontán Balestra, Manual de Derecho penal, Parte general, Buenos Aires, 1949.
Fontán Balestra, Manual II 1:	Carlos Fontán Balestra, Manual de Derecho penal, Parte especial, Bd. 1, Buenos Aires, 1951.
Gómez:	Leyes penales anotadas, Bde. I–IV, Buenos Aires, 1952–1954.
Gómez, Tratado:	Eusebio Gómez, Tratado de Derecho penal, Bde. I–VI, Buenos Aires, 1939–1942.
Jiménez de Asúa, El Nuevo Código	Luis Jiménez de Asúa, El Nuevo Código Penal Argentino y los recientes proyectos complementarios ante las modernas direcciones del derecho penal. Madrid 1928 (2. Aufl. Buenos Aires, 1943).
Jiménez de Asúa, Tratado:	Luis Jiménez de Asúa, Tratado de Derecho penal; bisher erschienen Bde. I–V, Buenos Aires, 1950–1956.
Mallo:	Mario M. Mallo, Código penal argentino comentado y sus Leyes complementarias, Bde. I–III, Buenos Aires, 1948–1951.
Mediano:	Juan Manuel Mediano, Leyes penales comentadas con notas del codificador y la jurisprudencia de los Tribunales argentinos, Buenos Aires, 1946.
Núñez:	Ricardo C. Núñez, Das argentinische Strafrecht, in: Das ausländische Strafrecht der Gegenwart, herausgegeben von Mezger, Schönke und Jescheck, Bd. I, Berlin 1955, S. 1 ff.
Oderigo:	Mario Oderigo, Código penal anotado, 2. Aufl., Buenos Aires, 1946.
Soler:	Sebastián Soler, Derecho penal argentino, Bde. I–V, Buenos Aires, 1945–1946.

Das Strafgesetzbuch der argentinischen Nation
Código Penal de la Nación Argentina

Gesetz Nr. 11179 vom 29. Oktober 1921
nach dem Stand vom 1. Januar 2008

Übersetzung von Dirk Styma

Libro Primero
Disposiciónes Generales
Título 1
Aplicación de la pena

Artículo 1°.

Este código se aplicará:

1º.- Por delitos cometidos o cuyos efectos deban producirse en el territorio de la Nación Argentina, o en los lugares sometidos a su jurisdicción;

2º.- Por delitos cometidos en el extranjero por agentes o empleados de autoridades argentinas en desempeño de su cargo.

Artículo 2°.

Si la ley vigente al tiempo de cometerse el delito fuere distinta de la que exista al pronunciarse el fallo o en el tiempo intermedio, se aplicará siempre la más benigna.

Si durante la condena se dictare una ley más benigna, la pena se limitará a la establecida por esa ley. En todos los casos del presente artículo, los efectos de la nueva ley se operarán de pleno derecho.

Artículo 3º.

En el cómputo de la prisión preventiva se observará separadamente la ley más favorable al procesado.

Artículo 4º.

Las disposiciones generales del presente código se aplicarán a todos los delitos previstos por leyes especiales, en cuanto éstas no dispusieran lo contrario.

Erstes Buch
Allgemeine Vorschriften
Erster Abschnitt
Anwendung des Strafgesetzes

Art. 1

Dieses Gesetzbuch wird angewendet:

1. auf Straftaten, die auf dem Staatsgebiet der argentinischen Nation oder an Orten, die ihrer Gerichtsbarkeit unterliegen, begangen werden oder deren Erfolg dort eintreten soll;

2. auf Straftaten, die im Ausland von Vertretern oder Bediensteten der argentinischen Behörden in Ausübung ihres Amtes begangen werden.

Art. 2

Gilt zur Zeit der Begehung der Straftat ein anderes Gesetz als bei deren Aburteilung oder in der dazwischen liegenden Zeit, so wird stets das mildere Gesetz angewendet.

Wird während des Vollzugs der Strafe ein milderes Gesetz erlassen, so wird diese auf die in diesem Gesetz vorgesehene Strafe herabgesetzt. In allen Fällen dieses Artikels ist das neue Gesetz von Amts wegen anzuwenden.

Art. 3

Bei der Anrechnung der Untersuchungshaft wird das für den Angeklagten günstigste Gesetz gesondert angewendet.

Art. 4

Die allgemeinen Vorschriften dieses Gesetzbuchs finden auf alle in Nebengesetzen vorgesehenen Straftaten Anwendung, sofern diese Gesetze nichts anderes vorsehen.

Título II
De las penas

Artículo 5°.

Las penas que este Código establece son las siguientes: reclusión, prisión, multa e inhabilitación.

Artículo 6°.

La pena de reclusión, perpetua o temporal, se cumplirá con trabajo obligatorio en los establecimientos destinados al efecto. Los recluidos podrán ser empleados en obras públicas de cualquier clase con tal que no fueren contratadas por particulares.

Artículo 7°.

Los hombres débiles o enfermos y los mayores de sesenta años que merecieren reclusión, sufrirán la condena en prisión, no debiendo ser sometidos sino a la clase de trabajo especial que determine la dirección del establecimiento.

Artículo 8°.

Los menores de edad y las mujeres sufrirán las condenas en establecimientos especiales.

Artículo 9°.

La pena de prisión, perpetua o temporal, se cumplirá con trabajo obligatorio, en establecimientos distintos de los destinados a los recluidos.

Artículo 10.

Cuando la prisión no excediera de seis meses podrán ser detenidas en sus propias casas las mujeres honestas y las

Zweiter Abschnitt
Strafen

Art. 5

Dieses Gesetzbuch sieht die folgenden Strafen vor: Zuchthaus, Gefängnis, Geldstrafe und die Aberkennung oder Beschränkung von Rechten und Fähigkeiten.

Art. 6

Die lebenslange oder zeitige Zuchthausstrafe wird unter Arbeitszwang in dafür vorgesehenen Anstalten vollzogen. Die Häftlinge können für öffentliche Arbeiten jeder Art eingesetzt werden, sofern diese Arbeiten nicht vertraglich von Privatpersonen übernommen wurden.

Art. 7

Schwache, kranke oder über sechzig Jahre alte Männer, die zu einer Zuchthausstrafe verurteilt werden, verbüßen die Strafe im Gefängnis und dürfen nur zu besonderen, von der Anstaltsleitung bestimmten Tätigkeiten herangezogen werden.

Art. 8

Minderjährige und Frauen verbüßen die Strafen in besonderen Anstalten.

Art. 9

Die lebenslange oder zeitige Gefängnisstrafe wird unter Arbeitszwang in anderen als den für Zuchthaushäftlinge bestimmten Anstalten vollzogen.

Art. 10

Wenn die Gefängnisstrafe sechs Monate nicht übersteigt, können unbescholtene Frauen und über sechzig Jahre alte oder

personas mayores de sesenta años o valetudinarias.

kranke Personen sie in ihrer eigenen Wohnung verbüßen.

Artículo 11.

El producto del trabajo del condenado a reclusión o prisión se aplicará simultáneamente:

1º. A indemnizar los daños y perjuicios causados por el delito que no satisfaciera con otros recursos;

2º. A la prestación de alimentos según el Código Civil;

3º. A costear los gastos que causare en el establecimiento;

4º. A formar un fondo propio, que se le entregará a su salida.

Art. 11

Der Ertrag der Arbeit des zu Zuchthaus- oder Gefängnisstrafe Verurteilten wird zu gleichen Teilen verwendet:

1. um den durch die Straftat entstandenen Schaden und die Nachteile zu ersetzen, die er nicht aus anderen Mitteln ausgleicht;
2. für die Leistung von Unterhaltszahlungen, die nach dem Zivilgesetzbuch geschuldet werden;
3. um die in der Anstalt durch ihn entstandenen Kosten zu decken;
4. um ein eigenes Guthaben zu bilden, das ihm bei der Entlassung ausgehändigt wird.

Artículo 12.

La reclusión y la prisión por más de tres años llevan como inherente la inhabilitación absoluta, por el tiempo de la condena, la que podrá durar hasta tres años más, si así lo resuelve el tribunal, de acuerdo con la índole del delito. Importan además la privación, mientras dure la pena, de la patria potestad, de la administración de los bienes y del derecho de disponer de ellos por actos entre vivos. El penado quedará sujeto a la curatela establecida por el Código Civil para los incapaces.

Art. 12

Die Zuchthaus- und die Gefängnisstrafe von mehr als drei Jahren ist während ihrer Dauer mit der umfassenden Aberkennung oder Beschränkung von Rechten und Fähigkeiten verbunden, welche bis zu drei Jahre länger dauern kann, wenn das Gericht dies in Anbetracht der Eigenart der Straftat beschließt. Weiterhin ist während der Dauer der Strafe das Recht der elterlichen Sorge, das Recht der Verwaltung des Vermögens und über dieses durch Rechtsgeschäfte unter Lebenden zu verfügen, aberkannt. Der Strafgefangene wird der vom Zivilgesetzbuch in den Vorschriften über geschäftsunfähige Personen vorgesehenen Betreuung unterstellt.

Artículo 13.

El condenado a reclusión o prisión perpetua que hubiere cumplido treinta y cinco (35) años de condena, el conde-

Art. 13

Hat der zu lebenslanger Zuchthaus- oder Gefängnisstrafe Verurteilte 35 Jahre der Strafe verbüßt, der zu Zuchthaus- oder

nado a reclusión o a prisión por más de tres (3) años que hubiere cumplido los dos tercios, y el condenado a reclusión o prisión, por tres (3) años o menos, que hubiere cumplido un (1) año de reclusión u ocho (8) meses de prisión, observando con regularidad los reglamentos carcelarios, podrán obtener la libertad por resolución judicial, previo informe de la dirección del establecimiento e informe de peritos que pronostique en forma individualizada y favorable su reinserción social, bajo las siguientes condiciones:

1º. Residir en el lugar que determine el auto de soltura;

2º. Observar las reglas de inspección que fije el mismo auto, especialmente la obligación de abstenerse de consumir bebidas alcohólicas o utilizar sustancias estupefacientes;

3º. Adoptar en el plazo que el auto determine, oficio, arte, industria o profesión, si no tuviere medios propios de subsistencia;

4º. No cometer nuevos delitos;

5º. Someterse al cuidado de un patronato, indicado por las autoridades competentes;

6º. Someterse a tratamiento médico, psiquiátrico o psicológico, que acrediten su necesidad y eficacia de acuerdo al consejo de peritos.

Estas condiciones, a las que el juez podrá añadir cualquiera de las reglas de conducta contempladas en el artículo

zu Gefängnisstrafe von mehr als drei Jahren Verurteilte zwei Drittel seiner Strafe verbüßt und der zu Zuchthaus- oder Gefängnisstrafe für drei Jahre oder weniger Verurteilte mindestens ein Jahr Zuchthaus- oder acht Monate Gefängnisstrafe verbüßt und regelmäßig die Vollzugsregeln befolgt, kann er aufgrund einer gerichtlichen Entscheidung, die nach vorherigem Bericht der Anstaltsleitung und eines Sachverständigen, welcher für den Einzelfall eine erfolgreiche soziale Wiedereingliederung prognostiziert, ergeht, unter folgenden Bedingungen entlassen werden:

1. an dem Ort zu wohnen, der im Entlassungsbeschluss festgelegt wird;
2. die in diesem Beschluss angeordneten Aufsichtsmaßnahmen zu befolgen, insbesondere die Pflicht, sich alkoholischer Getränke zu enthalten oder keine Betäubungsmittel zu konsumieren;
3. innerhalb der im Beschluss festgelegten Frist eine Beschäftigung anzunehmen, ein Handwerk, ein Gewerbe oder einen Beruf auszuüben, wenn er keine eigenen Mittel zum Bestreiten seines Lebensunterhalts besitzt;
4. keine neuen Straftaten zu begehen;
5. sich der von den zuständigen Behörden angeordneten Aufsicht zu unterstellen;
6. sich einer medizinischen, psychiatrischen oder psychologischen Behandlung zu unterziehen, deren Notwendigkeit und Wirksamkeit aufgrund von Sachverständigengutachten festgestellt wird.

Diese Bedingungen, zu denen der Richter zusätzlich jede der in Art. 27 bis enthaltenen Führungsauflagen anordnen

27 bis, regirán hasta el vencimiento de los términos de las penas temporales y hasta diez (10) años más en las perpetuas, a contar desde el día del otorgamiento de la libertad condicional.

kann, gelten bei zeitigen Strafen bis zum Ende der Strafdauer und bei lebenslangen Strafen für zehn weitere Jahre ab dem Tag der bedingten Entlassung.

Artículo 14.

La libertad condicional no se concederá a los reincidentes. Tampoco se concederá en los casos previstos en los artículos 80 inciso 7º, 124, 142 bis, anteúltimo párrafo, 165 y 170, anteúltimo párrafo.

Art. 14

Rückfälligen wird die bedingte Entlassung nicht gewährt. Außerdem wird sie in den in Art. 80 Ziff. 7, 124, 142 bis vorletzter Absatz, 165 und 170 vorletzter Absatz vorgesehenen Fällen nicht gewährt.

Artículo 15.

La libertad condicional será revocada cuando el penado cometiere un nuevo delito o violare la obligación de residencia. En estos casos no se computará, en el término de la pena, el tiempo que haya durado la libertad.

En los casos de los incisos 2º, 3º, 5º y 6º del artículo 13, el Tribunal podrá disponer que no se compute en el término de la condena todo o parte del tiempo que hubiere durado la libertad, hasta que el condenado cumpliese con lo dispuesto en dichos incisos.

Art. 15

Die bedingte Entlassung wird widerrufen, wenn der Verurteilte eine neue Straftat begeht oder die Pflicht der Wohnsitznahme verletzt. In diesen Fällen wird die Zeit, in welcher er sich in Freiheit befand, auf die Dauer der Strafe nicht angerechnet.

In den Fällen der Ziff. 2, 3, 5 und 6 des Art. 13 kann das Gericht anordnen, dass die Zeit, in welcher er sich in Freiheit befand, ganz oder teilweise nicht auf die Dauer der Strafe angerechnet wird, bis der Verurteilte die in diesen Ziffern vorgesehenen Auflagen erfüllt hat.

Artículo 16.

Transcurrido el término de la condena, o el plazo de cinco años señalado en el artículo 13 sin que la libertad condicional haya sido revocada, la pena quedará extinguida, lo mismo que la inhabilitación absoluta del artículo 12.

Art. 16

Wurde die bedingte Entlassung bis zum Ablauf der Dauer der Strafe oder des in Art. 13 genannten Zeitraums von fünf Jahren nicht widerrufen, so gilt die Strafe als erloschen. Entsprechendes gilt für die umfassende Aberkennung oder Beschränkung von Rechten und Fähigkeiten gemäß Art. 12.

Artículo 17.

Ningún penado cuya libertad condicional haya sido revocada, podrá obtenerla nuevamente.

Art. 17

Ein Verurteilter, dessen bedingte Entlassung widerrufen wurde, kann diese nicht abermals erlangen.

Artículo 18.

Los condenados por tribunales provinciales a reclusión o prisión por más de cinco años serán admitidos en los respectivos establecimientos nacionales. Las provincias podrán mandarlos siempre que no tuvieren establecimientos adecuados.

Art. 18

Die durch Provinzgerichte zu Zuchthaus- oder Gefängnisstrafe von mehr als fünf Jahren Verurteilten werden in den entsprechenden nationalen Anstalten aufgenommen. Die Provinzen können Verurteilte überstellen, wenn sie über keine geeigneten Anstalten verfügen.

Artículo 19.

La inhabilitación absoluta importa:

1°. La privación del empleo o cargo público que ejercía el penado aunque provenga de elección popular;

2°. La privación del derecho electoral;

3°. La incapacidad para obtener cargos, empleos y comisiones públicas;

4°. La suspensión del goce de toda jubilación, pensión o retiro, civil o militar, cuyo importe será percibido por los parientes que tengan derecho a pensión.

El tribunal podrá disponer, por razones de carácter asistencial, que la víctima o los deudos que estaban a su cargo concurran hasta la mitad de dicho importe, o que lo perciban en su totalidad, cuando el penado no tuviere parientes con derecho a pensión, en ambos casos hasta integrar el monto de las indemnizaciones fijadas.

Art. 19

Die umfassende Aberkennung oder Beschränkung von Rechten und Fähigkeiten bewirkt:

1. den Entzug der öffentlichen Stellung oder des Amtes, das der Verurteilte ausübte, auch wenn dieses durch öffentliche Wahlen begründet ist;
2. den Entzug des Wahlrechts;
3. die Unfähigkeit, öffentliche Ämter und Stellungen zu bekleiden und öffentliche Aufträge zu erlangen;
4. den Verlust aller zivilen oder militärischen Renten-, Pensions- und Ruhegeldansprüche, sofern diese nicht von Angehörigen bezogen werden, die einen Anspruch auf sie haben.

Das Gericht kann aus sozialen Gründen anordnen, dass das Opfer oder die von diesem abhängigen Personen die betreffenden Beträge bis zur Hälfte erhalten, oder dass sie den vollen Betrag erhalten, wenn der Verurteilte keine Verwandten mit Ansprüchen auf die Pensionszahlungen hat; in beiden Fällen gilt dies bis zur Höhe der festgesetzten Entschädigungssumme.

Artículo 20.

La inhabilitación especial producirá la privación del empleo, cargo, profesión o derecho sobre que recayere y la incapacidad para obtener otro del mismo género durante la condena. La inhabili-

Art. 20

Die besondere Aberkennung oder Beschränkung von Rechten und Fähigkeiten, abhängig davon, wofür sie angeordnet wird, bewirkt die Entziehung der Stellung, des Amtes, des Berufs oder ei-

tación especial para derechos políticos producirá la incapacidad de ejercer durante la condena aquellos sobre que recayere.

nes Rechts und die Unfähigkeit, während der Strafdauer ein anderes der gleichen Art zu erlangen. Die besondere Aberkennung oder Beschränkung politischer Rechte bewirkt die Unfähigkeit, diese betroffenen Rechte während der Dauer der Strafe auszuüben.

Artículo 20 bis.

Podrá imponerse inhabilitación especial de seis meses a diez años, aunque esa pena no esté expresamente prevista, cuando el delito cometido importe:

1º. Incompetencia o abuso en el ejercicio de un empleo o cargo público;

2º. Abuso en el ejercicio de la patria potestad, adopción, tutela o curatela;

3º. Incompetencia o abuso en el desempeño de una profesión o actividad cuyo ejercicio dependa de una autorización, licencia o habilitación del poder público.

Art. 20 bis

Die besondere Aberkennung oder Beschränkung von Rechten und Fähigkeiten für sechs Monate bis zu zehn Jahren kann verhängt werden, auch wenn diese Strafe nicht ausdrücklich vorgesehen ist, sofern die begangene Straftat:

1. die Unfähigkeit oder den Missbrauch einer öffentlichen Stellung oder Amtes umfasst;
2. den Missbrauch in der Ausübung des Sorgerechts, der Adoption, der Vormundschaft oder der Betreuung umfasst;
3. die Unfähigkeit oder den Missbrauch in der Ausübung eines Berufs oder einer Tätigkeit umfasst, für deren Ausübung es einer Genehmigung, Lizenz oder Zulassung durch die öffentliche Gewalt bedarf.

Artículo 20 ter.

El condenado a inhabilitación absoluta puede ser restituido al uso y goce de los derechos y capacidades de que fue privado, si se ha comportado correctamente durante la mitad del plazo de aquélla, o durante diez años cuando la pena fuera perpetua, y ha reparado los daños en la medida de lo posible.

El condenado a inhabilitación especial puede ser rehabilitado, transcurrida la mitad del plazo de ella, o cinco años

Art. 20 ter

Der zu umfassender Aberkennung oder Beschränkung von Rechten und Fähigkeiten Verurteilte kann den Gebrauch und die Ausübung der Rechte und Fähigkeiten, die ihm aberkannt wurden, wiedererlangen, wenn er sich während der Halfte der Dauer der Aberkennung fehlerfrei geführt hat, oder bei lebenslanger Strafe nach zehn Jahren, und er den Schaden im Rahmen des Möglichen wiedergutgemacht hat.

Der zu besonderer Aberkennung oder Beschränkung von Rechten und Fähigkeiten Verurteilte kann nach Ablauf der

cuando la pena fuere perpetua, si se ha comportado correctamente, ha remediado su incompetencia o no es de temer que incurra en nuevos abusos y, además, ha reparado los daños en la medida de lo posible.

Hälfte der Dauer der Aberkennung, oder bei lebenslanger Strafe nach fünf Jahren rehabilitiert werden, wenn er sich fehlerfrei geführt hat, seine Unfähigkeit behoben hat oder nicht zu befürchten ist, dass er sich weiterer Missbräuche schuldig macht, und er außerdem den Schaden im Rahmen des Möglichen wiedergutgemacht hat.

Cuando la inhabilitación importó la pérdida de un cargo público o de una tutela o curatela, la rehabilitación no comportará la reposición en los mismos cargos.

Betraf die Aberkennung ein politisches Amt, eine Vormundschaft oder Betreuung, bewirkt die Rehabilitierung nicht die Wiedereinsetzung in dieselbe Stellung.

Para todos los efectos, en los plazos de inhabilitación no se computará el tiempo en que el inhabilitado haya estado prófugo, internado o privado de su libertad.

Für alle Auswirkungen auf die Dauer der Aberkennungen oder Beschränkungen von Rechten und Fähigkeiten wird die Zeit nicht angerechnet, in denen der Verurteilte flüchtig, in eine Anstalt eingewiesen oder ihm seine Freiheit entzogen worden war.

Artículo 21.

La multa obligará al reo a pagar la cantidad de dinero que determinare la sentencia, teniendo en cuenta además de las causas generales del artículo 40, la situación económica del penado.

Si el reo no pagare la multa en el término que fije la sentencia, sufrirá prisión que no excederá de año y medio.

El tribunal, antes de transformar la multa en la prisión correspondiente, procurará la satisfacción de la primera, haciéndola efectiva sobre los bienes, sueldos u otras entradas del condenado.

Podrá autorizarse al condenado a amortizar la pena pecuniaria, mediante el trabajo libre, siempre que se presente ocasión para ello.

Art. 21

Durch die Geldstrafe wird der Verurteilte verpflichtet, den im Urteil festgelegten Geldbetrag zu zahlen, wobei neben den in Art. 40 bestimmten allgemeinen Grundsätzen die wirtschaftlichen Verhältnisse des Verurteilten zu berücksichtigen sind.

Bezahlt der Verurteilte die Geldstrafe nicht in der im Urteil bestimmten Frist, hat er eine Gefängnisstrafe von nicht mehr als eineinhalb Jahren zu verbüßen.

Vor der Umwandlung der Geldstrafe in die entsprechende Gefängnisstrafe hat das Gericht diese beizutreiben, wobei auf das Vermögen, das Einkommen und andere Einkünfte des Verurteilten zurückzugreifen ist.

Dem Verurteilten kann gestattet werden, die Geldstrafe durch unentgeltliche Arbeit zu tilgen, wenn sich die Gelegenheit dazu bietet.

También se podrá autorizar al condenado a pagar la multa por cuotas. El tribunal fijará el monto y la fecha de los pagos, según la condición económica del condenado.

Dem Verurteilten kann auch gestattet werden, die Geldstrafe in Raten zu zahlen. Das Gericht bestimmt die Höhe und den Zeitpunkt der Zahlungen gemäß den wirtschaftlichen Verhältnissen des Verurteilten.

Artículo 22.

En cualquier tiempo que se satisfaciera la multa, el reo quedará en libertad.

Del importe se descontará, de acuerdo con las reglas establecidas para el cómputo de la prisión preventiva, la parte proporcional al tiempo de detención que hubiere sufrido.

Art. 22

Sobald die Geldstrafe gezahlt ist, wird der Verurteilte freigelassen.

Vom Betrag der Geldstrafe wird in Übereinstimmung mit den Bestimmungen über die Anrechnung der Untersuchungshaft der Betrag für die Zeit der erlittenen Haft anteilig abgezogen.

Artículo 22 bis.

Si el hecho ha sido cometido con ánimo de lucro, podrá agregarse a la pena privativa de libertad una multa, aun cuando no esté especialmente prevista o lo esté sólo en forma alternativa con aquélla. Cuando no esté prevista, la multa no podrá exceder de noventa mil pesos.

Art. 22 bis

Wurde die Tat in Bereicherungsabsicht begangen, kann neben der Freiheitsstrafe eine Geldstrafe verhängt werden, auch wenn sie nicht besonders oder nur als Alternative zur Freiheitsstrafe vorgesehen ist. Ist eine Geldstrafe nicht angedroht, darf sie $ 90.000 nicht übersteigen.

Artículo 23.

En todos los casos en que recayese condena por delitos previstos en este Código o en leyes penales especiales, la misma decidirá el decomiso de las cosas que han servido para cometer el hecho y de las cosas o ganancias que son el producto o el provecho del delito, en favor del Estado nacional, de las provincias o de los municipios, salvo los derechos de restitución o indemnización del damnificado y de terceros.

Si las cosas son peligrosas para la seguridad común, el comiso puede ordenarse aunque afecte a terceros, salvo el

Art. 23

In allen Fällen, in denen eine Verurteilung wegen einer in diesem Gesetzbuch oder in Nebengesetzen vorgesehenen Straftat erfolgt, schließt diese Verurteilung die Einziehung der Gegenstände, die zur Ausführung der Tat gedient haben, und den Verfall der Gegenstände, Erträge und Vorteile, welche durch die Straftat erlangt wurden, zugunsten des Nationalstaats, der Provinzen oder der Gemeinden ein, sofern kein Recht des Verletzten und Dritter auf Herausgabe oder Entschädigung besteht.

Stellen die Gegenstände eine Gefahr für die öffentliche Sicherheit dar, kann die Einziehung oder der Verfall angeordnet

derecho de éstos, si fueren de buena fe, a ser indemnizados.

werden, auch wenn Rechte Dritter berührt werden, abgesehen von deren Recht auf Entschädigung, wenn sie im guten Glauben gehandelt haben.

Cuando el autor o los partícipes han actuado como mandatarios de alguien o como órganos, miembros o administradores de una persona de existencia ideal, y el producto o el provecho del delito ha beneficiado al mandante o a la persona de existencia ideal, el comiso se pronunciará contra éstos.

Haben der Täter oder die Teilnehmer als Vertreter eines anderen oder als Organe, Mitglieder oder Verwalter einer juristischen Person gehandelt und hat der Ertrag oder Vorteil den Vertretenen oder die juristische Person begünstigt, wird die Einziehung oder der Verfall gegen diese angeordnet.

Cuando con el producto o el provecho del delito se hubiese beneficiado un tercero a título gratuito, el comiso se pronunciará contra éste.

Wurde ein Dritter durch den Ertrag oder Vorteil der Straftat unentgeltlich begünstigt, wird die Einziehung oder der Verfall gegen diesen angeordnet.

Si el bien decomisado tuviere valor de uso o cultural para algún establecimiento oficial o de bien público, la autoridad nacional, provincial o municipal respectiva podrá disponer su entrega a esas entidades. Si así no fuere y tuviera valor comercial, aquélla dispondrá su enajenación. Si no tuviera valor lícito alguno, se lo destruirá.

Hat der eingezogene Gegenstand für eine öffentliche Einrichtung oder das Gemeinwesen einen Nutzwert oder einen kulturellen Wert, kann die entsprechende National-, Provinz- oder Gemeindebehörde die Übergabe an diese Einrichtungen anordnen. Ist dies nicht der Fall und hat der Gegenstand einen wirtschaftlichen Wert, ordnet die Behörde seinen Verkauf an. Ist der Gegenstand wertlos, wird er vernichtet.

En el caso de condena impuesta por alguno de los delitos previstos por los artículos 142 bis o 170 de este Código, queda comprendido entre los bienes a decomisar la cosa mueble o inmueble donde se mantuviera a la víctima privada de su libertad. Los bienes decomisados con motivo de tales delitos, según los términos del presente artículo, y el producido de las multas que se impongan, serán afectados a programas de asistencia a la víctima.

Im Fall der Verurteilung aufgrund einer der Straftaten der Art. 142 bis oder 170 dieses Gesetzbuchs umfasst der einzuziehende Gegenstand auch die bewegliche oder unbewegliche Sache, in welcher das Opfer während der Freiheitsberaubung gefangen gehalten wurde. Die aufgrund dieser Straftaten und gemäß den Bestimmungen dieses Artikels eingezogenen Gegenstände und der Betrag der auferlegten Geldstrafen werden für Programme zur Betreuung von Opfern eingesetzt.

El juez podrá adoptar desde el inicio de las actuaciones judiciales las medidas cautelares suficientes para asegurar el decomiso del o de los inmuebles, fon-

Von der Einleitung des gerichtlichen Verfahrens an kann der Richter die einstweiligen Maßnahmen anordnen, welche zur Sicherung der Einziehung

dos de comercio, depósitos, transportes, elementos informáticos, técnicos y de comunicación, y todo otro bien o derecho patrimonial sobre los que, por tratarse de instrumentos o efectos relacionados con el o los delitos que se investigan, el decomiso presumiblemente pueda recaer.

oder des Verfalls einer oder mehrerer Immobilien, von Geschäften, Depots, Transportmitteln, Datenverarbeitungsgeräten, technischen Geräten und Kommunikationsmitteln und allen anderen Gegenständen oder Vermögensrechten ausreichend sind, deren Einziehung oder Verfall vorausgesetzt werden kann, da es sich um Werkzeuge oder Erträge in Verbindung mit der oder den Straftaten handelt, in denen ermittelt wird.

El mismo alcance podrán tener las medidas cautelares destinadas a hacer cesar la comisión del delito o sus efectos, o a evitar que se consolide su provecho o a obstaculizar la impunidad de sus partícipes. En todos los casos se deberá dejar a salvo los derechos de restitución o indemnización del damnificado y de terceros

Den gleichen Umfang können die einstweiligen Maßnahmen haben, die sich auf die Verhütung der Begehung einer Straftat oder des Erfolgseintritts richten, oder die die Sicherung des Erfolgs der Straftat verhindern oder verhindern sollen, dass die Teilnehmer straflos ausgehen. In allen Fällen müssen die Herausgabe- und Entschädigungsrechte des Verletzten oder Dritter berücksichtigt werden.

Artículo 24.

La prisión preventiva se computará así: por dos días de prisión preventiva, uno de reclusión; por un día de prisión preventiva, uno de prisión o dos de inhabilitación o la cantidad de multa que el tribunal fijase entre pesos treinta y cinco y pesos ciento setenta y cinco.

Art. 24

Die Untersuchungshaft wird wie folgt angerechnet: für zwei Tage Untersuchungshaft ein Tag Zuchthaus; für einen Tag Untersuchungshaft ein Tag Gefängnis oder zwei Tage Aberkennung oder Beschränkung von Rechten und Fähigkeiten, oder eine vom Gericht zu bestimmende Geldstrafe zwischen $ 35 und 175.

Artículo 25.

Si durante la condena el penado se volviere loco, el tiempo de la locura se computará para el cumplimiento de la pena, sin que ello obste a lo dispuesto en el apartado tercero del inciso 1° del artículo 34.

Art. 25

Wird der Verurteilte während des Vollzugs der Strafe geisteskrank, so wird die Dauer der Geisteskrankheit auf die Dauer des Vollzugs der Strafe angerechnet; die in Art. 34 Abs. 1 Ziff. 3 enthaltene Regelung bleibt hiervon unberührt.

Título III
Condenación condicional

Artículo 26.

En los casos de primera condena a pena de prisión que no exceda de tres años, será facultad de los tribunales disponer en el mismo pronunciamiento que se deje en suspenso el cumplimiento de la pena. Esta decisión deberá ser fundada, bajo sanción de nulidad, en la personalidad moral del condenado, su actitud posterior al delito, los motivos que lo impulsaron a delinquir, la naturaleza del hecho y las demás circunstancias que demuestren la inconveniencia de aplicar efectivamente la privación de libertad. El tribunal requerirá las informaciones pertinentes para formar criterio, pudiendo las partes aportar también la prueba útil a tal efecto.

Igual facultad tendrán los tribunales en los casos de concurso de delitos si la pena impuesta al reo no excediese los tres años de prisión.

No procederá la condenación condicional respecto de las penas de multa o inhabilitación.

Artículo 27.

La condenación se tendrá como no pronunciada si dentro del término de cuatro años, contados a partir de la fecha de la sentencia firme, el condenado no cometiere un nuevo delito. Si cometiere un nuevo delito, sufrirá la pena impuesta en la primera condenación y la que le correspondiere por el segundo delito, conforme con lo dispuesto sobre acumulación de penas.

La suspensión podrá ser acordada por

Dritter Abschnitt
Bedingte Verurteilung

Art. 26

Bei erstmaliger Verurteilung zu einer drei Jahre nicht übersteigenden Gefängnisstrafe kann das Gericht im selben Urteil die Vollstreckung der Strafe aussetzen. Diese Entscheidung ist unter Berücksichtigung der sittlichen Persönlichkeit des Verurteilten, seines Verhaltens nach der Straftat, der Beweggründe, die ihn bestimmt haben, die Tat zu begehen, des Wesens der Tat und aller weiteren Umstände, die die Ungeeignetheit des tatsächlichen Vollzugs der Freiheitsstrafe zeigen, zu treffen; andernfalls ist sie nichtig. Das Gericht fordert alle ihm für diese Entscheidung sachdienlich erscheinenden Informationen an, wobei auch die Parteien zu diesem Zweck nützliche Beweise beibringen können.

Die Gerichte haben die gleiche Befugnis, wenn der Verurteilte wegen Straftaten in Tatmehrheit zu einer drei Jahre nicht übersteigenden Gefängnisstrafe verurteilt wird.

Die bedingte Verurteilung findet keine Anwendung auf Geldstrafen oder die Aberkennung oder Beschränkung von Rechten und Fähigkeiten.

Art. 27

Begeht der Verurteilte vom Tag der Rechtskraft des Urteils an innerhalb eines Zeitraums von vier Jahren keine neue Straftat, gilt die Verurteilung als nicht ausgesprochen. Begeht er eine neue Straftat, hat er nach den Bestimmungen über die Gesamtstrafenbildung die im ersten Urteil auferlegte Strafe und diejenige, die aufgrund der neuen Straftat verhängt wird, zu verbüßen.

Die Aussetzung kann zum zweiten Mal

segunda vez si el nuevo delito ha sido cometido después de haber transcurrido ocho años a partir de la fecha de la primera condena firme. Este plazo se elevará a diez años, si ambos delitos fueran dolosos.

angeordnet werden, wenn die neue Straftat nach Ablauf von acht Jahren vom Datum der ersten rechtskräftigen Verurteilung an begangen wurde. Dieser Zeitraum wird auf zehn Jahre erweitert, wenn beide Straftaten vorsätzlich begangen wurden.

En los casos de sentencias recurridas y confirmadas, en cuanto al carácter condicional de la condena, los plazos se computarán desde la fecha del pronunciamiento originario.

Wird das Urteil hinsichtlich der Aussetzung der Strafe angefochten und bestätigt, gilt für die Bestimmung der Fristen das Datum des erstinstanzlichen Urteils.

Artículo 27 bis.

Al suspender condicionalmente la ejecución de la pena, el Tribunal deberá disponer que, durante un plazo que fijará entre dos y cuatro años según la gravedad del delito, el condenado cumpla todas o alguna de las siguientes reglas de conducta, en tanto resulten adecuadas para prevenir la comisión de nuevos delitos:

1. Fijar residencia y someterse al cuidado de un patronato.
2. Abstenerse de concurrir a determinados lugares o de relacionarse con determinadas personas.
3. Abstenerse de usar estupefacientes o de abusar de bebidas alcohólicas.
4. Asistir a la escolaridad primaria, si no la tuviere cumplida.
5. Realizar estudios o prácticas necesarios para su capacitación laboral o profesional.
6. Someterse a un tratamiento médico o psicológico, previo informe que acredite su necesidad y eficacia.

Art. 27 bis

Bei Aussetzung des Strafvollzugs hat das Gericht unter Berücksichtigung der Schwere der Straftat anzuordnen, dass der Verurteilte einige oder alle der folgenden Führungsauflagen während eines Zeitraums von zwei und vier Jahren erfüllt, wenn diese geeignet sind, die Begehung neuer Straftaten zu verhindern:

1. einen festen Wohnsitz zu begründen und sich der Fürsorge eines Helfers zu unterstellen;
2. den Besuch bestimmter Orte und den Umgang mit bestimmten Personen zu unterlassen;
3. den Konsum von Betäubungsmitteln oder den Missbrauch von alkoholischen Getränken zu unterlassen;
4. die Grundschulausbildung nachzuholen, falls diese nicht abgeschlossen wurde;
5. für die berufliche Ausbildung notwendige Studien oder Praktika durchzuführen;
6. sich einer medizinischen oder psychologischen Behandlung zu unterziehen, welche ein vorheriger Bericht als notwendig und wirksam bestätigen muss;

7. Adoptar oficio, arte, industria o profesión, adecuado a su capacidad.

8. Realizar trabajos no remunerados en favor del estado o de instituciones de bien público, fuera de sus horarios habituales de trabajo.

Las reglas podrán ser modificadas por el Tribunal según resulte conveniente al caso.

Si el condenado no cumpliere con alguna regla, el Tribunal podrá disponer que no se compute como plazo de cumplimiento todo o parte del tiempo transcurrido hasta ese momento. Si el condenado persistiere o reiterare el incumplimiento, el Tribunal podrá revocar la condicionalidad de la condena. El condenado deberá entonces cumplir la totalidad de la pena de prisión impuesta en la sentencia.

7. ein seinen Fähigkeiten entsprechendes Gewerbe, Handwerk, eine Anstellung oder einen Beruf aufzunehmen;

8. nicht vergütete Arbeiten zum Wohl des Staates oder gemeinnütziger Einrichtungen außerhalb seiner normalen Arbeitszeit zu verrichten.

Die Regelungen können vom Gericht abgeändert werden, wenn es für den Fall zweckmäßig ist.

Erfüllt der Verurteilte eine Auflage nicht, kann das Gericht beschließen, die bis zur Verletzung der Auflage abgelaufene Zeit ganz oder teilweise nicht als Bewährungszeit anzurechnen. Erfüllt der Verurteilte die Auflage dauernd oder wiederholt nicht, kann das Gericht die Aussetzung der Strafvollstreckung widerrufen. Der Verurteilte muss dann die im Urteil verhängte Gefängnisstrafe vollständig verbüßen.

Artículo 28.

La suspensión de la pena no comprenderá la reparación de los daños causados por el delito y el pago de los gastos del juicio.

Art. 28

Die Aussetzung der Strafe lässt die Wiedergutmachung des durch die Straftat verursachten Schadens und die Zahlung der Kosten des Gerichtsverfahrens unberührt.

Título IV Reparación de perjuicios

Artículo 29.

La sentencia condenatoria podrá ordenar:

1. La reposición al estado anterior a la comisión del delito, en cuanto sea posible, disponiendo a ese fin las restituciones y demás medidas necesarias;

Vierter Abschnitt Schadenswiedergutmachung

Art. 29

Das Strafurteil kann anordnen:

1. soweit dies möglich ist, den Zustand vor der Begehung der Straftat durch Rückgabe und weitere notwendige Maßnahmen wiederherzustellen;

2. La indemnización del daño material y moral causado a la víctima, a su familia o a un tercero, fijándose el monto prudencialmente por el juez en defecto de plena prueba.

3. El pago de las costas.

2. das Opfer, seine Familie oder einen Dritten für den verursachten materiellen oder immateriellen Schaden zu entschädigen; soweit kein voller Beweis für dessen Höhe vorhanden ist, wird die Entschädigung vom Richter in angemessener Weise festgelegt;

3. die Kosten des Verfahrens zu zahlen.

Artículo 30.

La obligación de indemnizar es preferente a todas las que contrajere el responsable después de cometido el delito, a la ejecución de la pena de decomiso del producto o el provecho del delito y al pago de la multa. Si los bienes del condenado no fueren suficientes para cubrir todas sus responsabilidades pecuniarias, éstas se satisfarán en el orden siguiente:

1. La indemnización de los daños y perjuicios.
2. El resarcimiento de los gastos del juicio.
3. El decomiso del producto o el provecho del delito.
4. El pago de la multa.

Art. 30

Die Verpflichtung zum Schadensersatz hat Vorrang vor allen anderen Verpflichtungen, die der Verantwortliche nach der Tatbegehung eingeht; sie hat Vorrang vor der Vollstreckung des Verfalls des Ertrags oder Vorteils der Straftat und vor der Zahlung der Geldstrafe. Reicht das Vermögen des Verurteilten nicht aus, um alle finanziellen Verpflichtungen zu erfüllen, werden diese in nachstehender Reihenfolge befriedigt:

1. Ersatz des Schadens und der Nachteile;
2. Erstattung der Kosten des Verfahrens;
3. Verfall des Ertrags oder Vorteils der Straftat;
4. Zahlung der Geldstrafe.

Artículo 31.

La obligación de reparar el daño es solidaria entre todos los responsables del delito.

Art. 31

Die Verpflichtung zur Wiedergutmachung des Schadens trifft alle für die Straftat Verantwortlichen gesamtschuldnerisch.

Artículo 32.

El que por título lucrativo participare de los efectos de un delito, estará obligado a la reparación hasta la cuantía en que hubiere participado.

Art. 32

Wer in Bereicherungsabsicht an den durch die Straftat erlangten Gegenständen teilhat, ist zur Schadenswiedergutmachung in Höhe seines Anteils verpflichtet.

Artículo 33.

En caso de insolvencia total o parcial, se observarán las reglas siguientes:

1º. Tratándose de condenados a reclusión o prisión, la reparación se hará en la forma determinada en el artículo 11;

2º. Tratándose de condenados a otras penas, el tribunal señalará la parte de sus entradas o emolumentos que deban depositar periódicamente hasta el pago total.

Art. 33

Bei vollständiger oder teilweiser Zahlungsunfähigkeit finden die folgenden Bestimmungen Anwendung:

1. handelt es sich um zu einer Zuchthaus- oder Gefängnisstrafe Verurteilte, wird die Wiedergutmachung des Schadens gemäß der in Art. 11 bestimmten Form durchgeführt;

2. handelt es sich um zu anderen Strafen Verurteilte, bestimmt das Gericht den Teil ihrer Einkünfte oder Bezüge, den sie regelmäßig bis zur vollständigen Zahlung hinterlegen müssen.

Título V
Imputabilidad

Artículo 34.

No son punibles:

1º. El que no haya podido en el momento del hecho, ya sea por insuficiencia de sus facultades, por alteraciones morbosas de las mismas o por su estado de inconciencia, error o ignorancia de hecho no imputables, comprender la criminalidad del acto o dirigir sus acciones.

En caso de enajenación, el tribunal podrá ordenar la reclusión del agente en un manicomio, del que no saldrá sino por resolución judicial, con audiencia del ministerio público y previo dictamen de peritos que declaren desaparecido el peligro de que el enfermo se dañe a sí mismo o a los demás.

Fünfter Abschnitt
Zurechnung

Art. 34

Nicht strafbar ist:

1. wer im Zeitpunkt der Tat, sei es wegen Unzulänglichkeit seiner geistigen Fähigkeiten, deren krankhafter Veränderungen oder wegen Bewusstlosigkeit, nicht zurechenbaren Tatirrtums oder Unkenntnis der strafbaren Tat das Verbrecherische der Handlung nicht erkennen oder seine Handlungen nicht steuern konnte.

Im Falle einer Geisteskrankheit kann das Gericht die Unterbringung des Täters in einer psychiatrischen Anstalt anordnen, aus welcher er nur aufgrund einer gerichtlichen Entscheidung, nach Anhörung der Staatsanwaltschaft und vorheriger Begutachtung durch Sachverständige, die eine Gefahr, dass der Kranke sich selbst oder anderen Schaden zufügt, als nicht mehr gegeben ansehen, entlassen werden kann.

En los demás casos en que se absolviere a un procesado por las causales del presente inciso, el tribunal ordenará la reclusión del mismo en un establecimiento adecuado hasta que se comprobase la desaparición de las condiciones que le hicieren peligroso;	Wird der Angeklagte aus den anderen Gründen dieses Absatzes freigesprochen, beschließt das Gericht seine Unterbringung in einer entsprechenden Anstalt, bis der Wegfall der Voraussetzungen, die ihn gefährlich machten, bestätigt wird;
2º. El que obrare violentado por fuerza física irresistible o amenazas de sufrir un mal grave e inminente;	2. wer unter Zwang durch unwiderstehliche körperliche Gewalt oder Bedrohung mit einem schweren, unmittelbar bevorstehenden Übel handelt;
3º. El que causare un mal por evitar otro mayor inminente a que ha sido extraño;	3. wer ein Übel verursacht, um ein anderes, größeres, unmittelbar bevorstehendes Übel, an dem er nicht beteiligt gewesen ist, abzuwenden;
4º. El que obrare en cumplimiento de un deber o en el legítimo ejercicio de su derecho, autoridad o cargo;	4. wer in Erfüllung einer Pflicht oder der rechtmäßigen Ausübung seines Rechts, seiner Befugnisse oder seines Amts handelt;
5º. El que obrare en virtud de obediencia debida;	5. wer aufgrund einer Gehorsamspflicht handelt;
6º. El que obrare en defensa propia o de sus derechos, siempre que concurrieren las siguientes circunstancias:	6. wer zur Verteidigung seiner selbst oder seiner Rechte handelt, sofern folgende Umstände gegeben sind:
a) Agresión ilegítima;	a. ein rechtswidriger Angriff;
b) Necesidad racional del medio empleado para impedirla o repelerla;	b. die angemessene Erforderlichkeit des eingesetzten Mittels, um ihn zu verhindern oder abzuwehren;
c) Falta de provocación suficiente por parte del que se defiende.	c. das Fehlen einer ausreichenden Provokation desjenigen, der sich verteidigt.
Se entenderá que concurren estas circunstancias respecto de aquel que durante la noche rechazare el escalamiento o fractura de los cercados, paredes o entradas de su casa, o departamento habitado o de sus dependencias, cualquiera que sea el daño ocasionado al agresor.	Es wird angenommen, dass diese Umstände zugunsten desjenigen vorliegen, der zur Nachtzeit das Einsteigen in sein Haus, seine Wohnung oder in die Anbauten oder das Aufbrechen von deren Einfriedungen, Wänden oder Eingängen abwehrt, unabhängig davon, welcher Schaden dem Eindringling zugefügt wird.

Igualmente respecto de aquél que encontrare a un extraño dentro de su hogar, siempre que haya resistencia.

7º. El que obrare en defensa de la persona o derechos de otro, siempre que concurran las circunstancias a) y b) del inciso anterior y caso de haber precedido provocación suficiente por parte del agredido, la de que no haya participado en ella el tercero defensor.

Das Gleiche gilt für denjenigen, der einen Fremdem in seiner Wohnung vorfindet, sofern dieser Widerstand leistet.

7. wer zur Verteidigung der Person oder der Rechte eines anderen handelt, sofern die unter a. und b. der vorhergehenden Ziffer aufgeführten Umstände vorliegen und eine vorausgehende ausreichende Provokation des Angegriffenen vorlag, an der der Verteidiger nicht beteiligt war.

Artículo 35.

El que hubiere excedido los límites impuestos por la Ley, por la autoridad o por la necesidad, será castigado con la pena fijada para el delito por culpa o imprudencia.

Art. 35

Wer die durch Gesetz, Amtsausübung, Notwehr oder Notstand bestimmten Grenzen überschreitet, wird mit der für die grob fahrlässige oder fahrlässige Begehung der Straftat angedrohten Strafe bestraft.

Artículo 36.

(Derogado)

Art. 36

(Aufgehoben)

Artículo 37.

(Derogado)

Art. 37

(Aufgehoben)

Artículo 38.

(Derogado)

Art. 38

(Aufgehoben)

Artículo 39.

(Derogado)

Art. 39

(Aufgehoben)

Artículo 40.

En las penas divisibles por razón de tiempo o de cantidad, los tribunales fijarán la condenación de acuerdo con las circunstancias atenuantes o agravantes particulares a cada caso y de conformidad a las reglas del artículo siguiente.

Art. 40

Die der Dauer oder dem Betrag nach teilbaren Strafen bestimmt das Gericht unter Berücksichtigung der mildernden oder erschwerenden Umstände jedes Einzelfalls in Übereinstimmung mit den Bestimmungen des folgenden Artikels.

Artículo 41.

A los efectos del artículo anterior, se tendrá en cuenta:

1º. La naturaleza de la acción y de los medios empleados para ejecutarla y la extensión del daño y del peligro causados;

2º. La edad, la educación, las costumbres y la conducta precedente del sujeto, la calidad de los motivos que lo determinaron a delinquir, especialmente la miseria o la dificultad de ganarse el sustento propio necesario y el de los suyos, la participación que haya tomado en el hecho, las reincidencias en que hubiera incurrido y los demás antecedentes y condiciones personales, así como los vínculos personales, la calidad de las personas y las circunstancias de tiempo, lugar, modo y ocasión que demuestren su mayor o menor peligrosidad. El juez deberá tomar conocimiento directo y de visu del sujeto, de la víctima y de las circunstancias del hecho en la medida requerida para cada caso.

Art. 41

Bei Anwendung des vorhergehenden Artikels sind zu berücksichtigen:

1. die Art der Handlung und der zur Ausführung eingesetzten Mittel sowie das Ausmaß des verursachten Schadens und der herbeigeführten Gefahr;
2. das Alter, die Erziehung, die Gewohnheiten und bisherige Führung des Täters, die Beweggründe, die ihn bestimmt haben, die Tat zu begehen, insbesondere Armut oder die Schwierigkeit, den notwendigen Lebensunterhalt für sich und seine Angehörigen zu verdienen, seine Tatbeteiligung, seine Rückfälle, sein sonstiges Vorleben sowie seine übrigen persönlichen Verhältnisse, wie persönliche Beziehungen, die Eigenschaften der Personen und die zeitlichen und örtlichen Umstände, Art und Anlass der Begehung, die eine größere oder mindere Gefährlichkeit zeigen. Der Richter muss von dem Täter, dem Opfer und von den Umständen der Tat in der für den Fall erforderlichen Weise unmittelbar und durch Augenschein Kenntnis nehmen.

Artículo 41 bis.

Cuando alguno de los delitos previstos en este Código se cometiera con violencia o intimidación contra las personas mediante el empleo de un arma de fuego la escala penal prevista para el delito de que se trate se elevará en un tercio en su mínimo y en su máximo, sin que ésta pueda exceder el máximo legal de la especie de pena que corresponda.

Este agravante no será aplicable cuando la circunstancia mencionada en ella

Art. 41 bis

Wird eine der in diesem Gesetzbuch vorgesehenen Straftaten mittels Gewalt oder Drohung gegen Personen unter Einsatz einer Schusswaffe begangen, erhöht sich die für die entsprechende Straftat angedrohte Mindest- und Höchststrafe um ein Drittel, wobei die jeweilige gesetzliche Höchststrafe der entsprechenden Strafart nicht überschritten werden darf.

Bildet der bezeichnete Umstand bereits ein Tatbestandselement oder einen Qua-

ya se encuentre contemplada como elemento constitutivo o calificante del delito de que se trate.

lifikationsgrund der entsprechenden Straftat, findet diese Strafverschärfung keine Anwendung.

Artículo 41 ter.

Las escalas penales previstas en los artículos 142 bis y 170 de este Código podrán reducirse en un tercio del máximo y en la mitad del mínimo respecto de los partícipes o encubridores que, durante la sustanciación del proceso o antes de su iniciación, proporcionen información que permita conocer el lugar donde la víctima se encuentra privada de su libertad, o la identidad de otros partícipes o encubridores del hecho, o cualquier otro dato que posibilite su esclarecimiento.

En caso de corresponder prisión o reclusión perpetua, podrá aplicarse prisión o reclusión de ocho (8) a quince (15) años.

Sólo podrán gozar de este beneficio quienes tengan una responsabilidad penal inferior a la de las personas a quienes identificasen.

Art. 41 ter

Die in Art. 142 bis und 170 dieses Gesetzbuchs vorgesehenen Höchststrafen können für Teilnehmer oder Begünstiger um ein Drittel und die Mindeststrafen um die Hälfte gemindert werden, wenn diese während oder vor Einleitung des Strafverfahrens Tatsachen beibringen, die es ermöglichen, den Ort, an welchem das Opfer einer Freiheitsberaubung gefangen gehalten wird oder die Identität der übrigen Teilnehmer oder Begünstiger der Tat zu ermitteln, oder wenn sie andere Informationen beibringen, die die Aufklärung der Tat ermöglichen.

Falls lebenslange Gefängnis- oder Zuchthausstrafe angedroht ist, kann eine Gefängnis- oder Zuchthausstrafe von acht bis fünfzehn Jahren verhängt werden.

Diese Vergünstigung kann nur von solchen Personen in Anspruch genommen werden, deren strafrechtliche Verantwortung geringer ist als diejenige der von ihnen identifizierten Personen.

Artículo 41 quater

Cuando alguno de los delitos previstos en este Código sea cometido con la intervención de menores de dieciocho años de edad, la escala penal correspondiente se incrementará en un tercio del mínimo y del máximo, respecto de los mayores que hubieren participado en el mismo.

Art. 41 quater

Wird eine in diesem Gesetzbuch vorgesehene Straftat unter Mitwirkung von Minderjährigen unter achtzehn Jahren begangen, erhöht sich die entsprechende Mindest- und Höchststrafe der volljährigen Tatbeteiligten jeweils um ein Drittel.

Título VI
Tentativa

Artículo 42.

El que con el fin de cometer un delito determinado comienza su ejecución, pero no lo consuma por circunstancias ajenas a su voluntad, sufrirá las penas determinadas en el artículo 44.

Artículo 43.

El autor de tentativa no estará sujeto a pena cuando desistiere voluntariamente del delito.

Artículo 44.

La pena que correspondería al agente, si hubiere consumado el delito, se disminuirá de un tercio a la mitad.

Si la pena fuere de reclusión perpetua, la pena de la tentativa será reclusión de quince a veinte años. Si la pena fuese de prisión perpetua, la de tentativa será prisión de diez a quince años.

Si el delito fuera imposible, la pena se disminuirá en la mitad y podrá reducírsela al mínimo legal o eximirse de ella, según el grado de peligrosidad revelada por el delincuente.

Sechster Abschnitt
Versuch

Art. 42

Wer zu dem Zweck, eine bestimmte Straftat zu begehen, mit deren Ausführung beginnt, diese jedoch aufgrund von Umständen, die von seinem Willen unabhängig sind, nicht vollendet, wird gemäß Art. 44 bestraft.

Art. 43

Der Täter eines Versuchs bleibt straflos, wenn er die Ausführung der Tat freiwillig aufgibt.

Art. 44

Die Strafe, die der Täter bei Vollendung der Straftat verwirkt hätte, wird um ein Drittel bis um die Hälfte gemindert.

Ist die Strafe lebenslanges Zuchthaus, beträgt die Strafe für den Versuch fünfzehn bis zwanzig Jahre Zuchthaus. Ist die Strafe lebenslanges Gefängnis, beträgt die Strafe für den Versuch zehn bis fünfzehn Jahre Gefängnis.

War die Ausführung der Straftat unmöglich, wird die Strafe um die Hälfte gemindert und kann je nach dem Ausmaß der vom Täter gezeigten Gefährlichkeit auf das gesetzliche Mindestmaß herabgesetzt oder ganz von ihr abgesehen werden.

Título VII
Participación criminal

Artículo 45.

Los que tomasen parte en la ejecución del hecho o prestasen al autor o autores un auxilio o cooperación sin los cuales

Siebter Abschnitt
Strafbare Teilnahme

Art. 45

Wer an der Begehung der Tat beteiligt war oder dem Täter oder den Tätern Hilfe oder Unterstützung geleistet hat, ohne

no habría podido cometerse, tendrán la pena establecida para el delito. En la misma pena incurrirán los que hubiesen determinado directamente a otro a cometerlo.

welche die Tat nicht hätte begangen werden können, wird mit der für die Straftat angedrohten Strafe bestraft. Dieselbe Strafe erhält, wer einen anderen unmittelbar zur Ausführung der Tat bestimmt hat.

Artículo 46.

Los que cooperen de cualquier otro modo a la ejecución del hecho y los que presten una ayuda posterior cumpliendo promesas anteriores al mismo, serán reprimidos con la pena correspondiente al delito, disminuida de un tercio a la mitad. Si la pena fuere de reclusión perpetua, se aplicará reclusión de quince a veinte años y si fuere de prisión perpetua, se aplicará prisión de diez a quince años.

Art. 46

Wer auf andere Weise bei der Ausführung der Tat mithilft und wer nach Ausführung der Tat aufgrund eines vor der Tat gegebenen Versprechens Unterstützung leistet, wird mit der um ein Drittel bis zur Hälfte geminderten Strafe für die Tat bestraft. Ist die Strafe lebenslanges Zuchthaus, wird eine Strafe von fünfzehn bis zu zwanzig Jahren verhängt; ist die Strafe lebenslanges Gefängnis, wird eine Strafe von zehn bis zu fünfzehn Jahren verhängt.

Artículo 47.

Si de las circunstancias particulares de la causa resultare que el acusado de complicidad no quiso cooperar sino en un hecho menos grave que el cometido por el autor, la pena será aplicada al cómplice solamente en razón del hecho que prometió ejecutar.

Si el hecho no se consumase, la pena del cómplice se determinará conforme a los preceptos de este artículo y a los del título de la tentativa.

Art. 47

Ergibt sich aus den besonderen Umständen des Falls, dass der wegen Teilnahme Angeklagte an einer weniger schweren Tat als der vom Täter begangenen Tat teilnehmen wollte, wird er nur aufgrund der Tat bestraft, die er auszuführen versprach.

Wurde die Tat nicht ausgeführt, wird die Strafe des Teilnehmers gemäß den Bestimmungen dieses Artikels und denen des Abschnitts über den Versuch bestimmt.

Artículo 48.

Las relaciones, circunstancias y calidades personales, cuyo efecto sea disminuir o excluir la penalidad, no tendrán influencia sino respecto al autor o cómplice a quienes correspondan. Tampoco tendrán influencia aquéllas cuyo efecto sea agravar la penalidad, salvo el caso en que fueren conocidas por el partícipe.

Art. 48

Die persönlichen Beziehungen, Umstände und Eigenschaften, aufgrund welcher die Strafbarkeit gemindert oder ausgeschlossen wird, wirken nur für den Täter oder den Teilnehmer, bei dem sie vorliegen. Erhöhen sie die Strafbarkeit, so wirken sie nur gegen den Teilnehmer, der sie kannte.

Artículo 49.

No se considerarán partícipes de los delitos cometidos por la prensa a las personas que solamente prestaren al autor del escrito o grabado la cooperación material necesaria para su publicación, difusión o venta.

Art. 49

Wer dem Verfasser eines Schriftwerks oder eines graphischen Werks lediglich die zur Veröffentlichung, Verbreitung oder zum Verkauf notwendige tatsächliche Hilfe leistet, wird nicht als Teilnehmer an einem Pressedelikt angesehen.

Título VIII
Reincidencia

Achter Abschnitt
Rückfall

Artículo 50.

Habrá reincidencia siempre que quien hubiera cumplido, total o parcialmente, pena privativa de libertad impuesta por un tribunal del país cometiere un nuevo delito punible también con esa clase de pena.

La condena sufrida en el extranjero se tendrá en cuenta para la reincidencia si ha sido pronunciada por razón de un delito que pueda, según la ley argentina, dar lugar a extradición.

No dará lugar a reincidencia la pena cumplida por delitos políticos, los previstos exclusivamente en el Código de Justicia Militar, los amnistiados o los cometidos por menores de dieciocho años de edad. La pena sufrida no se tendrá en cuenta a los efectos de la reincidencia cuando desde su cumplimiento hubiera transcurrido un término igual a aquél por la que fuera impuesta, que nunca excederá de diez ni será inferior a cinco años.

Art. 50

Ein Rückfall liegt vor, wenn der von einem Gericht des Landes zu einer Freiheitsstrafe Verurteilte nach deren vollständiger oder teilweiser Verbüßung eine neue Straftat begeht, die mit derselben Strafart bedroht ist.

Eine im Ausland erfolgte Verurteilung ist für den Rückfall zu berücksichtigen, wenn sie wegen einer Straftat verhängt wurde, die gemäß den argentinischen Gesetzen eine Auslieferung bewirken kann.

Die Bestimmungen über den Rückfall finden keine Anwendung auf Strafen, die wegen politischer Straftaten verbüßt wurden, auf Straftaten, die lediglich im Militärstrafrecht vorgesehen sind, die amnestiert wurden oder die von Minderjährigen unter achtzehn Jahren begangen wurden. Die verbüßte Strafe findet keine Berücksichtigung bei der Beurteilung der Rückfälligkeit, wenn seit dem Ende ihrer Vollstreckung ein ihrer Dauer entsprechender Zeitraum verstrichen ist, der jedoch zehn Jahre nicht übersteigt und fünf Jahre nicht unterschreitet.

Artículo 51.

Todo ente oficial que lleve registros penales se abstendrá de informar sobre

Art. 51

Strafregisterbehörden dürfen keine Auskünfte über ein Verfahren erteilen, das

datos de un proceso terminado por sobreseimiento o sentencia absolutoria. En ningún caso se informará la existencia de detenciones que no provengan de la formación de causa, salvo que los informes se requieran para resolver un hábeas corpus o en causas por delitos de que haya sido víctima el detenido.

El registro de las sentencias condenatorias caducará a todos sus efectos:

1. Después de transcurridos diez años desde la sentencia (art. 27) para las condenas condicionales;
2. Después de transcurridos diez años desde su extinción para las demás condenas a penas privativas de la libertad;
3. Después de transcurridos cinco años desde su extinción para las condenas a pena de multa o inhabilitación.

En todos los casos se deberá brindar la información cuando mediare expreso consentimiento del interesado. Asimismo, los jueces podrán requerir la información, excepcionalmente, por resolución que sólo podrá fundarse en la necesidad concreta del antecedente como elemento de prueba de los hechos en un proceso judicial.

Los tribunales deberán comunicar a los organismos de registro la fecha de caducidad:

1. Cuando se extingan las penas perpetuas;
2. Cuando se lleve a cabo el cómputo de las penas temporales, sean condicionales o de cumplimiento efectivo;
3. Cuando se cumpla totalmente la pena de multa o, en caso de su sustitu-

durch Einstellung oder Freispruch endete. Es darf keine Auskunft über erfolgte Verhaftungen erteilt werden, die nicht auf einem Strafverfahren beruhen, es sei denn, dass diese Auskünfte wegen der Entscheidung eines Falls von habeas corpus oder wegen Straftaten, deren Opfer der Verhaftete ist, angefordert werden.

Alle Wirkungen des Vorstrafenregisters erlöschen:

1. nach Ablauf von zehn Jahren seit dem Urteil (Art. 27) bei bedingten Verurteilungen;
2. nach Ablauf von zehn Jahren seit dem Ende ihrer Verbüßung; bei allen anderen Freiheitsstrafen;
3. nach Ablauf von fünf Jahren nach Zahlung der Geldstrafe oder nach dem Ende der Aberkennung oder Beschränkung von Rechten und Fähigkeiten.

Die Auskunft muss erteilt werden, wenn die ausdrückliche Zustimmung des Betroffenen vorliegt. Ebenso können Richter ausnahmsweise Auskünfte durch Beschluss anfordern, wenn eine konkrete Notwendigkeit dargelegt wird, das Strafregister in einem Prozess als Beweismittel für Taten zu gebrauchen.

Die Gerichte müssen den Strafregisterbehörden das Datum des Erlöschens mitteilen:

1. bei lebenslangen Strafen;
2. bei bedingten oder verbüßten zeitigen Strafen;
3. nach vollständiger Zahlung der Geldstrafe oder im Fall der Ersatz-

ción por prisión (art. 21, párr. 2º), al efectuar el cómputo de la prisión impuesta;

4. Cuando declaren la extinción de las penas en los casos previstos por los artículos 65, 68 y 69.

La violación de la prohibición de informar será considerada como violación de secreto en los términos del artículo 157, si el hecho no constituyere un delito más severamente penado.

freiheitsstrafe (Art. 21, Abs. 2) nach deren Verbüßung;

4. wenn die Strafe gemäß Art. 65, 68 und 69 als erloschen erklärt wird.

Der Verstoß gegen das Verbot der Auskunftserteilung wird als Verletzung von Geheimnissen gemäß Art. 157 behandelt, sofern die Handlung nicht eine schwerer bestrafte Tat darstellt.

Artículo 52.

Se impondrá reclusión por tiempo indeterminado como accesoria de la última condena, cuando la reincidencia fuere múltiple en forma tal que mediaren las siguientes penas anteriores:

1. Cuatro penas privativas de libertad, siendo una de ellas mayor de tres años;
2. Cinco penas privativas de libertad, de tres años o menores.

Los tribunales podrán, por una única vez, dejar en suspenso la aplicación de esta medida accesoria, fundando expresamente su decisión en la forma prevista en el artículo 26.

Art. 52

Liegen mehrere Rückfälle gemäß den nachfolgend bezeichneten Vorstrafen vor, wird als Nebenfolge der letzten Strafe Sicherungsverwahrung von unbestimmter Dauer angeordnet:

1. vier Freiheitsstrafen, von denen eine länger als drei Jahre ist;
2. fünf Freiheitsstrafen von drei Jahren oder weniger.

Die Gerichte können nur ein Mal von dieser Nebenmaßnahme absehen, wobei ihre Entscheidung entsprechend dem Art. 26 zu begründen ist.

Artículo 53.

En los casos del artículo anterior, transcurridos cinco años del cumplimiento de la reclusión accesoria, el tribunal que hubiera dictado la última condena o impuesto la pena única estará facultado para otorgarle la libertad condicional, previo informe de la autoridad penitenciaria, en las condiciones compromisorias previstas en el artículo 13, y siempre que el condenado hubiera mantenido buena conducta, demostrando aptitud y hábito para el trabajo, y demás actitudes que permitan supo-

Art. 53

Sind in den Fällen des vorhergehenden Artikels fünf Jahre der Sicherungsverwahrung verbüßt, ist das Gericht, das die letzte Strafe verhängt hat oder auf eine einheitliche Strafe erkannt hat, befugt, die bedingte Haftentlassung aufgrund eines Berichts der Strafvollstreckungsbehörden und nach den Regelungen des Art. 13 zu gewähren, sofern sich der Verurteilte gut geführt hat, Eignung zur und Gewöhnung an Arbeit zeigte und es die anderen Verhaltensweisen erlauben anzunehmen, dass er wahrscheinlich

ner verosímilmente que no constituirá un peligro para la sociedad. Transcurridos cinco años de obtenida la libertad condicional el condenado podrá solicitar su libertad definitiva al tribunal que la concedió, el que decidirá según sea el resultado obtenido en el período de prueba y previo informe del patronato, institución o persona digna de confianza, a cuyo cargo haya estado el control de la actividad del liberado. Los condenados con la reclusión accesoria por tiempo indeterminado deberán cumplirla en establecimientos federales.

La violación por parte del liberado de cualquiera de las condiciones establecidas en el artículo 13 podrá determinar la revocatoria del beneficio acordado y su reintegro al régimen carcelario anterior. Después de transcurridos cinco años de su reintegro al régimen carcelario podrá en los casos de los incisos 1º, 2º, 3º y 5º del artículo 13, solicitar nuevamente su libertad condicional.

keine Gefahr für die Gesellschaft darstellt. Nach Ablauf von fünf Jahren nach der bedingten Haftentlassung kann der Verurteilte bei dem Gericht, das diese Entscheidung getroffen hat, die unbedingte Haftentlassung beantragen, wobei das Gericht gemäß den Ergebnissen der Probezeit und einem vorherigen Bericht des Bewährungshelfers, der Einrichtung oder der vertrauenswürdigen Person, denen es oblag, das Verhalten des Verurteilten zu beaufsichtigen, entscheidet. Die Sicherungsverwahrung von unbestimmter Dauer ist in einer Bundesanstalt zu verbüßen.

Verletzt der bedingt Entlassene eine der in Art. 13 bestimmten Auflagen, kann die Vergünstigung widerrufen und die Rückverlegung in den früheren Strafvollzug angeordnet werden. Nach Ablauf von fünf Jahren nach Rückverlegung in den Strafvollzug kann der Verurteilte in den Fällen des Art. 13 Ziff. 1, 2, 3 und 5 die bedingte Haftentlassung erneut beantragen.

Título IX
Concurso de delitos

Artículo 54.

Cuando un hecho cayere bajo más de una sanción penal, se aplicará solamente la que fijare pena mayor.

Artículo 55.

Cuando concurrieren varios hechos independientes reprimidos con una misma especie de pena, la pena aplicable al reo tendrá como mínimo, el mínimo mayor y como máximo, la suma aritmética de las penas máximas corres-

Neunter Abschnitt
Straftatenkonkurrenz

Art. 54

Fällt eine Handlung unter mehrere Strafbestimmungen, wird nur diejenige mit der höchsten Strafandrohung angewendet.

Art. 55

Treffen mehrere voneinander unabhängige, mit der gleichen Strafart bedrohte Handlungen zusammen, wird gegen den Angeklagten als Mindeststrafe das Mindestmaß der schwersten Strafe und als Höchststrafe die Summe der für die ein-

pondientes a los diversos hechos.

Sin embargo, esta suma no podrá exceder de (50) cincuenta años de reclusión o prisión.

Artículo 56.

Cuando concurrieren varios hechos independientes reprimidos con penas divisibles de reclusión o prisión se aplicará la pena más grave, teniendo en cuenta los delitos de pena menor.

Si alguna de las penas no fuere divisible, se aplicará ésta únicamente, salvo el caso en que concurrieren la de prisión perpetua y la de reclusión temporal, en que se aplicará reclusión perpetua. La inhabilitación y la multa se aplicarán siempre, sin sujeción a lo dispuesto en el párrafo primero.

Artículo 57.

A los efectos del artículo anterior, la gravedad relativa de las penas de diferente naturaleza se determinará por el orden en que se hallan enumeradas en el artículo 5°.

Artículo 58.

Las reglas precedentes se aplicarán también en el caso en que después de una condena pronunciada por sentencia firme se deba juzgar a la misma persona que esté cumpliendo pena por otro hecho distinto; o cuando se hubieren dictado dos o más sentencias firmes con violación de dichas reglas. Corresponderá al juez que haya aplicado la pena mayor dictar, a pedido de parte,

zelnen Taten vorgesehenen Höchststrafen verhängt.

Diese Summe darf fünfzig Jahre Zuchthaus oder Gefängnis nicht überschreiten.

Art. 56

Treffen mehrere voneinander unabhängige, mit teilbarer Zuchthaus- oder Gefängnisstrafe bedrohte Taten zusammen, wird die schwerste angedrohte Strafe verhängt, wobei die Straftaten mit den geringeren Strafandrohungen zu berücksichtigen sind.

Ist eine der Strafen nicht teilbar, wird nur diese verhängt, außer wenn eine lebenslange Gefängnisstrafe und eine zeitige Zuchthausstrafe zusammentreffen; in diesem Fall wird lebenslanges Zuchthaus verhängt. Die Aberkennung oder Beschränkung von Rechten und Fähigkeiten und die Geldstrafe erfolgen immer unabhängig von den Bestimmungen des Abs. 1.

Art. 57

Für die Anwendung des vorhergehenden Artikels bestimmt sich die verhältnismäßige Schwere der Strafen unterschiedlicher Art gemäß der in Art. 5 festgelegten Reihenfolge.

Art. 58

Die vorhergehenden Bestimmungen finden auch in dem Fall Anwendung, dass eine Person, die aufgrund eines rechtskräftigen Urteils eine Strafe verbüßt, zu einer Strafe wegen einer anderen Tat zu verurteilen ist; oder wenn unter Verletzung der vorhergehenden Bestimmungen zwei oder mehr rechtskräftige Urteile ergangen sind. Der Richter, der die schwerste Strafe verhängt hat, kann auf

su única sentencia, sin alterar las declaraciones de hechos contenidas en las otras.

Cuando por cualquier causa la justicia federal, en autos en que ella haya intervenido, no pueda aplicar esta regla, lo hará la justicia ordinaria nacional o provincial que conoció de la infracción penal, según sea el caso.

Antrag der Beteiligten ein einheitliches Urteil erlassen, ohne dabei die in den anderen Urteilen enthaltenen tatsächlichen Feststellungen zu ändern.

Kann die zuständige Bundesgerichtsbarkeit aus einem Grund diese Regelung in einem Verfahren, an dem sie beteiligt war, nicht anwenden, so tut dies, je nach Art des Falls, die ordentliche nationale oder provinziale Gerichtsbarkeit, die über die Straftat erkannt hat.

Título X
Extinción de acciónes y de penas

Zehnter Abschnitt
Erlöschen von Strafklagen und Strafen

Artículo 59.

La acción penal se extinguirá:

1°. Por la muerte del imputado.

2°. Por la amnistía.

3°. Por la prescripción.

4°. Por la renuncia del agraviado, respecto de los delitos de acción privada.

Art. 59

Die Strafklage erlischt:

1. durch den Tod des Beschuldigten;
2. durch Amnestie;
3. durch Verjährung;
4. bei Privatklagedelikten durch Verzicht des Verletzten.

Artículo 60.

La renuncia de la persona ofendida al ejercicio de la acción penal sólo perjudicará al renunciante y a sus herederos.

Art. 60

Der Verzicht des Verletzten auf die Privatklage wirkt nur gegen den Verzichtenden und seine Erben.

Artículo 61.

La amnistía extinguirá la acción penal y hará cesar la condena y todos sus efectos, con excepción de las indemnizaciones debidas a particulares.

Art. 61

Die Amnestie tilgt die Strafklage und beseitigt die Verurteilung und alle ihre Folgen, mit Ausnahme der Schadensersatzverpflichtungen gegenüber Privatpersonen.

Artículo 62.

La acción penal se prescribirá durante el tiempo fijado a continuación:

Art. 62

Die Strafklage verjährt in der nachfolgend festgelegten Frist:

1º. A los quince años, cuando se tratare de delitos cuya pena fuere la de reclusión o prisión perpetua;

2º. Después de transcurrido el máximo de duración de la pena señalada para el delito, si se tratare de hechos reprimidos con reclusión o prisión, no pudiendo, en ningún caso, el término de la prescripción exceder de doce años ni bajar de dos años;

3º. A los cinco años, cuando se tratare de un hecho reprimido únicamente con inhabilitación perpetua;

4º. Al año, cuando se tratare de un hecho reprimido únicamente con inhabilitación temporal;

5º. A los dos años, cuando se tratare de hechos reprimidos con multa.

1. nach fünfzehn Jahren bei Straftaten, deren Strafe lebenslanges Zuchthaus oder lebenslanges Gefängnis ist;
2. nach Ablauf der Höchstdauer der für die Straftat vorgesehenen Strafe bei Straftaten, die mit Gefängnis- oder Zuchthausstrafe bestraft werden, wobei die Verjährungsfrist in keinem Fall zwölf Jahre übersteigen oder zwei Jahre unterschreiten darf;
3. nach fünf Jahren, wenn es sich um eine Tat handelt, die lediglich mit der lebenslangen Aberkennung oder Beschränkung von Rechten und Fähigkeiten bestraft wird;
4. nach einem Jahr, wenn es sich um eine Tat handelt, die lediglich mit der zeitigen Aberkennung oder Beschränkung von Rechten und Fähigkeiten bestraft wird;
5. nach zwei Jahren, wenn es sich um Taten handelt, die mit Geldstrafe bestraft werden.

Artículo 63.

La prescripción de la acción empezará a correr desde la medianoche del día en que se cometió el delito o, si éste fuese continuo, en que cesó de cometerse.

Art. 63

Die Verjährung der Strafklage beginnt um Mitternacht des Tages, an dem die Straftat begangen wurde, oder, wenn es eine fortgesetzte Straftat war, des Tages, an dem ihre Begehung endete.

Artículo 64.

La acción penal por delito reprimido con multa se extinguirá en cualquier estado de la instrucción y mientras no se haya iniciado el juicio, por el pago voluntario del mínimo de la multa correspondiente y la reparación de los daños causados por el delito.

Si se hubiese iniciado el juicio deberá pagarse el máximo de la multa correspondiente, además de repararse los da-

Art. 64

Die Strafklage wegen Straftaten, die mit Geldstrafe bestraft werden, erlischt vor Eröffnung des Hauptverfahrens zu jedem Zeitpunkt des Ermittlungsverfahrens durch freiwillige Zahlung des Mindestbetrags der entsprechenden Geldstrafe und des Ersatzes des durch die Straftat verursachten Schadens.

Nach Eröffnung des Hauptverfahrens muss der Höchstbetrag der entsprechenden Geldstrafe gezahlt werden; außer-

ños causados por el delito.

En ambos casos el imputado deberá abandonar en favor del estado, los objetos que presumiblemente resultarían decomisados en caso que recayera condena.

El modo de extinción de la acción penal previsto en este artículo podrá ser admitido por segunda vez si el nuevo delito ha sido cometido después de haber transcurrido ocho años a partir de la fecha de la resolución que hubiese declarado la extinción de la acción penal en la causa anterior.

dem ist der durch die Straftat verursachte Schaden zu ersetzen.

In beiden Fällen hat der Beschuldigte die Gegenstände an den Staat herauszugeben, die bei einer Verurteilung vermutlich gerichtlich eingezogen würden oder deren Verfall angeordnet werden würde.

Das in diesem Artikel vorgesehene Erlöschen der Strafklage kann zum zweiten Mal zugelassen werden, wenn die neue Straftat nach Ablauf von acht Jahren seit dem Zeitpunkt des Beschlusses begangen wurde, der im früheren Verfahren die Strafklage als erloschen erklärte.

Artículo 65.

Las penas se prescriben en los términos siguientes:

1º. La de reclusión perpetua, a los veinte años;

2º. La de prisión perpetua, a los veinte años;

3º. La de reclusión o prisión temporal, en un tiempo igual al de la condena;

4º. La de multa, a los dos años.

Art. 65

Die Strafen verjähren in folgenden Fristen:

1. die lebenslange Zuchthausstrafe nach zwanzig Jahren;
2. die lebenslange Gefängnisstrafe nach zwanzig Jahren;
3. die zeitige Zuchthaus- oder Gefängnisstrafe in der dem Urteilsspruch entsprechenden Zeit;
4. die Geldstrafe nach zwei Jahren.

Artículo 66.

La prescripción de la pena empezará a correr desde la medianoche del día en que se notificare al reo la sentencia firme o desde el quebrantamiento de la condena, si ésta hubiese empezado a cumplirse.

Art. 66

Die Verjährung der Strafe beginnt um Mitternacht des Tages, an welchem dem Verurteilten das rechtskräftige Urteil zugestellt wird, oder mit der Unterbrechung des Strafvollzugs, wenn dieser begonnen hat.

Artículo 67.

La prescripción se suspende en los casos de los delitos para cuyo juzgamiento sea necesaria la resolución de cuestiones previas o prejudiciales, que

Art. 67

Die Verjährung ist bei Straftaten gehemmt, für deren Aburteilung die Entscheidung über Vorfragen, über die in einem anderen Verfahren erkannt wer-

deban ser resueltas en otro juicio. Terminada la causa de la suspensión, la prescripción sigue su curso.

den muss, erforderlich ist. Sobald der Grund für die Hemmung entfällt, läuft die Verjährung weiter.

La prescripción también se suspende en los casos de delitos cometidos en el ejercicio de la función pública, para todos los que hubiesen participado, mientras cualquiera de ellos se encuentre desempeñando un cargo público.

Die Verjährung ist für alle Teilnehmer auch bei Straftaten gehemmt, die in der Ausübung eines öffentlichen Amtes begangen werden, solange einer der Teilnehmer ein öffentliches Amt bekleidet.

El curso de la prescripción de la acción penal correspondiente a los delitos previstos en los artículos 226 y 227 bis, se suspenderá hasta el restablecimiento del orden constitucional.

Für die Straftaten der Art. 226 und 227 bis ist die Verjährung der Strafklage bis zur Wiederherstellung der verfassungsmäßigen Ordnung gehemmt.

La prescripción se interrumpe solamente por:

a) La comisión de otro delito;
b) El primer llamado efectuado a una persona, en el marco de un proceso judicial, con el objeto de recibirle declaración indagatoria por el delito investigado;
c) El requerimiento acusatorio de apertura o elevación a juicio, efectuado en la forma que lo establezca la legislación procesal correspondiente;
d) El auto de citación a juicio o acto procesal equivalente; y
e) El dictado de sentencia condenatoria, aunque la misma no se encuentre firme.

Die Verjährung wird nur unterbrochen:

a. durch die Begehung einer anderen Straftat;
b. durch die erste Ladung einer Person zur Vernehmung als Beschuldigter der zu ermittelnden Straftat im Rahmen eines Gerichtsverfahrens;
c. durch den Antrag auf Eröffnung des Straf- oder Hauptverfahrens unter Einhaltung der entsprechenden prozessrechtlichen Vorschriften;
d. durch die Ladung zum Hauptverfahren oder eine entsprechende Prozesshandlung; und
e. durch den Ausspruch der Verurteilung, auch wenn diese nicht rechtskräftig ist.

La prescripción corre, se suspende o se interrumpe separadamente para cada delito y para cada uno de sus partícipes, con la excepción prevista en el segundo párrafo de este artículo.

Mit Ausnahme von Abs. 2 dieses Artikels läuft die Verjährung für jede Straftat und für jeden Tatbeteiligten gesondert und wird für jeden gesondert gehemmt oder unterbrochen.

Artículo 68.

El indulto del reo extinguirá la pena y sus efectos, con excepción de las indemnizaciones debidas a particulares.

Art. 68

Die Begnadigung des Verurteilten tilgt die Strafe und ihre Folgen mit Ausnahme der Schadensersatzverpflichtung gegenüber Privatpersonen.

Artículo 69.

El perdón de la parte ofendida extinguirá la pena impuesta por delito de los enumerados en el artículo 73.

Si hubiere varios partícipes, el perdón en favor de uno de ellos aprovechará a los demás.

Art. 69

Die Verzeihung des Verletzten tilgt die verhängte Strafe für die in Art. 73 aufgeführten Straftaten.

Bei mehreren Teilnehmern wirkt die einem Teilnehmer gewährte Verzeihung auch zugunsten der übrigen.

Artículo 70.

Las indemnizaciones pecuniarias inherentes a las penas, podrán hacerse efectivas sobre los bienes propios del condenado, aun después de muerto.

Art. 70

Zur Erfüllung der mit den Strafen verbundenen vermögensrechtlichen Schadensersatzverpflichtungen kann in das Vermögen des Verurteilten auch nach dessen Tod vollstreckt werden.

Título XI
Del ejercicio de las acciónes

Elfter Abschnitt
Erheben der Strafklage

Artículo 71.

Deberán iniciarse de oficio todas las acciones penales, con excepción de las siguientes:

1º Las que dependieren de instancia privada;

2º Las acciones privadas.

Art. 71

Strafklagen sind von Amts wegen einzuleiten; ausgenommen sind:

1. diejenigen, die eines privaten Antrags bedürfen;
2. Privatklagen.

Artículo 72.

Son acciones dependientes de instancia privada las que nacen de los siguientes delitos:

1º Los previstos en los artículos 119, 120 y 130 del Código Penal cuando no resultare la muerte de la persona ofendida o lesiones de las mencionadas en el artículo 91.

2º Lesiones leves, sean dolosas o culposas; sin embargo, en los casos de este inciso se procederá de oficio cuando mediaren razones de seguri-

Art. 72

Die Strafklagen der nachfolgenden Straftaten sind von einem privaten Antrag abhängig:

1. die in den Art. 119, 120 und 130 des Strafgesetzbuchs vorgesehenen, wenn nicht der Tod der verletzten Person oder die in Art. 91 aufgeführten Verletzungen eingetreten sind;
2. vorsätzliche oder fahrlässige leichte Körperverletzungen; in den Fällen dieser Ziffer wird die Tat jedoch von Amts wegen verfolgt, wenn

dad o interés público.

Gründe der öffentlichen Sicherheit oder ein öffentliches Interesse vorliegen;

3º Impedimento de contacto de los hijos menores con sus padres no convivientes.

3. Behinderung des Kontakts minderjähriger Kinder mit einem getrennt lebenden Elternteil.

En los casos de este artículo, no se procederá a formar causa sino por acusación o denuncia del agraviado, de su tutor, guardador o representantes legales. Sin embargo, se procederá de oficio cuando el delito fuere cometido contra un menor que no tenga padres, tutor ni guardador, o que lo fuere por uno de sus ascendientes, tutor o guardador.

In den Fällen dieses Artikels wird das Verfahren nur aufgrund einer Beschuldigung oder Anzeige des Verletzten, seines Vormunds, Pflegers oder seiner gesetzlichen Vertreter eingeleitet. Die Straftat wird jedoch von Amts wegen verfolgt, wenn sie gegen eine minderjährige Person begangen wird, die weder Eltern, Vormund noch Pfleger hat, oder wenn sie von einem Verwandten aufsteigender Linie, Vormund oder Pfleger begangen wurde.

Cuando existieren intereses gravemente contrapuestos entre algunos de éstos y el menor, el Fiscal podrá actuar de oficio cuando así resultare más conveniente para el interés superior de aquél.

Bestehen zwischen diesen und dem Minderjährigen schwerwiegende Interessengegensätze, kann der Staatsanwalt von Amts wegen tätig werden, wenn dies dem überwiegenden Interesse des Minderjährigen entspricht.

Artículo 73.

Son acciones privadas las que nacen de los siguientes delitos:

1. Calumnias e injurias;
2. Violación de secretos, salvo en los casos de los artículos 154 y 157;
3. Concurrencia desleal, prevista en el artículo 159;
4. Incumplimiento de los deberes de asistencia familiar, cuando la víctima fuere el cónyuge.

Art. 73

Privatklagedelikte sind die nachfolgenden Straftaten:

1. Verleumdungen und Beleidigungen;
2. Geheimnisverrat mit Ausnahme der Fälle der Art. 154 und 157;
3. unlauterer Wettbewerb gemäß Art. 159;
4. Nichterfüllung von Unterhaltszahlungen, wenn der Verletzte der Ehegatte ist.

Artículo 74.

(Derogado)

Art. 74

(Aufgehoben)

Artículo 75.

La acción por calumnia o injuria podrá

Art. 75

Die Klage wegen Verleumdung oder

ser ejercitada sólo por el ofendido y después de su muerte por el cónyuge, hijos, nietos o padres sobrevivientes.

Beleidigung kann nur vom Verletzten und nach seinem Tod vom überlebenden Ehegatten, den überlebenden Kindern, Enkeln oder Eltern erhoben werden.

Artículo 76.

En los demás casos del artículo 73, se procederá únicamente por querella o denuncia del agraviado o de sus guardadores o representantes legales.

Art. 76

In den anderen Fällen des Art. 73 tritt die Strafverfolgung nur aufgrund einer Klage oder Anzeige des Verletzten, seiner Pfleger oder gesetzlichen Vertreter ein.

Título XII De la suspensión del juicio a prueba

Artículo 76 bis.

El imputado de un delito de acción pública reprimido con pena de reclusión o prisión cuyo máximo no exceda de tres años, podrá solicitar la suspensión del juicio a prueba.

En casos de concurso de delitos, el imputado también podrá solicitar la suspensión del juicio a prueba si el máximo de la pena de reclusión o prisión aplicable no excediese de tres años.

Al presentar la solicitud, el imputado deberá ofrecer hacerse cargo de la reparación del daño en la medida de lo posible, sin que ello implique confesión ni reconocimiento de la responsabilidad civil correspondiente. El juez decidirá sobre la razonabilidad del ofrecimiento en resolución fundada. La parte damnificada podrá aceptar o no la reparación ofrecida, y en este último caso, si la realización del juicio se suspendiere, tendrá habilitada la acción civil correspondiente.

Zwölfter Abschnitt Aussetzung der Hauptverhandlung zur Bewährung

Art. 76 bis

Der Beschuldigte eines Offizialdelikts, das mit Zuchthaus- oder Gefängnisstrafe nicht über drei Jahren bedroht ist, kann die Aussetzung der Hauptverhandlung zur Bewährung beantragen.

Bei Tatmehrheit kann der Beschuldigte ebenfalls die Aussetzung der Hauptverhandlung zur Bewährung beantragen, wenn das Höchstmaß der zu verhängenden Zuchthaus- oder Gefängnisstrafe drei Jahre nicht übersteigt.

In seinem Antrag muss der Beschuldigte anbieten, sich im Rahmen des Möglichen um die Wiedergutmachung des entstandenen Schadens zu bemühen, ohne dass hierdurch die entsprechende zivilrechtliche Verantwortlichkeit zugestanden oder anerkannt wird. Der Richter entscheidet durch begründeten Beschluss über die Zweckmäßigkeit des Vorschlags. Der Verletzte kann die angebotene Wiedergutmachung des Schadens annehmen oder ablehnen und im letzteren Fall bei Aussetzung des Verfahrens die entsprechende Zivilklage erheben.

Si las circunstancias del caso permitieran dejar en suspenso el cumplimiento de la condena aplicable, y hubiese consentimiento del fiscal, el Tribunal podrá suspender la realización del juicio.

Würden die Umstände des Falls die Aussetzung des Vollzugs der zu verhängenden Strafe erlauben, kann das Gericht mit Zustimmung des Staatsanwalts die Durchführung der Hauptverhandlung aussetzen.

Si el delito o alguno de los delitos que integran el concurso estuviera reprimido con pena de multa aplicable en forma conjunta o alternativa con la de prisión, será condición, además, que se pague el mínimo de la multa correspondiente.

Ist die Straftat oder eine der Straftaten, die die Tatmehrheit bilden, zusätzlich oder alternativ zur Freiheitsstrafe mit einer Geldstrafe bedroht, ist weitere Voraussetzung, dass die entsprechende Mindestgeldstrafe gezahlt wird.

El imputado deberá abandonar en favor del estado, los bienes que presumiblemente resultarían decomisados en caso que recayera condena.

Der Beschuldigte hat die Güter an den Staat herauszugeben, die bei einer Verurteilung vermutlich eingezogen würden oder deren Verfall erklärt würde.

No procederá la suspensión del juicio cuando un funcionario público, en el ejercicio de sus funciones, hubiese participado en el delito.

Die Aussetzung der Hauptverhandlung zur Bewährung findet nicht statt, wenn ein Beamter sich bei Ausübung seines Amtes an der Straftat beteiligt hat.

Tampoco procederá la suspensión del juicio a prueba respecto de los delitos reprimidos con pena de inhabilitación.

Die Aussetzung der Hauptverhandlung zur Bewährung findet ebenso wenig bei Straftaten statt, die mit einer Aberkennung oder Beschränkung von Rechten und Fähigkeiten bestraft werden.

Artículo 76 ter.

El tiempo de la suspensión del juicio será fijado por el Tribunal entre uno y tres años, según la gravedad del delito. El Tribunal establecerá las reglas de conducta que deberá cumplir el imputado, conforme las previsiones del artículo 27 bis.

Durante ese tiempo se suspenderá la prescripción de la acción penal.

La suspensión del juicio será dejada sin efecto si con posterioridad se conocieran circunstancias que modifiquen el máximo de la pena aplicable o la estimación acerca de la condicionalidad de la ejecución de la posible condena.

Art. 76 ter

Die Dauer der Aussetzung der Hauptverhandlung wird vom Gericht je nach Schwere der Straftat zwischen einem und drei Jahren festgelegt. Das Gericht bestimmt gemäß Art. 27 bis die Bewährungsauflagen, die der Beschuldigte zu erfüllen hat.

Während dieser Zeit ist die Verjährung der Strafklage gehemmt.

Die Aussetzung der Hauptverhandlung wird aufgehoben, wenn später Umstände bekannt werden, die das Höchstmaß der anwendbaren Strafe oder die Bewertung hinsichtlich einer Aussetzung des Vollzugs der möglichen Strafe zur Bewährung verändern.

Si durante el tiempo fijado por el Tribunal el imputado no comete un delito, repara los daños en la medida ofrecida y cumple con las reglas de conducta establecidas, se extinguirá la acción penal. En caso contrario, se llevará a cabo el juicio y si el imputado fuere absuelto se le devolverán los bienes abandonados en favor del estado y la multa pagada, pero no podrá pretender el reintegro de las reparaciones cumplidas.

Begeht der Angeklagte in der vom Gericht bestimmten Frist keine Straftat, macht er den Schaden in der angebotenen Weise wieder gut und erfüllt er die festgesetzten Bewährungsauflagen, erlischt die Strafklage. Andernfalls wird die Hauptverhandlung durchgeführt und bei einem Freispruch werden dem Beschuldigten die an den Staat herausgegebenen Güter und die gezahlte Geldstrafe zurückgegeben, jedoch kann er keine Rückerstattung der geleisteten Wiedergutmachung verlangen.

La suspensión de un juicio a prueba podrá ser concedida por segunda vez si el nuevo delito ha sido cometido después de haber transcurrido ocho años a partir de la fecha de expiración del plazo por el cual hubiera sido suspendido el juicio en el proceso anterior.

Die Aussetzung der Hauptverhandlung zur Bewährung kann ein zweites Mal gewährt werden, wenn die neue Straftat nach Ablauf von acht Jahren seit dem Zeitpunkt des Ablaufs der Bewährungsfrist der vorherigen Aussetzung der Hauptverhandlung zur Bewährung begangen wurde.

No se admitirá una nueva suspensión de juicio respecto de quien hubiese incumplido las reglas impuestas en una suspensión anterior.

Eine erneute Aussetzung der Hauptverhandlung kann demjenigen nicht gewährt werden, der bei einer vorherigen Aussetzung des Verfahrens die Bewährungsauflagen nicht erfüllt hat.

Artículo 76 quater.

La suspensión del juicio a prueba hará inaplicables al caso las reglas de prejudicialidad de los artículos 1101 y 1102 del Código Civil, y no obstará a la aplicación de las sanciones contravencionales, disciplinarias o administrativas que pudieran corresponder.

Art. 76 quater

Die Aussetzung der Hauptverhandlung zur Bewährung hebt den Vorrang des Strafverfahrens vor dem Zivilverfahren gemäß Art. 1101 und 1102 des Zivilgesetzbuchs auf und steht der Anwendung entsprechender ordnungsrechtlicher, disziplinarischer oder verwaltungsrechtlicher Sanktionen nicht entgegen.

Título XIII Significación de conceptos empleados en el Código

Artículo 77.

Para la inteligencia del texto de este código, se tendrá presente las siguientes reglas:

Los plazos a que este código se refiere serán contados con arreglo a las disposiciones del Código Civil. Sin embargo, la liberación de los condenados a penas privativas de libertad se efectuará al mediodía del día correspondiente.

La expresión "reglamentos" u "ordenanzas", comprende todas las disposiciones de carácter general dictadas por la autoridad competente en la materia de que traten.

Por los términos "funcionario público" y "empleado público", usados en este código, se designa a todo el que participa accidental o permanentemente del ejercicio de funciones públicas, sea por elección popular o por nombramiento de autoridad competente.

Con la palabra "mercadería", se designa toda clase de efectos susceptibles de expendio.

El término "capitán", comprende a todo comandante de embarcación o al que le sustituye.

El término "tripulación", comprende a todos los que se hallan a bordo como oficiales o marineros.

El término "estupefacientes", comprende los estupefacientes, psicotrópicos y demás substancias susceptibles de producir dependencia física o psíquica, que se incluyan en las listas que se elaboren y actualicen periódicamente por decreto del Poder Ejecutivo Nacional.

Dreizehnter Abschnitt Bedeutung der in diesem Gesetz verwendeten Begriffe

Art. 77

Zum Verständnis des Textes dieses Gesetzbuchs sind folgende Bestimmungen zu beachten:

Die Fristen, auf die sich dieses Gesetzbuch bezieht, werden nach den Bestimmungen des Zivilgesetzbuchs berechnet. Die Entlassung der zu Freiheitsstrafe Verurteilten wird jedoch am Mittag des betreffenden Tages vorgenommen.

Die Begriffe „Verordnungen" und „Anordnungen" bezeichnen alle von den für das jeweilige Sachgebiet zuständigen Behörden erlassenen allgemeinen Bestimmungen.

Die in diesem Gesetzbuch verwendeten Begriffe „Beamter" und „öffentlicher Bediensteter" bezeichnen alle diejenigen, die im Einzelfall oder dauernd aufgrund öffentlicher Wahlen oder Ernennung der zuständigen Behörden öffentliche Aufgaben ausüben.

Der Begriff „Waren" bezeichnet alle zur Veräußerung geeigneten Sachen.

Der Begriff „Kapitän" bezeichnet den Kommandanten eines Schiffs oder seinen Stellvertreter.

Der Begriff „Besatzung" bezeichnet alle, die sich als Offiziere oder Matrosen an Bord befinden.

Der Begriff „Betäubungsmittel" bezeichnet Betäubungsmittel, Psychopharmaka und andere Substanzen, die geeignet sind, eine körperliche oder psychische Abhängigkeit hervorzurufen und in den durch Verordnungen der Nationalen ausführenden Gewalt periodisch erstellten und aktualisierten Listen enthalten sind.

El término "establecimiento rural" comprende todo inmueble que se destine a la cría, mejora o engorde del ganado, actividades de tambo, granja o cultivo de la tierra, a la avicultura u otras crianzas, fomento o aprovechamiento semejante.

Der Begriff „landwirtschaftliche Einrichtung" bezeichnet alle Grundstücke, die zur Zucht, Pflege und Mast von Vieh, zur Milchwirtschaft, zur Bepflanzung und Kultivierung des Bodens, zur Zucht von Geflügel und anderen Tieren sowie zu anderen entsprechenden Tätigkeiten genutzt werden.

Artículo 78.

Queda comprendido en el concepto de "violencia", el uso de medios hipnóticos o narcóticos.

Art. 78

Der Begriff „Gewalt" schließt die Anwendung von Hypnose oder Betäubungsmitteln ein.

Artículo 78 bis.

Los términos "firma" y "suscripción" comprenden la firma digital, la creación de una firma digital o firmar digitalmente. Los términos "documento", "instrumento privado" y "certificado" comprenden el documento digital firmado digitalmente.

Art. 78 bis

Die Begriffe „Unterschrift" und „Unterzeichnung" umfassen die digitale Unterschrift, die Herstellung einer digitalen Unterschrift oder das digitale Unterschreiben. Die Begriffe „Urkunde", „private Urkunde" und „Bescheinigung" umfassen die digital unterschriebene digitale Urkunde.

LIBRO SEGUNDO
De los Delitos

Título 1
Delitos contra las personas

Capítulo I
Delitos contra la vida

Artículo 79.

Se aplicará reclusión o prisión de ocho a veinticinco años, al que matare a otro siempre que en este código no se estableciere otra pena.

Artículo 80.

Se impondrá reclusión perpetua o prisión perpetua, pudiendo aplicarse lo dispuesto en el artículo 52, al que matare:

1º A su ascendiente, descendiente o cónyuge, sabiendo que lo son.

2º Con ensañamiento, alevosía, veneno u otro procedimiento insidioso.

3º Por precio o promesa remuneratoria.

4º Por placer, codicia, odio racial o religioso.

5º Por un medio idóneo para crear un peligro común.

6º Con el concurso premeditado de dos o más personas.

7º Para preparar, facilitar, consumar u ocultar otro delito o para asegurar sus resultados o procurar la impunidad para sí o para otro o por no

ZWEITES BUCH
Straftaten

Erster Abschnitt
Straftaten gegen das Leben

Erstes Kapitel
Straftaten gegen das Leben

Art. 79

Wer einen anderen tötet, wird mit Zuchthaus oder Gefängnis von acht bis fünfundzwanzig Jahren bestraft, sofern in diesem Gesetz keine andere Strafe angedroht ist.

Art. 80

Mit lebenslangem Zuchthaus oder lebenslangem Gefängnis wird, bei möglicher Anwendung der Regelung des Art. 52, bestraft, wer:

1. einen Verwandten aufsteigender oder absteigender Linie oder seinen Ehegatten tötet und um dieses Verwandtschafts- oder Ehegattenverhältnis weiß;
2. aus Wut, heimtückisch, durch Gift oder auf eine andere hinterlistige Weise tötet;
3. gegen Bezahlung oder das Versprechen einer Bezahlung tötet;
4. aus Lust, Habgier, rassistischem oder religiösem Hass tötet;
5. mit einem Mittel tötet, das geeignet ist, eine Gemeingefahr hervorzurufen;
6. unter verabredeter Beteiligung von zwei oder mehr Personen tötet;
7. tötet, um eine andere Straftat vorzubereiten, zu erleichtern, zu begehen oder zu verbergen, oder die Vorteile aus dieser zu sichern, oder die Straf-

haber logrado el fin propuesto al intentar otro delito.

8° A un miembro de las fuerzas de seguridad pública, policiales o penitenciarias, por su función, cargo o condición.

9° Abusando de su función o cargo, cuando fuere miembro integrante de las fuerzas de seguridad, policiales o del servicio penitenciario.

Cuando en el caso del inciso primero de este artículo, mediaren circunstancias extraordinarias de atenuación, el juez podrá aplicar prisión o reclusión de ocho a veinticinco años.

Artículo 81.

1. Se impondrá reclusión de tres a seis años, o prisión de uno a tres años:

   a) Al que matare a otro, encontrándose en un estado de emoción violenta y que las circunstancias hicieren excusable.

   b) Al que, con el propósito de causar un daño en el cuerpo o en la salud, produjere la muerte de alguna persona, cuando el medio empleado no debía razonablemente ocasionar la muerte.

Artículo 82.

Cuando en el caso del inciso 1° del artículo 80 concurriese alguna de las circunstancias del inciso 1° del artículo anterior, la pena será de reclusión o prisión de diez a veinticinco años.

losigkeit für sich oder einen anderen zu erreichen oder weil der beabsichtigte Erfolg einer anderen versuchten Straftat nicht erreicht werden konnte;

8. ein Mitglied der öffentlichen Sicherheitskräfte, der Polizei oder der Strafvollzugsbehörden wegen seiner Aufgabe, seines Amts oder seiner Stellung tötet;

9. in Missbrauch seiner Aufgabe oder seines Amts tötet, wenn es sich um ein Mitglied der öffentlichen Sicherheitskräfte, der Polizei oder der Strafvollzugsbehörden handelt.

Liegen im Fall von Ziff. 1 dieses Artikels außerordentliche Milderungsgründe vor, kann der Richter Zuchthaus oder Gefängnis zwischen acht und fünfundzwanzig Jahren verhängen.

Art. 81

1. Mit Zuchthaus von drei bis sechs Jahren oder Gefängnis von einem Jahr bis drei Jahren wird bestraft wer:

   a. einen anderen im Zustand heftiger Gemütsbewegung unter entschuldbaren Umständen tötet;

   b. mit dem Vorsatz handelt, eine Körper- oder Gesundheitsverletzung zu begehen und den Tod einer Person verursacht, wenn das eingesetzte Mittel vernünftigerweise nicht dazu geeignet ist, den Tod herbeizuführen.

Art. 82

Liegt im Fall des Art. 80 Abs. 1 einer der Umstände des Abs. 1 des vorhergehenden Artikels vor, ist die Strafe Zuchthaus oder Gefängnis von zehn bis fünfundzwanzig Jahren.

Artículo 83.

Será reprimido con prisión de uno a cuatro años, el que instigare a otro al suicidio o le ayudare a cometerlo, si el suicidio se hubiese tentado o consumado.

Art. 83

Mit Gefängnis von einem Jahr bis vier Jahren wird bestraft, wer einen anderen zur Selbsttötung anstiftet oder ihm Hilfe leistet, diese zu begehen, wenn die Selbsttötung versucht oder begangen wurde.

Artículo 84.

Será reprimido con prisión de seis meses a cinco años e inhabilitación especial, en su caso, por cinco a diez años el que por imprudencia, negligencia, impericia en su arte o profesión o inobservancia de los reglamentos o de los deberes a su cargo, causare a otro la muerte.

El mínimo de la pena se elevará a dos años si fueren más de una las víctimas fatales, o si el hecho hubiese sido ocasionado por la conducción imprudente, negligente, inexperta, o antirreglamentaria de un vehículo automotor.

Art. 84

Mit Gefängnis von sechs Monaten bis fünf Jahren und einer in seinem Fall anwendbaren besonderen Aberkennung oder Beschränkung von Rechten und Fähigkeiten von fünf bis zehn Jahren wird bestraft, wer durch Unvorsichtigkeit, Nachlässigkeit, Unerfahrenheit in seinem Gewerbe oder Beruf oder Nichteinhaltung der Vorschriften oder Pflichten seiner Stellung den Tod eines anderen verursacht.

Die Mindeststrafe erhöht sich auf zwei Jahre, wenn mehr als eine Person getötet wurde oder wenn die Tat durch das unvorsichtige, nachlässige, unerfahrene oder verkehrsregelwidrige Führen eines Kraftfahrzeugs begangen wurde.

Artículo 85.

El que causare un aborto será reprimido:

1º Con reclusión o prisión de tres a diez años, si obrare sin consentimiento de la mujer. Esta pena podrá elevarse hasta quince años, si el hecho fuere seguido de la muerte de la mujer.

2º Con reclusión o prisión de uno a cuatro años, si obrare con consentimiento de la mujer.

El máximum de la pena se elevará a seis años, si el hecho fuere seguido de la muerte de la mujer.

Art. 85

Wer einen Schwangerschaftsabbruch verursacht,

1. wird mit Zuchthaus oder Gefängnis von drei bis zehn Jahren bestraft, wenn er ohne die Einwilligung der Frau handelt. Die Strafe kann bis auf fünfzehn Jahre erhöht werden, wenn die Tat den Tod der Frau zur Folge hatte;
2. wird mit Zuchthaus oder Gefängnis von einem bis vier Jahren bestraft, wenn er mit Einwilligung der Frau handelt.

Das Höchstmaß der Strafe erhöht sich auf sechs Jahre, wenn die Tat den Tod der Frau zur Folge hatte.

Artículo 86.

Incurrirán en las penas establecidas en el artículo anterior y sufrirán, además, inhabilitación especial por doble tiempo que el de la condena, los médicos, cirujanos, parteras o farmacéuticos que abusaren de su ciencia o arte para causar el aborto o cooperaren a causarlo.

El aborto practicado por un médico diplomado con el consentimiento de la mujer encinta, no es punible:

1º Si se ha hecho con el fin de evitar un peligro para la vida o la salud de la madre y si este peligro no puede ser evitado por otros medios.

2º Si el embarazo proviene de una violación o de un atentado al pudor cometido sobre una mujer idiota o demente. En este caso, el consentimiento de su representante legal deberá ser requerido para el aborto.

Art. 86

Zusätzlich zu den im vorhergehenden Artikel bestimmten Strafen werden Ärzte, Chirurgen, Geburtshelfer oder Apotheker, die ihre Wissenschaft oder Gewerbe missbrauchen, um einen Schwangerschaftsabbruch herbeizuführen oder dabei Hilfe zu leisten, mit einer besonderen Aberkennung oder Beschränkung von Rechten und Fähigkeiten für die doppelte Dauer der verhängten Strafe bestraft.

Der von einem examinierten Arzt mit Einwilligung der schwangeren Frau durchgeführte Schwangerschaftsabbruch ist nicht strafbar, wenn:

1. die Tat mit dem Ziel begangen wurde, eine Gefahr für das Leben oder die Gesundheit der Mutter abzuwenden und keine anderen Mittel bestehen, um diese abzuwenden;
2. die Schwangerschaft aus einer Vergewaltigung oder unzüchtigen Handlung an einer geisteskranken oder schwachsinnigen Frau herrührt. In diesem Fall muss die Einwilligung des gesetzlichen Vertreters zur Durchführung des Schwangerschaftsabbruchs eingeholt werden.

Artículo 87.

Será reprimido con prisión de seis meses a dos años, el que con violencia causare un aborto sin haber tenido el propósito de causarlo, si el estado de embarazo de la paciente fuere notorio o le constare.

Art. 87

Mit Gefängnis von sechs Monaten bis zwei Jahren wird bestraft, wer ohne Vorsatz durch Gewaltanwendung einen Schwangerschaftsabbruch verursacht, wenn der Zustand der Schwangerschaft offenkundig oder ihm bekannt ist.

Artículo 88.

Será reprimida con prisión de uno a cuatro años, la mujer que causare su propio aborto o consintiere en que otro se lo causare. La tentativa de la mujer

Art. 88

Verursacht die Frau den Abbruch ihrer eigenen Schwangerschaft oder stimmt sie zu, dass ein anderer ihn verursacht, wird sie mit Gefängnis von einem Jahr

no es punible.

bis vier Jahren bestraft. Der Versuch der Frau ist nicht strafbar.

Capítulo II
Lesiones

Zweites Kapitel
Körperverletzungen

Artículo 89.

Se impondrá prisión de un mes a un año, al que causare a otro, en el cuerpo o en la salud, un daño que no esté previsto en otra disposición de este código.

Art. 89

Mit Gefängnis von einem Monat bis einem Jahr wird bestraft, wer dem Körper oder der Gesundheit eines anderen einen Schaden zufügt, der nicht in einer anderen Bestimmung dieses Gesetzes vorgesehen ist.

Artículo 90.

Se impondrá reclusión o prisión de uno a seis años, si la lesión produjere una debilitación permanente de la salud, de un sentido, de un órgano, de un miembro o una dificultad permanente de la palabra o si hubiere puesto en peligro la vida del ofendido, le hubiere inutilizado para el trabajo por más de un mes o le hubiere causado una deformación permanente del rostro.

Art. 90

Die Strafe ist Zuchthaus oder Gefängnis von einem Jahr bis sechs Jahren, wenn die Körperverletzung eine dauernde Schwächung der Gesundheit, eines Sinnes, eines Organs, eines Körperglieds oder eine dauernde Sprachbehinderung verursacht oder das Leben des Verletzten gefährdet, ihn für länger als einen Monat arbeitsunfähig gemacht oder sein Gesicht dauerhaft entstellt hat.

Artículo 91.

Se impondrá reclusión o prisión de tres a diez años, si la lesión produjere una enfermedad mental o corporal, cierta o probablemente incurable, la inutilidad permanente para el trabajo, la pérdida de un sentido, de un órgano, de un miembro, del uso de un órgano o miembro, de la palabra o de la capacidad de engendrar o concebir.

Art. 91

Die Strafe ist Zuchthaus oder Gefängnis von drei bis zehn Jahren, wenn die Körperverletzung eine mit Sicherheit oder wahrscheinlich unheilbare geistige oder körperliche Krankheit, dauernde Arbeitsunfähigkeit, den Verlust eines Sinnes, eines Organs, eines Körperglieds, den Gebrauch eines Organs oder Körperglieds, des Sprechvermögens oder der Zeugungs- oder Empfängnisfähigkeit verursacht.

Artículo 92.

Si concurriere alguna de las circunstancias enumeradas en el artículo 80, la pena será: en el caso del artículo 89, de

Art. 92

Liegt einer der in Art. 80 aufgeführten Umstände vor, beträgt die Strafe im Fall des Art. 89 sechs Monate bis zwei Jahre;

seis meses a dos años; en el caso del artículo 90, de tres a diez años; y en el caso del artículo 91, de tres a quince años.

im Fall des Art. 90 drei bis zehn Jahre und im Fall des Art. 91 drei bis fünfzehn Jahre.

Artículo 93.

Si concurriere la circunstancia enunciada en el inciso 1º letra a) del artículo 81, la pena será: en el caso del artículo 89, de quince días a seis meses; en el caso del artículo 90, de seis meses a tres años; y en el caso del artículo 91, de uno a cuatro años.

Art. 93

Liegt der in Art. 81 Abs. 1 Buchst. a aufgeführte Umstand vor, beträgt die Strafe im Fall des Art. 89 fünfzehn Tage bis sechs Monate, im Fall des Art. 90 sechs Monate bis drei Jahre und im Fall des Art. 91 ein Jahr bis vier Jahre.

Artículo 94.

Se impondrá prisión de un mes a tres años o multa de mil a quince mil pesos e inhabilitación especial por uno a cuatro años, el que por imprudencia o negligencia, por impericia en su arte o profesión, o por inobservancia de los reglamentos o deberes a su cargo, causare a otro un daño en el cuerpo o en la salud.

Si las lesiones fueran de las descritas en los artículos 90 ó 91 y concurriera alguna de las circunstancias previstas en el segundo párrafo del artículo 84, el mínimo de la pena prevista en el primer párrafo, será de seis meses o multa de tres mil pesos e inhabilitación especial por dieciocho meses.

Art. 94

Mit Gefängnis von einem Monat bis drei Jahren oder Geldstrafe von $ 1.000 bis 15.000 und einer besonderen Aberkennung oder Beschränkung von Rechten und Fähigkeiten von einem Jahr bis vier Jahren wird bestraft, wer durch Unvorsichtigkeit oder Nachlässigkeit, Unerfahrenheit in seinem Gewerbe oder Beruf oder Nichteinhaltung der Vorschriften oder Pflichten seiner Stellung einen Schaden am Körper oder an der Gesundheit eines anderen verursacht.

Handelt es sich bei den Verletzungen um die in Art. 90 und 91 bezeichneten und liegt einer der in Art. 84 Abs. 2 vorgesehenen Umstände vor, beträgt die in Abs. 1 vorgesehene Mindeststrafe sechs Monate Gefängnis oder Geldstrafe von $ 3.000 und eine besondere Aberkennung oder Beschränkung von Rechten und Fähigkeiten von achtzehn Monaten.

Capítulo III
Homicidio o lesiones en riña

Drittes Kapitel
Tötung oder Körperverletzung bei Schlägereien

Artículo 95.

Cuando en riña o agresión en que tomaren parte más de dos personas, re-

Art. 95

Treten bei einer Schlägerei oder einem Angriff, woran mehr als zwei Personen

sultare muerte o lesiones de las determinadas en los artículos 90 y 91, sin que constare quiénes las causaron, se tendrá por autores a todos los que ejercieron violencia sobre la persona del ofendido y se aplicará reclusión o prisión de dos a seis años en caso de muerte y de uno a cuatro en caso de lesión.

teilnehmen, der Tod oder eine der in Art. 90 und 91 bezeichneten Verletzungen ein und ist nicht feststellbar, wer diese verursacht hat, werden alle als Täter angesehen, die Gewalt gegen den Verletzten ausgeübt haben; im Fall des Todes wird Zuchthaus oder Gefängnis von zwei bis sechs Jahren und im Fall einer Körperverletzung von einem Jahr bis vier Jahren verhängt.

Artículo 96.

Si las lesiones fueren las previstas en el artículo 89, la pena aplicable será de cuatro a ciento veinte días de prisión.

Art. 96

Sind die in Art. 89 vorgesehenen Verletzungen eingetreten, beträgt die zu verhängende Strafe Gefängnis von vier bis einhundertzwanzig Tagen.

Capítulo IV
Duelo

Artículo 97.

Los que se batieren en duelo, con intervención de dos o más padrinos, mayores de edad, que elijan las armas y arreglen las demás condiciones del desafío, serán reprimidos:

1° Con prisión de uno a seis meses, al que no infiriere lesión a su adversario o sólo le causare una lesión de las determinadas en el artículo 89.

2° Con prisión de uno a cuatro años, al que causare la muerte de su adversario o le infiriere lesión de las determinadas en los artículos 90 y 91.

Artículo 98.

Los que se batieren, sin la intervención de padrinos, mayores de edad, que elijan las armas y arreglen las demás condiciones del desafío, serán reprimidos:

1° El que matare a su adversario, con la pena señalada para el homicida;

Viertes Kapitel
Duell

Art. 97

Wer sich unter Aufsicht von zwei oder mehr volljährigen Sekundanten, die die Waffen und die Umstände der Herausforderung festlegen, duelliert, wird bestraft:

1. mit Gefängnis von einem Monat bis sechs Monaten, wer seinem Gegner keine oder nur eine der in Art. 89 aufgeführten Verletzungen zufügt;
2. mit Gefängnis von einem Jahr bis vier Jahren, wer seinen Gegner tötet oder ihm eine der in Art. 90 und 91 aufgeführten Verletzungen zufügt.

Art. 98

Wer sich ohne die Aufsicht volljähriger Sekundanten, die die Waffen und die Umstände der Herausforderung festlegen, duelliert, wird bestraft:

1. mit der für den Totschläger angedrohten Strafe, wenn er seinen Gegner tötet;

2º El que causare lesiones, con la pena señalada para el autor de lesiones;

3º El que no causare lesiones, con prisión de un mes a un año.

2. mit der für den Täter einer Körperverletzung angedrohten Strafe, wenn er seinen Gegner verletzt;

3. mit Gefängnis von einem Monat bis einem Jahr, wenn er keine Verletzungen verursacht.

Artículo 99.

El que instigare a otro a provocar o a aceptar un duelo y el que desacreditare públicamente a otro por no desafiar o por rehusar un desafío, serán reprimidos:

1° Con multa de pesos mil a pesos quince mil si el duelo no se realizare o si realizándose, no se produjere muerte ni lesiones o sólo lesiones de las comprendidas en el artículo 89.

2° Con prisión de uno a cuatro años, si se causare muerte o lesiones de las mencionadas en los artículos 90 y 91.

Art. 99

Wer einen anderen anstiftet, zu einem Duell herauszufordern oder eines anzunehmen und wer einen anderen öffentlich herabsetzt, weil dieser dazu nicht herausfordert oder es ablehnt, wird bestraft:

1. mit Geldstrafe von $ 1.000 bis 15.000, wenn das Duell nicht stattfindet oder bei der Durchführung weder der Tod noch Verletzungen oder nur die in Art. 89 aufgeführten Verletzungen verursacht werden;

2. mit Gefängnis von einem Jahr bis vier Jahren, wenn der Tod oder eine der in Art. 90 und 91 aufgeführten Verletzungen verursacht werden.

Artículo 100.

El que provocare o diere causa a un desafío, proponiéndose un interés pecuniario u otro objeto inmoral, será reprimido:

1º Con prisión de uno a cuatro años, si el duelo no se verificare o si efectuándose, no resultare muerte ni lesiones.

2° Con reclusión o prisión de tres a diez años, si el duelo se realizare y resultaren lesiones;

3° Con reclusión o prisión de diez a veinticinco años, si se produjere la muerte.

Art. 100

Wer aus finanziellem Interesse oder aus einem anderen verwerflichen Grund zu einem Duell herausfordert oder einen Grund zur Herausforderung zu einem solchen gibt, wird bestraft:

1. mit Gefängnis von einem Jahr bis vier Jahren, wenn das Duell nicht stattfindet oder bei Durchführung weder Tod noch Verletzungen verursacht werden;

2. mit Zuchthaus oder Gefängnis von drei bis zehn Jahren, wenn das Duell stattfindet und dabei Verletzungen verursacht werden;

3. mit Zuchthaus oder Gefängnis von zehn bis fünfundzwanzig Jahren, wenn ein Tod verursacht wird.

Artículo 101.

El combatiente que faltare, en daño de su adversario, a las condiciones ajustadas por los padrinos, será reprimido:

1º Con reclusión o prisión de tres a diez años, si causare lesiones a su adversario.

2º Con reclusión o prisión de diez a veinticinco años, si le causare la muerte.

Art. 101

Der Duellant, der zum Nachteil seines Gegners die von den Sekundanten festgelegten Regeln verletzt, wird bestraft:

1. mit Zuchthaus oder Gefängnis von drei bis zehn Jahren, wenn er dem Gegner Verletzungen zufügt;
2. mit Gefängnis oder Zuchthaus von zehn bis fünfundzwanzig Jahren, wenn er dessen Tod verursacht.

Artículo 102.

Los padrinos de un duelo que usaren cualquier género de alevosía en la ejecución del mismo, serán reprimidos con las penas señaladas en el artículo anterior, según fueren las consecuencias que resultaren.

Art. 102

Die Sekundanten eines Duells, die bei dessen Durchführung hinterhältige Mittel einsetzen, werden je nach den eingetretenen Folgen mit den im vorhergehenden Artikel angedrohten Strafen bestraft.

Artículo 103.

Cuando los padrinos concertaren un duelo a muerte o en condiciones tales que de ellas debiere resultar la muerte, serán reprimidos con reclusión o prisión de uno a cuatro años, si se verificare la muerte de alguno de los combatientes. Si no se verificare la muerte de alguno de ellos, la pena será de multa de pesos mil a pesos quince mil.

Art. 103

Vereinbaren die Sekundanten ein Duell auf Leben und Tod oder eines, dessen Regeln den Tod verursachen müssen, werden sie mit Zuchthaus oder Gefängnis von einem Jahr bis vier Jahren bestraft, wenn der Tod einer der beiden Gegner eintritt. Tritt der Tod einer der beiden Gegner nicht ein, ist die Strafe Geldstrafe von $ 1.000 bis 15.000.

Capítulo V
Abuso de armas

Artículo 104.

Será reprimido con uno a tres años de prisión, el que disparare un arma de fuego contra una persona sin herirla.

Esta pena se aplicará aunque se causare herida a que corresponda pena menor, siempre que el hecho no importe un delito más grave.

Fünftes Kapitel
Missbrauch von Waffen

Art. 104

Mit Gefängnis von einem Jahr bis drei Jahren wird bestraft, wer eine Schusswaffe gegen eine Person abfeuert, ohne diese zu verletzen.

Diese Strafe wird auch verhängt, wenn eine Verletzung verursacht wird, die mit einer geringeren Strafe bedroht ist, sofern die Handlung nicht eine schwerere Straftat darstellt.

Será reprimida con prisión de quince días a seis meses, la agresión con toda arma, aunque no se causare herida.

Mit Gefängnis von fünfzehn Tagen bis sechs Monaten wird der Angriff mit jeder Waffe bestraft, auch wenn keine Verletzung verursacht wird.

Artículo 105.

Si concurriera alguna de las circunstancias previstas en los artículos 80 y 81, inciso 1°, letra a), la pena se aumentará o disminuirá en un tercio respectivamente.

Art. 105

Liegt ein in Art. 80 und 81 Abs. 1 Buchst. a vorgesehener Umstand vor, erhöht oder vermindert sich die Strafe entsprechend um ein Drittel.

Capítulo VI
Abandono de personas

Sechstes Kapitel
Verlassen von Personen

Artículo 106.

El que pusiere en peligro la vida o la salud de otro, sea colocándolo en situación de desamparo, sea abandonando a su suerte a una persona incapaz de valerse y a la que deba mantener o cuidar o a la que el mismo autor haya incapacitado, será reprimido con prisión de 2 a 6 años.

La pena será de reclusión o prisión de 3 a 10 años, si a consecuencia del abandono resultare grave daño en el cuerpo o en la salud de la víctima.

Si ocurriere la muerte, la pena será de 5 a 15 años de reclusión o prisión.

Art. 106

Wer das Leben oder die Gesundheit eines anderen gefährdet, sei es durch dessen Verbringen in eine hilflose Lage, sei es durch Verlassen einer Person, die sich nicht verständlich machen kann und bezüglich der eine Pflicht zum Unterhalt oder zur Betreuung besteht, oder wenn die Hilflosigkeit vom Täter herbeigeführt wurde, wird mit Gefängnis von zwei bis sechs Jahren bestraft.

Die Strafe ist Zuchthaus oder Gefängnis von 3 bis 10 Jahren, wenn Folge des Verlassens ein schwerer Schaden an Körper oder Gesundheit des Opfers ist.

Tritt der Tod ein, ist die Strafe Zuchthaus oder Gefängnis von 5 bis 15 Jahren.

Artículo 107.

El máximum y el mínimum de las penas establecidas en el artículo precedente, serán aumentados en un tercio cuando el delito fuera cometido por los padres contra sus hijos y por éstos contra aquéllos o por el cónyuge.

Art. 107

Das Höchst- und das Mindestmaß der im vorhergehenden Artikel angedrohten Strafen werden um ein Drittel erhöht, wenn die Straftat von Eltern gegen ihre Kinder, von Kindern gegen ihre Eltern oder vom Ehegatten begangen wird.

Artículo 108.

Será reprimido con multa de pesos setecientos cincuenta a pesos doce mil quinientos el que encontrando perdido o desamparado a un menor de diez años o a una persona herida o inválida o amenazada de un peligro cualquiera; omitiere prestarle el auxilio necesario, cuando pudiere hacerlo sin riesgo personal o no diere aviso inmediatamente a la autoridad.

Art. 108

Mit Geldstrafe von $ 750 bis 12.500 wird bestraft, wer einen verirrten oder hilflosen Minderjährigen unter zehn Jahren oder eine verletzte, behinderte oder von einer Gefahr bedrohte Person auffindet und die notwendige Hilfe unterlässt, wenn er diese ohne eigene Gefahr leisten kann, oder die Behörden nicht unverzüglich benachrichtigt.

Título II
Delitos contra el honor

Zweiter Abschnitt
Straftaten gegen die Ehre

Artículo 109.

La calumnia o falsa imputación de un delito que dé lugar a la acción pública, será reprimida con prisión de uno a tres años.

Art. 109

Die Verleumdung oder falsche Beschuldigung mit einer Straftat, die Anlass zur öffentlichen Strafklage böte, wird mit Gefängnis von einem Jahr bis drei Jahren bestraft.

Artículo 110.

El que deshonrare o desacreditare a otro, será reprimido con multa de pesos mil quinientos a pesos noventa mil o prisión de un mes a un año.

Art. 110

Wer einen anderen herabwürdigt oder in Verruf bringt, wird mit Geldstrafe von $ 1.500 bis 90.000 oder Gefängnis von einem Monat bis einem Jahr bestraft.

Artículo 111.

El acusado de injuria sólo podrá probar la verdad de la imputación en los casos siguientes:

1º Si la imputación hubiere tenido por objeto defender o garantizar un interés público actual;

2º Si el hecho atribuido a la persona ofendida, hubiere dado lugar a un proceso penal;

3º Si el querellante pidiere la prueba de la imputación dirigida contra él.

Art. 111

Der einer Beleidigung Angeklagte kann die Wahrheit der Bezichtigung nur in folgenden Fällen beweisen:

1. wenn die Bezichtigung die Verteidigung oder Gewährleistung eines gegenwärtigen öffentlichen Interesses zum Gegenstand hatte;
2. wenn die der bezichtigten Person zugeschriebene Handlung zu einem Strafverfahren geführt hat;
3. wenn der Privatkläger den Beweis für die gegen ihn erhobene Bezichtigung verlangt.

En estos casos, si se probare la verdad de las imputaciones, el acusado quedará exento de pena.

Wird die Wahrheit der Bezichtigungen bewiesen, bleibt der Angeklagte straflos.

Artículo 112.

El reo de calumnia o injuria equívoca o encubierta que rehusare dar en juicio explicaciones satisfactorias sobre ella, sufrirá del mínimum a la mitad de la pena correspondiente a la calumnia o injuria manifiesta.

Art. 112

Der einer zweideutigen oder verborgenen Verleumdung oder Beleidigung Beschuldigte, der im Prozess ausreichende Erklärungen zu diesen verweigert, wird mit einer Strafe vom Mindestmaß bis zur Hälfte der entsprechenden Strafe für die offenkundige Verleumdung oder Beleidigung bestraft.

Artículo 113.

El que publicare o reprodujere, por cualquier medio, injurias o calumnias inferidas por otro, será reprimido como autor de las injurias o calumnias de que se trate.

Art. 113

Wer die jemandem von einem anderen zugefügten Beleidigungen oder Verleumdungen veröffentlicht oder wiedergibt, wird als Täter der betreffenden Beleidigungen oder Verleumdungen bestraft.

Artículo 114.

Cuando la injuria o calumnia se hubiere propagado por medio de la prensa, en la capital y territorios nacionales, sus autores quedarán sometidos a las sanciones del presente código y el juez o tribunal ordenará, si lo pidiere el ofendido, que los editores inserten en los respectivos impresos o periódicos, a costa del culpable, la sentencia o satisfacción.

Art. 114

Wurde die Beleidigung oder Verleumdung durch die Presse in der Bundeshauptstadt oder in den nationalen Teilgebieten verbreitet, unterliegen die Täter den Strafdrohungen dieses Gesetzbuchs, und der Richter oder das Gericht ordnet auf Antrag des Verletzten an, dass die Verleger das Urteil oder eine Richtigstellung auf Kosten des Schuldigen in den betreffenden Druckwerken oder Zeitungen veröffentlichen.

Artículo 115.

Las injurias proferidas por los litigantes, apoderados o defensores, en los escritos, discursos o informes producidos ante los tribunales y no dados a publicidad, quedarán sujetas únicamente a las correcciones disciplinarias correspondientes.

Art. 115

Die von Prozessparteien, Bevollmächtigten oder Verteidigern in Schriftsätzen, Einlassungen oder Stellungnahmen vor Gericht geäußerten Beleidigungen, die nicht an die Öffentlichkeit gelangen, unterliegen nur den entsprechenden Ordnungsmaßregeln.

Artículo 116.

Cuando las injurias fueren recíprocas, el tribunal podrá, según las circunstancias, declarar exentas de pena a las dos partes o a alguna de ellas.

Art. 116

Sind die Beleidigungen wechselseitig, kann das Gericht je nach den Umständen für eine oder beide Parteien von der Verhängung einer Strafe absehen.

Artículo 117.

El culpable de injuria o calumnia contra un particular o asociación, quedará exento de pena, si se retractare públicamente, antes de contestar la querella o en el acto de hacerlo.

Art. 117

Der einer Beleidigung oder Verleumdung gegen eine Privatperson oder eine Personenvereinigung Schuldige wird nicht bestraft, wenn er diese vor oder mit der Erwiderung der Klage öffentlich widerruft.

Artículo 117 bis.

1° Será reprimido con la pena de prisión de un mes a dos años el que insertara o hiciera insertar a sabiendas datos falsos en un archivo de datos personales.

2° La pena será de seis meses a tres años, al que proporcionara a un tercero a sabiendas información falsa contenida en un archivo de datos personales.

3° La escala penal se aumentará en la mitad del mínimo y del máximo, cuando del hecho se derive perjuicio a alguna persona.

4° Cuando el autor o responsable del ilícito sea funcionario público en ejercicio de sus funciones, se le aplicará la accesoria de inhabilitación para el desempeño de cargos públicos por el doble del tiempo que el de la condena.

Art. 117 bis

1. Mit Gefängnis von einem Monat bis zwei Jahren wird bestraft, wer wissentlich falsche Daten in eine Sammlung persönlicher Daten einträgt oder eintragen lässt.
2. Eine Strafe von sechs Monaten bis drei Jahren wird gegen den verhängt, der wissentlich falsche Daten aus einer Sammlung persönlicher Daten an einen Dritten weitergibt.
3. Der Strafrahmen der Mindest- und der Höchststrafe erhöht sich jeweils um die Hälfte, wenn die Tat eine Person geschädigt hat.
4. Ist der Täter oder Verantwortliche der Straftat ein Beamter in der Ausübung seines Amtes, wird zusätzlich ein Verbot zur Ausübung des Amtes über die doppelte Dauer der Strafe verhängt.

Título III
Delitos contra la integridad sexual

Artículo 118.

(Artículo derogado)

Capítulo II

Artículo 119.

Será reprimido con reclusión o prisión de seis meses a cuatro años el que abusare sexualmente de persona de uno u otro sexo cuando, ésta fuera menor de trece años o cuando mediare violencia, amenaza, abuso coactivo o intimidatorio de una relación de dependencia, de autoridad, o de poder, o aprovechándose de que la víctima por cualquier causa no haya podido consentir libremente la acción.

La pena será de cuatro a diez años de reclusión o prisión cuando el abuso por su duración o circunstancias de su realización, hubiere configurado un sometimiento sexual gravemente ultrajante para la víctima.

La pena será de seis a quince años de reclusión o prisión cuando mediando las circunstancias del primer párrafo hubiere acceso carnal por cualquier vía.

En los supuestos de los dos párrafos anteriores, la pena será de ocho a veinte años de reclusión o prisión si:

a) Resultare un grave daño en la salud física o mental de la víctima;

b) El hecho fuere cometido por ascendiente, descendiente, afín en línea recta, hermano, tutor, curador, mi-

Dritter Abschnitt
Straftaten gegen die sexuelle Unversehrtheit

Art. 118

(Aufgehoben)

Zweites Kapitel

Art. 119

Mit Zuchthaus oder Gefängnis von sechs Monaten bis vier Jahren wird bestraft, wer eine Person jeden Geschlechts sexuell missbraucht, wenn diese jünger als dreizehn Jahre ist oder wenn Gewalt, Drohung, Missbrauch eines Abhängigkeits-, Autoritäts- oder Machtverhältnisses durch Zwang oder Einschüchterung vorliegt oder es ausgenutzt wird, dass das Opfer aus irgendeinem Grund der Handlung nicht frei zustimmen konnte.

Stellt der Missbrauch aufgrund seiner Dauer oder der Umstände seiner Begehung für das Opfer eine stark herabwürdigende sexuelle Unterdrückung dar, ist die Strafe Zuchthaus oder Gefängnis von vier bis zehn Jahren.

Wird beim Vorliegen der Umstände des ersten Absatzes Geschlechtsverkehr vollzogen, ist die Strafe Zuchthaus oder Gefängnis von sechs bis fünfzehn Jahren.

Bei Vorliegen der Voraussetzungen der beiden vorhergehenden Absätze ist die Strafe Zuchthaus oder Gefängnis von acht bis zwanzig Jahren, wenn:

a. ein schwerer Schaden an der körperlichen oder geistigen Gesundheit des Opfers eintritt;

b. die Tat von einem Verwandten aufsteigender oder absteigender Linie, Verschwägerten gerader Linie, Ge-

nistro de algún culto reconocido o no, encargado de la educación o de la guarda;

c) El autor tuviere conocimiento de ser portador de una enfermedad de transmisión sexual grave, y hubiere existido peligro de contagio;

d) El hecho fuere cometido por dos o más personas, o con armas;

e) El hecho fuere cometido por personal perteneciente a las fuerzas policiales o de seguridad, en ocasión de sus funciones;

f) El hecho fuere cometido contra un menor de dieciocho años, aprovechando la situación de convivencia preexistente con el mismo.

En el supuesto del primer párrafo, la pena será de tres a diez años de reclusión o prisión si concurren las circunstancias de los incisos a), b), d), e) o f).

schwister, Vormund, Betreuer, Geistlichen einer anerkannten oder nicht anerkannten Religion, der für die Erziehung oder Aufsicht verantwortlich ist, begangen wird;

c. der Täter Kenntnis davon hat, dass er Träger einer sexuell übertragbaren schweren Krankheit ist und die Gefahr einer Ansteckung bestand;

d. die Tat von zwei oder mehr Personen oder mit Waffen begangen wird;

e. die Tat von Personen, die den Polizei- oder Sicherheitskräften angehören, bei Gelegenheit ihrer Amtsausübung begangen wird;

f. die Tat gegen eine unter achtzehn Jahre alte Person unter Ausnutzung der Situation des Zusammenlebens mit ihr begangen wird.

Bei Vorliegen von Abs. 1 ist die Strafe Zuchthaus oder Gefängnis von drei bis zehn Jahren, wenn die Umstände der Buchst. a, b, d, e oder f gegeben sind.

Artículo 120.

Será reprimido con prisión o reclusión de tres a seis años el que realizare algunas de las acciones previstas en el segundo o en el tercer párrafo del artículo 119 con una persona menor de dieciséis años, aprovechándose de su inmadurez sexual, en razón de la mayoría de edad del autor, su relación de preeminencia respecto de la víctima, u otra circunstancia equivalente, siempre que no resultare un delito más severamente penado.

La pena será de prisión o reclusión de seis a diez años si mediare alguna de las circunstancias previstas en los incisos a), b), c), e) o f) del cuarto párrafo del artículo 119.

Art. 120

Mit Gefängnis oder Zuchthaus von drei bis sechs Jahren wird bestraft, wer eine der in Art. 119 Abs. 2 oder 3 vorgesehenen Handlungen mit einer Person unter sechzehn Jahren unter Ausnutzung ihrer sexuellen Unreife aufgrund der Volljährigkeit des Täters, seiner Überlegenheit gegenüber dem Opfer oder eines anderen gleichwertigen Umstands durchführt, sofern nicht eine schwerer bestraf te Straftat vorliegt.

Die Strafe ist Gefängnis oder Zuchthaus von sechs bis zehn Jahren, wenn einer der in Art. 119 Abs. 4 Buchst. a, b, c, e oder f vorgesehenen Umstände vorliegt.

Artículo 121.

(Artículo derogado)

Artículo 122.

(Artículo derogado)

Artículo 123.

(Artículo derogado)

Artículo 124.

Se impondrá reclusión o prisión perpetua, cuando en los casos de los artículos 119 y 120 resultare la muerte de la persona ofendida.

Capítulo III

Artículo 125.

El que promoviere o facilitare la corrupción de menores de dieciocho años, aunque mediare el consentimiento de la víctima será reprimido con reclusión o prisión de tres a diez años.

La pena será de seis a quince años de reclusión o prisión cuando la víctima fuera menor de trece años.

Cualquiera que fuese la edad de la víctima, la pena será de reclusión o prisión de diez a quince años, cuando mediare engaño, violencia, amenaza, abuso de autoridad o cualquier otro medio de intimidación o coerción, como también si el autor fuera ascendiente, cónyuge, hermano, tutor o persona conviviente o encargada de su educación o guarda.

Artículo 125 bis.

El que promoviere o facilitare la prostitución de menores de dieciocho años,

Art. 121

(Aufgehoben)

Art. 122

(Aufgehoben)

Art. 123

(Aufgehoben)

Art. 124

Lebenslange Zuchthaus- oder Gefängnisstrafe wird verhängt, wenn in den Fällen der Art. 119 und 120 der Tod der verletzten Person eintritt.

Drittes Kapitel

Art. 125

Wer die Verführung einer Person unter achtzehn Jahren fördert oder erleichtert, wird ungeachtet der Einwilligung des Opfers mit Zuchthaus oder Gefängnis von drei bis zehn Jahren bestraft.

Die Strafe ist Zuchthaus oder Gefängnis von sechs bis fünfzehn Jahren, wenn das Opfer jünger als dreizehn Jahre ist.

Unabhängig vom Alter des Opfers ist die Strafe Zuchthaus oder Gefängnis von zehn bis fünfzehn Jahren, wenn Täuschung, Gewalt, Drohung, Missbrauch von Autorität oder ein anderes Einschüchterungs- oder Zwangsmittel eingesetzt wird, oder der Täter Verwandter aufsteigender Linie, Ehegatte, Geschwister, Vormund oder eine mit dem Opfer zusammenlebende oder für dessen Erziehung oder Aufsicht verantwortliche Person ist.

Art. 125 bis

Wer die Prostitution von Personen unter achtzehn Jahren fördert oder erleichtert,

aunque mediare el consentimiento de la víctima será reprimido con reclusión o prisión de cuatro a diez años.

La pena será de seis a quince años de reclusión o prisión cuando la víctima fuera menor de trece años.

Cualquiera que fuese la edad de la víctima, la pena será de reclusión o prisión de diez a quince años, cuando mediare engaño, violencia, amenaza, abuso de autoridad o cualquier otro medio de intimidación o coerción, como también, si el autor fuera ascendiente, cónyuge, hermano, tutor o persona conviviente o encargada de su educación o guarda.

wird ungeachtet der Einwilligung des Opfers mit Zuchthaus oder Gefängnis von vier bis zehn Jahren bestraft.

Die Strafe ist Zuchthaus oder Gefängnis von sechs bis fünfzehn Jahren, wenn das Opfer jünger als dreizehn Jahre ist.

Unabhängig vom Alter des Opfers ist die Strafe Zuchthaus oder Gefängnis von zehn bis fünfzehn Jahren, wenn Täuschung, Gewalt, Drohung, Missbrauch von Autorität oder ein anderes Einschüchterungs- oder Zwangsmittel eingesetzt wird, oder der Täter Verwandter aufsteigender Linie, Ehegatte, Geschwister, Vormund oder eine mit dem Opfer zusammenlebende oder für dessen Erziehung oder Aufsicht verantwortliche Person ist.

Artículo 126.

Será reprimido con reclusión o prisión de cuatro a diez años, el que con ánimo de lucro o para satisfacer deseos ajenos promoviere o facilitare la prostitución de mayores de dieciocho años de edad mediando engaño, abuso de una relación de dependencia o de poder, violencia, amenaza o cualquier otro medio de intimidación o coerción.

Art. 126

Mit Zuchthaus oder Gefängnis von vier bis zehn Jahren wird bestraft, wer in Bereicherungsabsicht oder zur Befriedigung fremder Lust die Prostitution von Personen über achtzehn Jahren durch Täuschung, Missbrauch eines Abhängigkeits- oder Machtverhältnisses, Gewalt, Drohung oder ein anderes Einschüchterungs- oder Zwangsmittel fördert oder erleichtert.

Artículo 127.

Será reprimido con prisión de tres a seis años, el que explotare económicamente el ejercicio de la prostitución de una persona, mediando engaño, abuso coactivo o intimidatorio de una relación de dependencia, de autoridad, de poder, violencia, amenaza o cualquier otro medio de intimidación o coerción.

Art. 127

Mit Gefängnis von drei bis sechs Jahren wird bestraft, wer die Ausübung der Prostitution einer Person durch Täuschung, nötigenden Missbrauch eines Abhängigkeits- oder Machtverhältnisses, Gewalt, Drohung oder ein anderes Einschüchterungs- oder Zwangsmittel wirtschaftlich ausnutzt.

Artículo 127 bis.

El que promoviere o facilitare la entra-

Art. 127 bis

Wer die Einreise in das Land oder die

da o salida del país de menores de 18 años para que ejerzan la prostitución, será reprimido con reclusión o prisión de 4 a 10 años. La pena será de seis a quince años de reclusión o prisión cuando la víctima fuere menor de trece años. Cualquiera que fuese la edad de la víctima, la pena será de prisión o reclusión de 10 a 15 años cuando mediare engaño, violencia, amenaza, abuso de autoridad o cualquier otro medio de intimidación o coerción, como también si el autor fuera ascendiente, cónyuge, hermano, tutor o persona conviviente o encargado de su educación o guarda.

Ausreise von Personen unter 18 Jahren fördert oder erleichtert, damit diese der Prostitution nachgehen, wird mit Zuchthaus oder Gefängnis von 4 bis 10 Jahren bestraft. Die Strafe ist Zuchthaus oder Gefängnis von sechs bis fünfzehn Jahren, wenn das Opfer jünger als dreizehn Jahre ist. Unabhängig vom Alter des Opfers ist die Strafe Zuchthaus oder Gefängnis von 10 bis 15 Jahren, wenn Täuschung, Gewalt, Drohung, Missbrauch von Autorität oder ein anderes Einschüchterungs- oder Zwangsmittel eingesetzt wird, oder wenn der Täter Verwandter aufsteigender Linie, Ehegatte, Geschwister, Vormund oder eine mit dem Opfer zusammenlebende oder eine für deren Erziehung oder Aufsicht verantwortliche Person ist.

Artículo 127 ter.

El que promoviere o facilitare la entrada o salida del país de una persona mayor de 18 años para que ejerza la prostitución mediando engaño, violencia, amenaza, abuso de autoridad o cualquier otro medio de intimidación o coerción, será reprimido con reclusión o prisión de tres a seis años.

Art. 127 ter

Wer die Einreise in das Land oder die Ausreise einer Person über 18 Jahren durch Täuschung, Gewalt, Drohung, Missbrauch von Autorität oder ein andere Einschüchterungs- oder Zwangsmittel fördert oder erleichtert, damit sie der Prostitution nachgeht, wird mit Zuchthaus oder Gefängnis von drei bis sechs Jahren bestraft.

Artículo 128.

Será reprimido con prisión de seis meses a cuatro años el que produjere o publicare imágenes pornográficas en que se exhibieran menores de dieciocho años, al igual que el que organizare espectáculos en vivo con escenas pornográficas en que participaren dichos menores.

En la misma pena incurrirá el que distribuyere imágenes pornográficas cuyas características externas hiciere manifiesto que en ellas se ha grabado o

Art. 128

Mit Gefängnis von sechs Monaten bis vier Jahren wird bestraft, wer pornographische Abbildungen herstellt oder veröffentlicht, die Personen unter achtzehn Jahren darstellen, und wer Veranstaltungen mit lebenden pornographischen Szenen organisiert, an welchen die genannten Minderjährigen teilnehmen.

Mit der gleichen Strafe wird bestraft, wer pornographische Abbildungen vertreibt, aus deren äußerem Erscheinungsbild ersichtlich ist, dass darauf exhibi-

fotografiado la exhibición de menores de dieciocho años de edad al momento de la creación de la imagen.

tionistische Handlungen von Personen, die zum Zeitpunkt der Herstellung der Abbildung unter achtzehn Jahren alt waren, aufgenommen oder fotografiert wurden.

Será reprimido con prisión de un mes a tres años quien facilitare el acceso a espectáculos pornográficos o suministrare material pornográfico a menores de catorce años.

Mit Gefängnis von einem Monat bis drei Jahren wird bestraft, wer Personen unter vierzehn Jahren den Zutritt zu pornographischen Veranstaltungen erleichtert oder ihnen pornographisches Material verschafft.

Artículo 129.

Será reprimido con multa de mil a quince mil pesos el que ejecutare o hiciese ejecutar por otros actos de exhibiciones obscenas expuestas a ser vistas involuntariamente por terceros.

Si los afectados fueren menores de dieciocho años la pena será de prisión de seis meses a cuatro años. Lo mismo valdrá, con independencia de la voluntad del afectado, cuando se tratare de un menor de trece años.

Art. 129

Mit Geldstrafe von $ 1.000 bis 15.000 wird bestraft, wer obszöne Darbietungen durchführt oder von anderen durchführen lässt, damit sie von Dritten unfreiwillig gesehen werden.

Sind die betroffenen Personen jünger als achtzehn Jahre, ist die Strafe Gefängnis von sechs Monaten bis vier Jahren. Das Gleiche gilt, ungeachtet des Willens des Betroffenen, wenn es sich um eine Person unter dreizehn Jahren handelt.

Capítulo IV

Artículo 130.

Será reprimido con prisión de uno a cuatro años, el que sustrajere o retuviere a una persona por medio de la fuerza, intimidación o fraude, con la intención de menoscabar su integridad sexual.

La pena será de seis meses a dos años, si se tratare de una persona menor de dieciséis años, con su consentimiento.

La pena será de dos a seis años si se sustrajere o retuviere mediante fuerza, intimidación o fraude a una persona menor de trece años, con el mismo fin.

Viertes Kapitel

Art. 130

Mit Gefängnis von einem Jahr bis vier Jahren wird bestraft, wer eine Person mittels Gewalt, Drohung oder Täuschung in der Absicht entführt oder gefangen hält, ihre sexuelle Unversehrtheit zu verletzen.

Die Strafe beträgt sechs Monate bis zwei Jahre, wenn es sich um eine Person unter sechzehn Jahren handelt, die eingewilligt hat.

Die Strafe beträgt zwei bis sechs Jahre, wenn zu demselben Zweck eine Person unter dreizehn Jahren mittels Gewalt, Drohung oder Täuschung entführt oder gefangen gehalten wird.

Artículo 131.

(Artículo derogado)

Capítulo V

Artículo 132.

En los delitos previstos en los artículos 119: 1°, 2°, 3° párrafos, 120: 1° párrafo y 130 la víctima podrá instar el ejercicio de la acción penal pública con el asesoramiento o representación de instituciones oficiales o privadas sin fines de lucro de protección o ayuda a las víctimas. Si ella fuere mayor de dieciséis años podrá proponer un avenimiento con el imputado. El Tribunal podrá excepcionalmente aceptar la propuesta que haya sido libremente formulada y en condiciones de plena igualdad, cuando, en consideración a la especial y comprobada relación afectiva preexistente, considere que es un modo más equitativo de armonizar el conflicto con mejor resguardo del interés de la víctima. En tal caso la acción penal quedará extinguida; o en el mismo supuesto también podrá disponer la aplicación al caso de lo dispuesto por los artículos 76 ter y 76 quáter del Código Penal.

Artículo 133.

Los ascendientes, descendientes, cónyuges, convivientes, afines en línea recta, hermanos, tutores, curadores y cualesquiera persona que, con abuso de una relación de dependencia, de autoridad, de poder, de confianza o encargo, cooperaren a la perpetración de los delitos comprendidos en este título serán reprimidos con la pena de los autores.

Art. 131

(Aufgehoben)

Fünftes Kapitel

Art. 132

In den in Art. 119, Abs. 1, 2 und 3; 120, Abs. 1 und 130 aufgeführten Straftaten kann sich das Opfer hinsichtlich der öffentlichen Strafklage von gemeinnützigen öffentlichen oder privaten Opferschutz- oder Opferhilfseinrichtungen beraten und vertreten lassen. Ist das Opfer über sechzehn Jahre alt, kann es ein Sühneverfahren mit dem Beschuldigten vorschlagen. Das Gericht kann dem formlos und unter der Bedingung voller Gleichberechtigung gestellten Antrag ausnahmsweise zustimmen, wenn es unter Berücksichtigung der besonderen und nachgewiesenen vorhergehenden persönlichen Beziehung ein angemesseneres Verfahren ist, um den Konflikt unter besserem Schutz der Interessen des Opfers beizulegen. In diesem Fall erlischt die Strafklage; unter der gleichen Voraussetzung können auch die Bestimmungen der Art. 76 ter und 76 quater des Strafgesetzbuchs auf den Fall angewendet werden.

Art. 133

Die Verwandten aufsteigender und absteigender Linie, Ehegatten, Lebenspartner, Verschwägerten gerader Linie, Geschwister, Vormünder, Betreuer und jede Person, die durch Missbrauch eines Abhängigkeits-, Autoritäts- oder Machtverhältnisses, des Vertrauensverhältnisses oder ihrer Stellung an der Begehung der unter diesem Abschnitt aufgeführten Straftaten teilnimmt, werden wie Täter bestraft.

Título IV
Delitos contra el estado civil

Capítulo I
Matrimonios ilegales

Artículo 134.

Serán reprimidos con prisión de uno a cuatro años, los que contrajeren matrimonio sabiendo ambos que existe impedimento que cause su nulidad absoluta.

Artículo 135.

Serán reprimidos con prisión de dos a seis años:

1°. El que contrajere matrimonio cuando, sabiendo que existe impedimento que cause su nulidad absoluta, ocultare esta circunstancia al otro contrayente;

2°. El que engañando a una persona, simulare matrimonio con ella.

Artículo 136.

El oficial público que a sabiendas autorizare un matrimonio de los comprendidos en los artículos anteriores, sufrirá, en su caso, la pena que en ellos se determina.

Si lo autorizare sin saberlo, cuando su ignorancia provenga de no haber llenado los requisitos que la ley prescribe para la celebración del matrimonio, la pena será de multa de setecientos cincuenta a pesos doce mil quinientos e inhabilitación especial por seis meses a dos años.

Sufrirá multa de pesos setecientos cincuenta a pesos doce mil quinientos el

Vierter Abschnitt
Straftaten gegen den Personenstand

Erstes Kapitel
Rechtswidrige Eheschließung

Art. 134

Mit Gefängnis von einem Jahr bis vier Jahren werden Personen bestraft, die die Ehe eingehen, obwohl beide wissen, dass ein Hinderungsgrund vorliegt, der deren unbedingte Nichtigkeit verursacht.

Art. 135

Mit Gefängnis von zwei bis sechs Jahren wird bestraft, wer:

1. die Ehe in der Kenntnis eingeht, dass ein Hinderungsgrund vorliegt, der deren unbedingte Nichtigkeit verursacht und diesen Umstand dem anderen Ehepartner verheimlicht;
2. durch Täuschung einer Person die Eheschließung mit ihr vorspiegelt.

Art. 136

Ein Beamter, der wissentlich eine in den vorhergehenden Artikeln bezeichnete Eheschließung zulässt, wird mit der darin angedrohten Strafe bestraft.

Lässt er diese Eheschließung unwissentlich zu, ist die Strafe Geldstrafe von $ 750 bis 12.500 und eine besondere Aberkennung oder Beschränkung von Rechten und Fähigkeiten von sechs Monaten bis zwei Jahren, wenn die Unkenntnis auf der Nichterfüllung der gesetzlich für die Eheschließung vorgeschriebenen Erfordernisse beruht.

Mit Geldstrafe von $ 750 bis 12.500 wird ein Beamter bestraft, der in ande-

oficial público que, fuera de los demás casos de este artículo, procediere a la celebración

ren als den in diesem Artikel aufgeführten Fällen eine Eheschließung vollzieht, ohne alle gesetzlich vorgeschriebenen Förmlichkeiten einzuhalten.

Artículo 137.

En la misma pena incurrirá el representante legítimo de un menor impúber que diere el consentimiento para el matrimonio del mismo.

Art. 137

Mit der gleichen Strafe wird der gesetzliche Vertreter eines geschäftsunfähigen Minderjährigen bestraft, der die Einwilligung zu dessen Eheschließung erteilt.

Capítulo II
Supresión y suposición del estado civil y de la identidad

Zweites Kapitel
Unterdrückung und Veränderung des Personenstands und der Identität

Artículo 138.

Se aplicará prisión de 1 a 4 años al que, por un acto cualquiera, hiciere incierto, alterare o suprimiere el estado civil de otro.

Art. 138

Mit Gefängnis von einem Jahr bis vier Jahren wird bestraft, wer durch eine Handlung den Personenstand eines anderen verschleiert, verändert oder unterdrückt.

Artículo 139.

Se impondrá prisión de 2 a 6 años:

1. A la mujer que fingiere preñez o parto para dar a su supuesto hijo derechos que no le correspondan.
2. Al que, por un acto cualquiera, hiciere incierto, alterare o suprimiere la identidad de un menor de 10 años, y el que lo retuviere u ocultare.

Art. 139

Mit Gefängnis von zwei bis sechs Jahren wird bestraft:

1. eine Frau, die eine Schwangerschaft oder Geburt vortäuscht, um ihrem angeblichen Kind Rechte zu verschaffen, die ihm nicht zustehen;
2. wer durch eine Handlung den Familienstand eines Kindes unter zehn Jahren verschleiert, verändert oder unterdrückt, dieses gefangen hält oder verbirgt.

Artículo 139 bis.

Será reprimido con reclusión o prisión de 3 a 10 años, el que facilitare, promoviere o de cualquier modo intermediare en la perpetración de los delitos comprendidos en este Capítulo, haya mediado o no precio o promesa remu-

Art. 139 bis

Mit Zuchthaus oder Gefängnis von drei bis zehn Jahren wird bestraft, wer die Begehung der in diesem Kapitel aufgeführten Straftaten erleichtert, fördert oder in irgendeiner Weise zur Begehung der Straftaten beiträgt, sei es, dass ein

neratoria o ejercido amenaza o abuso de autoridad.

Geldbetrag vereinbart oder versprochen wurde oder nicht, oder Drohung oder Missbrauch von Autorität vorlag.

Incurrirán en las penas establecidas en el párrafo anterior y sufrirán, además, inhabilitación especial por doble tiempo que el de la condena, el funcionario público o profesional de la salud que cometa alguna de las conductas previstas en este Capítulo.

Gegen Beamte oder Angehörige des Gesundheitswesens, die die in diesem Kapitel aufgeführten Handlungen begehen, werden die im vorhergehenden Absatz angedrohten Strafen und zusätzlich eine besondere Aberkennung oder Beschränkung von Rechten und Fähigkeiten von der doppelten Dauer der Strafe verhängt.

Título V
Delitos contra la libertad

Fünfter Abschnitt
Straftaten gegen die Freiheit

Capítulo I
Delitos contra la libertad individual

Erstes Kapitel
Straftaten gegen die persönliche Freiheit

Artículo 140.

Serán reprimidos con reclusión o prisión de tres a quince años, el que redujere a una persona a servidumbre o a otra condición análoga y el que la recibiere en tal condición para mantenerla en ella.

Art. 140

Mit Gefängnis oder Zuchthaus von drei bis fünfzehn Jahren wird bestraft, wer eine Person in Sklaverei oder einen vergleichbaren Zustand bringt und wer sie in einer solchen Lage übernimmt, um sie darin festzuhalten.

Artículo 141.

Será reprimido con prisión o reclusión de seis meses a tres años; el que ilegalmente privare a otro de su libertad personal.

Art. 141

Mit Gefängnis oder Zuchthaus von sechs Monaten bis drei Jahren wird bestraft, wer einem anderen widerrechtlich seine persönliche Freiheit entzieht.

Artículo 142.

Se aplicará prisión o reclusión de dos a seis años, al que privare a otro de su libertad personal, cuando concurra alguna de las circunstancias siguientes:

1. Si el hecho se cometiere con violencias o amenazas o con fines religiosos o de venganza;

Art. 142

Mit Gefängnis oder Zuchthaus von zwei bis sechs Jahren wird bestraft, wer einem anderen seine persönliche Freiheit entzieht, wenn einer der nachfolgenden Umstände vorliegt:

1. die Tat mittels Gewalt oder Drohung, zu religiösen Zwecken oder aus Rache begangen wird;

2. Si el hecho se cometiere en la persona de un ascendiente, de un hermano, del cónyuge o de otro individuo a quien se deba respeto particular;
3. Si resultare grave daño a la persona, a la salud o a los negocios del ofendido, siempre que el hecho no importare otro delito por el cual la ley imponga pena mayor;
4. Si el hecho se cometiere simulando autoridad pública u orden de autoridad pública;
5. Si la privación de la libertad durare más de un mes.

2. die Tat gegen einen Verwandten aufsteigender Linie, ein Geschwister, seinen Ehegatten oder eine andere Person, der besondere Achtung gebührt, begangen wird;
3. der Person, der Gesundheit oder den Geschäften des Verletzten ein schwerer Schaden entsteht, sofern das Gesetz für die Tat keine schwerere Strafe vorsieht;
4. die Tat unter Vorspiegelung öffentlicher Gewalt oder eines hoheitlichen Auftrags begangen wird;
5. die Freiheitsberaubung länger als einen Monat dauert.

Artículo 142 bis.

Se impondrá prisión o reclusión de cinco (5) a quince (15) años, al que sustrajere, retuviere u ocultare a una persona con el fin de obligar a la víctima o a un tercero, a hacer, no hacer, o tolerar algo contra su voluntad. Si el autor lograre su propósito, el mínimo de la pena se elevará a ocho (8) años.

La pena será de diez (10) a veinticinco (25) años de prisión o reclusión:

1. Si la víctima fuese una mujer embarazada; un menor de dieciocho (18) años de edad; o un mayor de setenta (70) años de edad.
2. Si el hecho se cometiere en la persona de un ascendiente; de un hermano; del cónyuge o conviviente; o de otro individuo a quien se deba respeto particular.
3. Si se causare a la víctima lesiones graves o gravísimas.
4. Cuando la víctima sea una persona

Art. 142 bis

Mit Gefängnis oder Zuchthaus von fünf bis fünfzehn Jahren wird bestraft, wer eine Person zu dem Zweck entführt, gefangen hält oder verbirgt, das Opfer oder einen Dritten zu nötigen, etwas gegen seinen Willen zu tun, zu unterlassen oder zu dulden. Erreicht der Täter sein Ziel, erhöht sich die Mindeststrafe auf acht Jahre.

Die Strafe ist Gefängnis oder Zuchthaus von zehn bis fünfundzwanzig Jahren, wenn:

1. das Opfer eine schwangere Frau, eine Person unter achtzehn Jahren oder über siebzig Jahren ist;
2. die Tat gegen einen Verwandten aufsteigender Linie, ein Geschwister, seinen Ehegatten, Lebenspartner oder eine andere Person, der besondere Achtung gebührt, begangen wird;
3. dem Opfer schwere oder besonders schwere Verletzungen zugefügt werden;
4. das Opfer eine behinderte, kranke

discapacitada, enferma o que no pueda valerse por sí misma.

5. Cuando el agente sea funcionario o empleado público; o pertenezca o haya pertenecido a alguna fuerza de seguridad u organismo de inteligencia del Estado.

6. Cuando participaran en el hecho tres (3) o más personas.

La pena será de quince (15) a veinticinco (25) años de prisión a reclusión si del hecho resultara la muerte de la persona ofendida, como consecuencia no querida por el autor.

La pena será de prisión o reclusión perpetua si se causare intencionalmente la muerte de la persona ofendida.

La pena del partícipe que, desvinculándose de los otros, se esforzare de modo que la víctima recupere la libertad, sin que tal resultado fuese la consecuencia del logro del propósito del autor, se reducirá de un tercio a la mitad.

oder hilflose Person ist;

5. der Täter Beamter oder öffentlicher Bediensteter ist oder den staatlichen Sicherheitskräften oder einem Nachrichtendienst angehört oder angehörte;

6. drei oder mehr Personen an der Tat beteiligt sind.

Wird durch die Tat als ungewollte Folge der Tod des Opfers verursacht, ist die Strafe Gefängnis oder Zuchthaus von fünfzehn bis fünfundzwanzig Jahren.

Wird der Tod des Opfers absichtlich verursacht, ist die Strafe lebenslanges Gefängnis oder Zuchthaus.

Die Strafe des Beteiligten, der sich von den anderen Teilnehmern lossagt und sich bemüht, dass das Opfer die Freiheit erlangt, wird um ein Drittel bis zur Hälfte gemindert, auch wenn dieses Ergebnis nicht Folge des Handelns des Täters ist.

Artículo 143.

Será reprimido con reclusión o prisión de uno a tres años e inhabilitación especial por doble tiempo:

1°. El funcionario que retuviera a un detenido o preso, cuya soltura haya debido decretar o ejecutar;

2°. El funcionario que prolongare indebidamente la detención de una persona, sin ponerla a disposición del juez competente;

3°. El funcionario que incomunicare indebidamente a un detenido;

4°. El jefe de prisión u otro establecimiento penal, o el que lo reemplace,

Art. 143

Mit Gefängnis oder Zuchthaus von einem Jahr bis drei Jahren und einer besonderen Aberkennung oder Beschränkung von Rechten und Fähigkeiten für die doppelte Dauer wird bestraft:

1. der Beamte, der einen Verhafteten oder Gefangenen festhält, dessen Freilassung er verfügen oder durchführen muss;

2. der Beamte, der die Haft einer Person rechtswidrig verlängert, ohne sie dem zuständigen Richter vorzuführen;

3. der Beamte, der einen Verhafteten rechtswidrig in Einzelhaft setzt;

4. der Leiter eines Gefängnisses oder einer sonstigen Strafvollzugsanstalt

que recibiera algún reo sin testimonio de la sentencia firme en que se le hubiere impuesto la pena o lo colocare en lugares del establecimiento que no sean los señalados al efecto;

oder sein Stellvertreter, der einen Gefangenen ohne Nachweis eines rechtskräftigen Urteils, das die Strafe bestimmt, aufnimmt oder ihn an einem Ort unterbringt, der nicht zur Vollstreckung der Strafe vorgesehen ist;

5º. El alcaide o empleado de las cárceles de detenidos y seguridad que recibiere un preso sin orden de autoridad competente, salvo el caso de flagrante delito;

5. der Leiter oder Bedienstete von Untersuchungs- oder Polizeigefängnissen, der einen Gefangenen, mit Ausnahme eines auf frischer Tat Festgenommenen, ohne Anweisung der zuständigen Behörde aufnimmt;

6º. El funcionario competente que teniendo noticias de una detención ilegal omitiere, retardare o rehusare hacerla cesar o dar cuenta a la autoridad que deba resolver.

6. der zuständige Beamte, der Kenntnis von einer rechtswidrigen Festnahme hat und es unterlässt, verzögert oder ablehnt, diese aufzuheben oder die zuständige Behörde zu unterrichten.

Artículo 144.

Cuando en los casos del artículo anterior concurriere alguna de las circunstancias enumeradas en los incisos 1, 2, 3 y 5 del artículo 142, el máximo de la pena privativa de la libertad se elevará a cinco años.

Art. 144

In den Fällen des vorhergehenden Artikels erhöht sich die Höchststrafe der Freiheitsstrafe auf fünf Jahre, wenn einer der in Art. 142 Abs. 1, 2, 3 und 5 aufgeführten Umstände vorliegt.

Artículo 144 bis.

Será reprimido con prisión o reclusión de uno a cinco años e inhabilitación especial por doble tiempo:

1. El funcionario público que, con abuso de sus funciones o sin las formalidades prescriptas por la ley, privase a alguno de su libertad personal;
2. El funcionario que desempeñando un acto de servicio cometiera cualquier vejación contra las personas o les aplicare apremios ilegales;
3. El funcionario público que impusie-

Art. 144 bis

Mit Gefängnis oder Zuchthaus von einem Jahr bis fünf Jahren und einer besonderen Aberkennung oder Beschränkung von Rechten und Fähigkeiten für die doppelte Dauer wird bestraft:

1. der Beamte, der unter Missbrauch seiner Befugnisse oder ohne die gesetzlich vorgeschriebenen Förmlichkeiten einzuhalten jemandem die persönliche Freiheit entzieht;
2. der Beamte, der bei einer Amtshandlung Personen demütigt oder sie widerrechtlich unter Zwang setzt;
3. der Beamte, der die unter seiner

re a los presos que guarde, severidades, vejaciones, o apremios ilegales.

Si concurriere alguna de las circunstancias enumeradas en los incisos 1, 2, 3 y 5 del artículo 142, la pena privativa de la libertad será de reclusión o prisión de dos a seis años.

Artículo 144 ter.

1. Será reprimido con reclusión o prisión de ocho a veinticinco años e inhabilitación absoluta y perpetua el funcionario público que impusiere a personas, legítima o ilegítimamente privadas de su libertad, cualquier clase de tortura.

   Es indiferente que la víctima se encuentre jurídicamente a cargo del funcionario, bastando que éste tenga sobre aquélla poder de hecho.

   Igual pena se impondrá a particulares que ejecutaren los hechos descritos.

2. Si con motivo u ocasión de la tortura resultare la muerte de la víctima, la pena privativa de libertad será de reclusión o prisión perpetua. Si se causare alguna de las lesiones previstas en el artículo 91, la pena privativa de libertad será de reclusión o prisión de diez a veinticinco años.

3. Por tortura se entenderá no solamente los tormentos físicos, sino también la imposición de sufrimientos psíquicos, cuando éstos tengan gravedad suficiente.

Artículo 144 quater.

1°. Se impondrá prisión de tres a diez años al funcionario que omitiese

Aufsicht stehenden Gefangenen widerrechtlich streng behandelt, demütigt oder unter Zwang setzt.

Liegt einer der in Art. 142 Ziff. 1, 2, 3, und 5 aufgeführten Umstände vor, ist die Strafe Gefängnis oder Zuchthaus von zwei bis sechs Jahren.

Art. 144 ter

1. Mit Zuchthaus oder Gefängnis von acht bis fünfundzwanzig Jahren und der lebenslangen umfassenden Aberkennung oder Beschränkung von Rechten und Fähigkeiten wird der Beamte bestraft, der Personen, denen rechtmäßig oder unrechtmäßig ihre Freiheit entzogen ist, irgendeiner Art von Folter unterzieht.

   Unerheblich ist, ob sich das Opfer rechtlich im Gewahrsam des Beamten befindet, vielmehr reicht der tatsächliche Gewahrsam aus.

   Dieselbe Strafe wird gegen Privatpersonen verhängt, die die aufgeführten Taten begehen.

2. Wird durch die Folter der Tod des Opfers verursacht, ist die Strafe lebenslanges Zuchthaus oder Gefängnis. Wird eine der in Art. 91 aufgeführten Verletzungen verursacht, ist die Strafe Zuchthaus oder Gefängnis von zehn bis fünfundzwanzig Jahren.

3. Als Folter gelten nicht nur körperliche Qualen, sondern auch die Zufügung psychischer Leiden, wenn diese eine hinreichende Schwere haben.

Art. 144 quater

1. Mit Gefängnis von drei bis zehn Jahren wird der Beamte bestraft, der

evitar la comisión de alguno de los hechos del artículo anterior, cuando tuviese competencia para ello.

es unterlässt, die Begehung einer der Taten des vorhergehenden Artikels zu verhindern, wenn er die Zuständigkeit dazu besitzt.

2º. La pena será de uno a cinco años de prisión para el funcionario que en razón de sus funciones tomase conocimiento de la comisión de alguno de los hechos del artículo anterior y, careciendo de la competencia a que alude el inciso precedente, omitiese denunciar dentro de las veinticuatro horas el hecho ante el funcionario, ministerio público o juez competente. Si el funcionario fuera médico se le impondrá, además, inhabilitación especial para el ejercicio de su profesión por doble tiempo de la pena de prisión.

2. Die Strafe ist Gefängnis von einem Jahr bis fünf Jahren für den Beamten, der in Ausübung seines Amtes Kenntnis von der Begehung einer der Taten des vorhergehenden Artikels erlangt und die in der vorhergehenden Ziffer bezeichnete Zuständigkeit nicht besitzt, wenn er es unterlässt, die Tat innerhalb von vierundzwanzig Stunden dem zuständigen Beamten, der zuständigen Staatsanwaltschaft oder dem zuständigen Richter anzuzeigen. Handelt es sich bei dem Beamten um einen Arzt, wird zudem eine besondere Aberkennung oder Beschränkung von Rechten und Fähigkeiten zur Ausübung seines Berufs für die doppelte Dauer der Gefängnisstrafe verhängt.

3º. Sufrirá la pena prevista en el inciso 1º de este artículo el juez que, tomando conocimiento en razón de su función de alguno de los hechos a que se refiere el artículo anterior, no instruyere sumario o no denunciare el hecho al juez competente dentro de las veinticuatro horas.

3. Mit der in Ziff. 1 dieses Artikels vorgesehenen Strafe wird der Richter bestraft, der aufgrund seines Amtes von einer der Taten, auf die sich der vorhergehende Artikel bezieht, Kenntnis erlangt und nicht innerhalb von vierundzwanzig Stunden ein Ermittlungsverfahren einleitet oder die Tat dem zuständigen Richter anzeigt.

4º. En los casos previstos en este artículo, se impondrá, además, inhabilitación especial perpetua para desempeñarse en cargos públicos. La inhabilitación comprenderá la de tener o portar armas de todo tipo.

4. In den in diesem Artikel vorgesehenen Fällen wird zudem eine lebenslange besondere Aberkennung oder Beschränkung von Rechten und Fähigkeiten zur Ausübung öffentlicher Ämter verhängt.

Artículo 144 quinto.

Si se ejecutase el hecho previsto en el artículo 144 tercero, se impondrá pri-

Art. 144 quinto

Wird die in Art. 144 ter aufgeführte Straftat begangen, wird der leitende Be-

sión de seis meses a dos años e inhabilitación especial de tres a seis años al funcionario a cargo de la repartición, establecimiento, departamento, dependencia o cualquier otro organismo, si las circunstancias del caso permiten establecer que el hecho no se hubiese cometido de haber mediado la debida vigilancia o adoptado los recaudos necesarios por dicho funcionario.

amte einer Behörde, Anstalt, Abteilung, Zweigstelle oder einer anderen Einrichtung mit Gefängnis von sechs Monaten bis zwei Jahren und einer besonderen Aberkennung oder Beschränkung von Rechten und Fähigkeiten von drei bis sechs Jahren bestraft, wenn die Umstände des Falls erkennen lassen, dass die Straftat nicht begangen worden wäre, wenn der betreffende Beamte die pflichtgemäße Aufsicht oder die notwendige Vorsicht ausgeübt hätte.

Artículo 145.

Será reprimido con prisión de dos a seis años, el que condujere a una persona fuera de las fronteras de la República, con el propósito de someterla ilegalmente al poder de otro o de alistarla en un ejército extranjero.

Art. 145

Mit Gefängnis von zwei bis sechs Jahren wird bestraft, wer eine Person in der Absicht, sie widerrechtlich in die Gewalt eines anderen zu bringen oder sie einer ausländischen Armee zuzuführen, über die Grenzen der Republik verbringt.

Artículo 146.

Será reprimido con prisión o reclusión de 5 a 15 años, el que sustrajere a un menor de 10 años del poder de sus padres, tutor o persona encargada de él, y el que lo retuviere u ocultare.

Art. 146

Mit Gefängnis oder Zuchthaus von fünf bis fünfzehn Jahren wird bestraft, wer ein Kind unter zehn Jahren der Gewalt seiner Eltern, seines Vormunds oder der sorgeberechtigten Person entzieht und wer es gefangen hält oder verbirgt.

Artículo 147.

En la misma pena incurrirá el que, hallándose encargado de la persona de un menor de diez años, no lo presentara a los padres o guardadores que lo solicitaren o no diere razón satisfactoria de su desaparición.

Art. 147

Dieselbe Strafe wird gegen denjenigen verhängt, dem die Aufsicht über ein Kind unter zehn Jahren übertragen wurde und der dieses trotz Aufforderung nicht an seine Eltern oder Pfleger herausgibt oder keine ausreichende Erklärung für dessen Verschwinden gibt.

Artículo 148.

Será reprimido con prisión de un mes a un año, el que indujere a un mayor de diez años y menor de quince, a fugar de casa de sus padres, guardadores o encargados de su persona.

Art. 148

Mit Gefängnis von einem Monat bis einem Jahr wird bestraft, wer einen Minderjährigen, der älter als zehn und jünger als fünfzehn Jahre ist, verleitet, aus der Wohnung seiner Eltern, Pfleger oder mit seiner Aufsicht betrauten Personen zu fliehen.

Artículo 149.

Será reprimido con prisión de un mes a un año, el que ocultare a las investigaciones de la justicia o de la policía, a un menor de quince años que se hubiere substraído a la potestad o guarda a que estaba legalmente sometido.

La pena será de seis meses a dos años, si el menor no tuviera diez años.

Art. 149

Mit Gefängnis von einem Monat bis einem Jahr wird bestraft, wer eine Person unter fünfzehn Jahren, die sich der elterlichen Sorge oder der Pflegschaft, in der sie sich rechtmäßig befand, entzogen hat, vor den Ermittlungen der Justiz oder der Polizei verbirgt.

Die Strafe ist sechs Monate bis zwei Jahre, wenn der Minderjährige unter zehn Jahre alt ist.

Artículo 149 bis.

Será reprimido con prisión de seis meses a dos años el que hiciere uso de amenazas para alarmar o amedrentar a una o más personas. En este caso la pena será de uno a tres años de prisión si se emplearen armas o si las amenazas fueren anónimas. Será reprimido con prisión o reclusión de dos a cuatro años el que hiciere uso de amenazas con el propósito de obligar a otro a hacer, no hacer o tolerar algo contra su voluntad.

Art. 149 bis

Mit Gefängnis von sechs Monaten bis zwei Jahren wird bestraft, wer sich einer Drohung bedient, um eine oder mehrere Personen zu beunruhigen oder zu verängstigen. Werden Waffen eingesetzt oder sind die Drohungen anonym, wird Gefängnisstrafe von einem bis drei Jahren verhängt. Mit Gefängnis oder Zuchthaus von zwei bis vier Jahren wird bestraft, wer Drohungen in der Absicht einsetzt, einen anderen zu nötigen, etwas gegen seinen Willen zu tun, zu unterlassen oder zu dulden.

Artículo 149 ter.

En el caso del último apartado del artículo anterior, la pena será:

1) De tres a seis años de prisión o reclusión si se emplearen armas o si las amenazas fueren anónimas;

2) De cinco a diez años de prisión o reclusión en los siguientes casos:

a) Si las amenazas tuvieren como propósito la obtención de alguna medida o concesión por parte de

Art. 149 ter

Im Fall des letzten Absatzes des vorhergehenden Artikels ist die Strafe:

1. Gefängnis oder Zuchthaus von drei bis sechs Jahren, wenn Waffen eingesetzt werden oder die Drohungen anonym sind;

2. Gefängnis oder Zuchthaus von fünf bis zehn Jahren in den folgenden Fällen:

a. wenn mit den Drohungen die Absicht verfolgt wird, eine Entscheidung oder Bewilligung durch

cualquier miembro de los poderes públicos;

b) Si las amenazas tuvieren como propósito el de compeler a una persona a hacer abandono del país, de una provincia o de los lugares de su residencia habitual o de trabajo.

einen Angehörigen der öffentlichen Gewalt zu erlangen;

b. wenn mit den Drohungen die Absicht verfolgt wird, eine Person zu nötigen, das Land, die Provinz oder seinen gewöhnlichen Wohn- oder Arbeitsort zu verlassen.

Capítulo II
Violación de domicilio

Zweites Kapitel
Hausfriedensbruch

Artículo 150.

Será reprimido con prisión de seis meses a dos años, si no resultare otro delito más severamente penado, el que entrare en morada o casa de negocio ajena, en sus dependencias o en el recinto habitado por otro, contra la voluntad expresa o presunta de quien tenga derecho de excluirlo.

Art. 150

Mit Gefängnis von sechs Monaten bis zwei Jahren wird bestraft, wer gegen den ausdrücklichen oder mutmaßlichen Willen des Ausschlussberechtigten eine fremde Wohnung oder ein fremdes Geschäftshaus, deren Anbauten oder einen von einem anderen bewohnten Raum betritt, wenn nicht eine schwerer zu bestrafende Straftat begangen wird.

Artículo 151.

Se impondrá la misma pena e inhabilitación especial de seis meses a dos años, al funcionario público o agente de la autoridad que allanare un domicilio sin las formalidades prescriptas por la ley o fuera de los casos que ella determina.

Art. 151

Dieselbe Strafe und eine besondere Aberkennung oder Beschränkung von Rechten und Fähigkeiten von sechs Monaten bis zwei Jahren wird gegen den Beamten oder Vollzugsbeamten verhängt, der eine Wohnung ohne die gesetzlich vorgeschriebenen Formalitäten oder außerhalb der gesetzlich geregelten Fälle durchsucht.

Artículo 152.

Las disposiciones de los artículos anteriores no se aplicarán al que entrare en los sitios expresados, para evitar un mal grave a sí mismo, a los moradores o a un tercero, ni al que lo hiciere para cumplir un deber de humanidad o prestar auxilio a la justicia.

Art. 152

Die Bestimmungen der vorhergehenden Artikel werden weder auf den angewendet, der die bezeichneten Orte betritt, um ein schweres Übel von sich, den Bewohnern oder einem Dritten abzuwenden, noch auf den, der in Erfüllung eines Gebots der Menschlichkeit oder zur Unterstützung der Justiz handelt.

Capítulo III
Violación de secretos

Artículo 153.

Será reprimido con prisión de quince días a seis meses, el que abriere indebidamente una carta, un pliego cerrado o un despacho telegráfico, telefónico o de otra naturaleza que no le esté dirigido; o se apoderare indebidamente de una carta, de un pliego, de un despacho o de otro papel privado, aunque no esté cerrado; o suprimiere o desviare de su destino una correspondencia que no le esté dirigida.

Se le aplicará prisión de un mes a un año, si el culpable comunicare a otro o publicare el contenido de la carta, escrito o despacho.

Artículo 154.

Será reprimido con prisión de uno a cuatro años, el empleado de correos o telégrafos que, abusando de su empleo, se apoderare de una carta, de un pliego, de un telegrama o de otra pieza de correspondencia, se impusiere de su contenido, la entregare o comunicare a otro que no sea el destinatario, la suprimiere, la ocultare o cambiare su texto.

Artículo 155.

El que, hallándose en posesión de una correspondencia no destinada a la publicidad, la hiciere publicar indebidamente, aunque haya sido dirigida a él, será reprimido con multa de pesos mil quinientos a pesos noventa mil, si el

Drittes Kapitel
Verletzung von Geheimnissen

Art. 153

Mit Gefängnis von fünfzehn Tagen bis sechs Monaten wird bestraft, wer unbefugt einen Brief, eine verschlossene Sendung oder eine telegrafische, telefonische oder sonstige Benachrichtigung, die nicht für ihn bestimmt ist, öffnet; oder sich unbefugt eines Briefs, einer Sendung, einer Benachrichtigung oder eines anderen privaten Schriftstücks bemächtigt, auch wenn dieses nicht verschlossen ist; oder Schriftwechsel, der nicht für ihn bestimmt ist, unterdrückt oder an ein anderes Ziel umleitet.

Hat der Beschuldigte den Inhalt des Briefs, des Schriftstücks oder der Benachrichtigung einem anderen mitgeteilt oder veröffentlicht, wird Gefängnisstrafe von einem Monat bis einem Jahr verhängt.

Art. 154

Mit Gefängnis von einem Jahr bis vier Jahren wird der Bedienstete der Post oder des Telegrafenamts bestraft, der sich unter Missbrauch seiner Dienststellung eines Briefs, einer Sendung, eines Telegramms oder eines anderen Stücks des Schriftwechsels bemächtigt, Kenntnis vom Inhalt nimmt, sie einem anderen, der nicht der Adressat ist, aushändigt oder mitteilt, sie unterdrückt, verheimlicht oder ihren Text verändert.

Art. 155

Wer eine in seinem Besitz befindliche Mitteilung, die nicht für die Öffentlichkeit bestimmt ist, unbefugt veröffentlicht, wird, auch wenn sie an ihn gerichtet war, mit Geldstrafe von $ 1.500 bis 90.000 bestraft, wenn die Tat Dritten

hecho causare o pudiere causar perjuicios a terceros.

Nachteile verursacht oder verursachen könnte.

Artículo 156.

Será reprimido con multa de pesos mil quinientos a pesos noventa mil e inhabilitación especial, en su caso, por seis meses a tres años, el que teniendo noticia, por razón de su estado, oficio, empleo, profesión o arte, de un secreto cuya divulgación pueda causar daño, lo revelare sin justa causa.

Art. 156

Mit Geldstrafe von $ 1.500 bis 90.000 und einer besonderen Aberkennung oder Beschränkung von Rechten und Fähigkeiten von sechs Monaten bis drei Jahren wird bestraft, wer ein ihm aufgrund seiner Stellung, seines Amts, seiner Beschäftigung, seines Berufs oder Gewerbes bekannt gewordenes Geheimnis, dessen Verbreitung Schaden verursachen kann, ohne rechtmäßigen Grund offenbart.

Artículo 157.

Será reprimido con prisión de un mes a dos años e inhabilitación especial por uno a cuatro años el funcionario público que revelare hechos, actuaciones o documentos que por la ley deben quedar secretos.

Art. 157

Mit Gefängnis von einem Monat bis zwei Jahren und einer besonderen Aberkennung oder Beschränkung von Rechten und Fähigkeiten von einem Jahr bis vier Jahren wird der Beamte bestraft, der Tatsachen, Amtsgeschäfte oder Urkunden offenbart, die von Gesetzes wegen geheim zu halten sind.

Artículo 157 bis.

Será reprimido con la pena de prisión de un mes a dos años el que:

1°. A sabiendas e ilegítimamente, o violando sistemas de confidencialidad y seguridad de datos, accediere, de cualquier forma, a un banco de datos personales;

2°. Revelare a otro información registrada en un banco de datos personales cuyo secreto estuviere obligado a preservar por disposición de una ley.

Cuando el autor sea funcionario público sufrirá, además, pena de inhabilita-

Art. 157 bis

Mit Gefängnis von einem Monat bis zwei Jahren wird bestraft:

1. wer wissentlich und unrechtmäßig oder durch Verletzung von Vertraulichkeits- und Datenschutzsystemen auf irgendeine Weise auf eine Datenbank mit persönlichen Daten zugreift;

2. wer einem anderen in einer Datenbank mit persönlichen Daten gespeicherte Information mitteilt, deren Pflicht zur Geheimhaltung ihm aufgrund der Bestimmungen eines Gesetzes unterlag.

Ist der Täter Beamter, wird er außerdem mit einer besonderen Aberkennung oder

ción especial de uno a cuatro años.

Beschränkung von Rechten und Fähigkeiten von einem bis vier Jahren bestraft.

Capítulo IV
Delitos contra la libertad de trabajo y asociación

Artículo 158.

Será reprimido con prisión de un mes a un año; el obrero que ejerciere violencia sobre otro para compelerlo a tomar parte en una huelga o boicot. La misma pena sufrirá el patrón, empresario o empleado que, por sí o por cuenta de alguien, ejerciere coacción para obligar a otro a tomar parte en un lock-out y a abandonar o ingresar a una sociedad obrera o patronal determinada.

Viertes Kapitel
Straftaten gegen die Arbeits- und Vereinigungsfreiheit

Art. 158

Mit Gefängnis von einem Monat bis einem Jahr wird der Arbeitnehmer bestraft, der Gewalt gegen einen anderen ausübt, um diesen zu zwingen, an einem Streik oder Boykott teilzunehmen. Ebenso wird der Arbeitgeber, Unternehmer oder Angestellte bestraft, der im eigenen oder fremden Interesse Zwang ausübt, um einen anderen zu nötigen, an einer Aussperrung teilzunehmen und aus einer bestimmten Arbeitnehmer- oder Arbeitgebervereinigung auszutreten oder dieser beizutreten.

Artículo 159.

Será reprimido con multa de pesos dos mil quinientos a pesos treinta mil, el que, por maquinaciones fraudulentas, sospechas malévolas o cualquier medio de propaganda desleal, tratare de desviar, en su provecho, la clientela de un establecimiento comercial o industrial.

Art. 159

Mit Geldstrafe von $ 2.500 bis 30.000 wird bestraft, wer durch betrügerische Machenschaften, böswillige Verdächtigungen oder durch unlautere Werbung versucht, die Kunden eines Handels- oder Gewerbeunternehmens zu seinem eigenen Vorteil abzuwerben.

Capítulo V
Delitos contra la libertad de reunión

Artículo 160.

Será reprimido con prisión de quince días a tres meses, el que impidiere materialmente o turbare una reunión lícita, con insultos o amenazas al orador o a la institución organizadora del acto.

Fünftes Kapitel
Straftaten gegen die Versammlungsfreiheit

Art. 160

Mit Gefängnis von fünfzehn Tagen bis drei Monaten wird bestraft, wer eine erlaubte Versammlung durch Beleidigungen oder Drohungen gegen den Redner oder die veranstaltende Einrichtung tatsächlich verhindert oder stört.

Capítulo VI
Delitos contra la libertad de prensa

Artículo 161.

Sufrirá prisión de uno a seis meses, el que impidiere o estorbare la libre circulación de un libro o periódico.

Sechstes Kapitel
Straftaten gegen die Pressefreiheit

Art. 161

Mit Gefängnis von einem Monat bis sechs Monaten wird bestraft, wer die freie Verbreitung eines Buchs oder einer Zeitung verhindert oder stört.

Título VI
Delitos contra la propiedad

Capítulo I
Hurto

Artículo 162.

Será reprimido con prisión de un mes a dos años, el que se apoderare ilegítimamente de una cosa mueble, total o parcialmente ajena.

Artículo 163.

Se aplicará prisión de uno a seis años en los casos siguientes:

1º Cuando el hurto fuere de productos separados del suelo o de máquinas, instrumentos de trabajo o de productos agroquímicos, fertilizantes u otros insumos similares, dejados en el campo, o de alambres u otros elementos de los cercos.

2º Cuando el hurto se cometiere con ocasión de un incendio, explosión, inundación, naufragio, accidente de ferrocarril, asonada o motín o aprovechando las facilidades provenientes de cualquier otro desastre o conmoción pública o de un infortunio particular del damnificado;

3º Cuando se hiciere uso de ganzúa,

Sechster Abschnitt
Straftaten gegen das Eigentum

Erstes Kapitel
Diebstahl

Art. 162

Mit Gefängnis von einem Monat bis zwei Jahren wird bestraft, wer eine ganz oder teilweise fremde bewegliche Sache rechtswidrig an sich bringt.

Art. 163

Gefängnisstrafe von einem Jahr bis sechs Jahren wird in den folgenden Fällen verhängt, wenn

1. vom Boden getrennte Früchte, auf dem Feld zurückgelassene Maschinen, Arbeitsgeräte, Landwirtschaftschemikalien, Düngemittel oder ähnliche Produkte, oder Drähte oder andere Teile von Zäunen gestohlen werden;
2. bei einem Brand, einer Explosion, einer Überschwemmung, einem Schiffbruch, Eisenbahnunfall, einer Zusammenrottung oder einem Aufstand oder unter Ausnutzung eines anderen Unglücks oder öffentlicher Unruhen oder eines persönlichen Unglücks des Geschädigten gestohlen wird;
3. ein Dietrich, ein falscher Schlüssel

llave falsa u otro instrumento semejante o de llave verdadera que hubiere sido substraída, hallada o retenida;

4º Cuando se perpetrare con escalamiento;

5º Cuando el hurto fuese de mercaderías u otras cosas muebles transportadas por cualquier medio y se cometiere entre el momento de su carga y el de su destino o entrega, o durante las escalas que se realizaren;

6º Cuando el hurto fuere de vehículos dejados en la vía pública o en lugares de acceso público.

oder ein ähnliches Werkzeug oder ein echter Schlüssel, der entwendet, gefunden oder zurückbehalten wurde, benutzt wird;

4. die Tat durch Einsteigen begangen wird;

5. Waren oder andere bewegliche Sachen, die mit einem Transportmittel transportiert werden, zwischen dem Zeitpunkt des Einladens und dem Bestimmungsort oder der Übergabe oder während eines Halts gestohlen werden;

6. Fahrzeuge, die auf öffentlichen Wegen oder an öffentlich zugänglichen Orten abgestellt wurden, gestohlen werden.

Artículo 163 bis.

En los casos enunciados en el presente Capítulo, la pena se aumentará en un tercio en su mínimo y en su máximo, cuando quien ejecutare el delito fuere miembro integrante de las fuerzas de seguridad, policiales o del servicio penitenciario

Art. 163 bis

In den in diesem Kapitel aufgeführten Fällen erhöht sich die Mindest- und die Höchststrafe um ein Drittel, wenn der Täter den Sicherheits- oder Polizeikräften oder dem Strafvollzugsdienst angehört.

Capítulo II
Robo

Zweites Kapitel
Raub

Artículo 164.

Será reprimido con prisión de un mes a seis años, el que se apoderare ilegítimamente de una cosa mueble, total o parcialmente ajena, con fuerza en las cosas o con violencia física en las personas, sea que la violencia tenga lugar antes del robo para facilitarlo, en el acto de cometerlo o después de cometido para procurar su impunidad.

Art. 164

Mit Gefängnis von einem Monat bis sechs Jahren wird bestraft, wer eine ganz oder teilweise fremde bewegliche Sache durch Gewalt gegen Sachen oder körperliche Gewalt gegen Personen rechtswidrig an sich bringt, gleichgültig ob die Gewalt gegen Personen vor dem Raub ausgeübt wird, um diesen zu erleichtern, während der Begehung oder danach, um die Straflosigkeit der Tat zu erreichen.

Artículo 165.

Se impondrá reclusión o prisión de diez a veinticinco años, si con motivo u ocasión del robo resultare un homicidio.

Art. 165

Zuchthaus- oder Gefängnisstrafe von zehn bis fünfundzwanzig Jahren wird verhängt, wenn wegen oder aus Anlass des Raubs ein Mensch getötet wird.

Artículo 166.

Se aplicará reclusión o prisión de cinco a quince años:

1. Si por las violencias ejercidas para realizar el robo, se causare alguna de las lesiones previstas en los artículos 90 y 91.
2. Si el robo se cometiere con armas, o en despoblado y en banda.

Si el arma utilizada fuera de fuego, la escala penal prevista se elevará en un tercio en su mínimo y en su máximo.

Si se cometiere el robo con un arma de fuego cuya aptitud para el disparo no pudiera tenerse de ningún modo por acreditada, o con un arma de utilería, la pena será de tres a diez años de reclusión o prisión.

Art. 166

Zuchthaus- oder Gefängnisstrafe von fünf bis fünfzehn Jahren wird verhängt, wenn

1. durch die zur Begehung des Raubs angewendete Gewalt eine der in Art. 90 und 91 bezeichneten Körperverletzungen verursacht wird;
2. der Raub mit Waffen oder an einem unbewohnten Ort von einer Bande begangen wird.

Ist die eingesetzte Waffe eine Schusswaffe, erhöht sich die vorgesehene Mindest- und Höchststrafe um ein Drittel.

Wird der Raub mittels einer Schusswaffe, deren Eignung zum Schießen nicht nachgewiesen werden kann, oder einer Spielzeugwaffe begangen, ist die Strafe Zuchthaus oder Gefängnis von drei bis zehn Jahren.

Artículo 167.

Se aplicará reclusión o prisión de tres a diez años:

1º Si se cometiere el robo en despoblado;

2º Si se cometiere en lugares poblados y en banda;

3º Si se perpetrare el robo con perforación o fractura de pared, cerco, techo o piso, puerta o ventana de un lugar habitado o sus dependencias inmediatas;

Art. 167

Zuchthaus- oder Gefängnisstrafe von drei bis zehn Jahren wird verhängt, wenn

1. der Raub an einem unbewohnten Ort begangen wird;
2. er an bewohnten Orten von einer Bande begangen wird;
3. der Raub mittels Aufbohrens oder Aufbrechens einer Wand, einer Einfriedung, einer Decke oder eines Fußbodens, einer Tür oder eines Fensters eines bewohnten Raums oder seiner unmittelbaren Nebenräume begangen wird;

4º Si concurriere alguna de las circunstancias enumeradas en el artículo 163.

4. einer der in Art. 163 aufgeführten Umstände hinzutritt.

Artículo 167 bis.

En los casos enunciados en el presente Capítulo, la pena se aumentará en un tercio en su mínimo y en su máximo, cuando quien ejecutare el delito fuere miembro integrante de las fuerzas de seguridad, policiales o del servicio penitenciario.

Art. 167 bis

In den in diesem Kapitel aufgeführten Fällen erhöht sich die Mindest- und die Höchststrafe um ein Drittel, wenn der Täter Mitglied der Sicherheits- oder Polizeikräfte oder des Strafvollzugsdienstes ist.

Capítulo II bis
Abigeato

Zweites Kapitel bis
Viehdiebstahl und -raub

Artículo 167 ter.

Será reprimido con prisión de dos (2) a seis (6) años el que se apoderare ilegítimamente de una (1) o más cabezas de ganado mayor o menor, total o parcialmente ajeno, que se encontrare en establecimientos rurales o, en ocasión de su transporte, desde el momento de su carga hasta el de su destino o entrega, incluyendo las escalas que se realicen durante el trayecto.

La pena será de tres (3) a ocho (8) años de prisión si el abigeato fuere de cinco (5) o más cabezas de ganado mayor o menor y se utilizare un medio motorizado para su transporte.

Art. 167 ter

Mit Gefängnis von zwei bis sechs Jahren wird bestraft, wer rechtswidrig eines oder mehrere ganz oder teilweise fremde Groß- oder Kleinnutztiere, die sich in landwirtschaftlichen Einrichtungen befinden, oder bei Gelegenheit des Transports vom Zeitpunkt des Einladens bis zu dem Erreichen des Bestimmungsorts oder der Übergabe, einschließlich der auf der Strecke durchgeführten Halts, an sich bringt.

Die Strafe ist Gefängnis von drei bis acht Jahren, wenn mehr als fünf Groß- oder Kleinnutztiere gestohlen werden und ein motorisiertes Fahrzeug zu ihrem Transport eingesetzt wird.

Artículo 167 quater.

Se aplicará reclusión o prisión de cuatro (4) a diez (10) años cuando en el abigeato concurriere alguna de las siguientes circunstancias:

1.- El apoderamiento se realizare en las condiciones previstas en el artículo 164.

2.- Se alteraren, suprimieren o falsifica-

Art. 167 quater

Zuchthaus- oder Gefängnisstrafe von vier bis zehn Jahren wird verhängt, wenn einer der folgenden Umstände vorliegt:

1. die Aneignung unter den Voraussetzungen des Art. 164 erfolgt;

2. Marken oder Zeichen, die zur Er-

ren marcas o señales utilizadas para la identificación del animal.

3.- Se falsificaren o se utilizaren certificados de adquisición, guías de tránsito, boletos de marca o señal, o documentación equivalente, falsos.

4.- Participare en el hecho una persona que se dedique a la crianza, cuidado, faena, elaboración, comercialización o transporte de ganado o de productos o subproductos de origen animal.

5.- Participare en el hecho un funcionario público quien, violando los deberes a su cargo o abusando de sus funciones, facilitare directa o indirectamente su comisión.

6.- Participaren en el hecho tres (3) o más personas.

kennung des Tiers dienen, verändert, entfernt oder gefälscht werden;

3. Eigentumstitel, Transportpapiere, Erkennungsmarken oder -zeichen oder entsprechende Urkunden gefälscht werden oder wenn gefälschte benutzt werden;

4. wenn an der Tat eine Person beteiligt ist, die in der Zucht, Pflege, Schlachtung, Verarbeitung, dem Handel oder Transport von Nutztieren oder von Produkten oder Zwischenprodukten tierischer Herkunft tätig ist;

5. wenn an der Tat ein Beamter beteiligt ist, der unter Verletzung seines Amtes oder unter Missbrauch seiner Stellung die Begehung unmittelbar oder mittelbar erleichtert;

6. wenn an der Tat drei oder mehr Personen beteiligt sind.

Artículo 167 quinque.

En caso de condena por un delito previsto en este Capítulo, el culpable, si fuere funcionario público o reuniere las condiciones personales descriptas en el artículo 167 quater inciso 4, sufrirá, además, inhabilitación especial por el doble del tiempo de la condena.

En todos los casos antes previstos también se impondrá conjuntamente una multa equivalente de dos (2) a diez (10) veces del valor del ganado sustraído.

Art. 167 quinque

Im Fall der Verurteilung wegen einer in diesem Kapitel aufgeführten Tat wird der Verurteilte, wenn er Beamter ist oder die in Art. 167 quater Ziff. 4 vorgesehenen persönlichen Merkmale besitzt, außerdem mit einer besonderen Aberkennung oder Beschränkung von Rechten und Fähigkeiten für die doppelte Dauer der Strafe bestraft.

In allen vorgesehenen Fällen wird außerdem eine Gesamtgeldstrafe gegen alle Beteiligten in Höhe des zwei- bis zehnfachen Werts der gestohlenen oder geraubten Nutztiere verhängt.

Capítulo III
Extorsión

Artículo 168.

Será reprimido con reclusión o prisión

Drittes Kapitel
Erpressung

Art. 168

Mit Zuchthaus oder Gefängnis von fünf

de cinco a diez años, el que con intimidación o simulando autoridad pública o falsa orden de la misma, obligue a otro a entregar, enviar, depositar o poner a su disposición o a la de un tercero, cosas, dinero o documentos que produzcan efectos jurídicos.

bis zehn Jahren wird bestraft, wer durch Einschüchterung oder Vortäuschung öffentlicher Gewalt oder hoheitlichen Befehls einen anderen zwingt, Sachen, Geld oder Urkunden, die rechtliche Wirkungen herbeiführen, an ihn oder einen Dritten zu übergeben, zu versenden, zu hinterlegen oder zur Verfügung zu stellen.

Incurrirá en la misma pena el que por los mismos medios o con violencia, obligue a otro a suscribir o destruir documentos de obligación o de crédito.

Mit derselben Strafe wird bestraft, wer auf dieselbe Weise oder mit Gewalt einen anderen zwingt, Schuld- oder Forderungsurkunden zu unterschreiben oder zu vernichten.

Artículo 169.

Será reprimido con prisión o reclusión de tres a ocho años, el que, por amenaza de imputaciones contra el honor o de violación de secretos, cometiere alguno de los hechos expresados en el artículo precedente.

Art. 169

Mit Gefängnis oder Zuchthaus von drei bis acht Jahren wird bestraft, wer durch Drohung mit ehrenrührigen Beschuldigungen oder mit der Verletzung von Geheimnissen eine der im vorhergehenden Artikel bezeichneten Handlungen begeht.

Artículo 170.

Se impondrá reclusión o prisión de cinco (5) a quince (15) años, al que sustrajere, retuviere u ocultare a una persona para sacar rescate. Si el autor lograre su propósito, el mínimo de la pena se elevará a ocho (8) años.

La pena será de diez (10) a veinticinco (25) años de prisión o reclusión:

1. Si la víctima fuese una mujer embarazada; un menor de dieciocho (18) años de edad o un mayor de setenta (70) años de edad.
2. Si el hecho se cometiere en la persona de un ascendiente; de un hermano; del cónyuge o conviviente; o de otro individuo a quien se deba respeto particular.

Art. 170

Mit Zuchthaus oder Gefängnis von fünf bis fünfzehn Jahren wird bestraft, wer eine Person entführt, gefangen hält oder verbirgt, um ein Lösegeld zu erhalten. Erreicht der Täter sein Ziel, erhöht sich das Mindestmaß der Strafe auf acht Jahre.

Die Strafe ist Gefängnis oder Zuchthaus von zehn bis fünfundzwanzig Jahren, wenn:

1. das Opfer eine schwangere Frau, eine Person unter achtzehn Jahren oder über siebzig Jahren ist;
2. die Tat gegen einen Verwandten aufsteigender Linie, ein Geschwister, seinen Ehepartner, Lebenspartner oder eine andere Person begangen wird, der besondere Achtung gebührt;

3. Si se causare a la víctima lesiones graves o gravísimas.
4. Cuando la víctima sea una persona discapacitada; enferma; o que no pueda valerse por sí misma.
5. Cuando el agente sea funcionario o empleado público; o pertenezca o haya pertenecido a alguna fuerza de seguridad u organismo de inteligencia del Estado.
6. Cuando participaran en el hecho tres (3) o más personas.

La pena será de quince (15) a veinticinco (25) años de prisión o reclusión si del hecho resultare la muerte de la persona ofendida, como consecuencia no querida por el autor.

La pena será de prisión o reclusión perpetua si se causara intencionalmente la muerte de la persona ofendida.

La pena del partícipe que, desvinculándose de los otros, se esforzare de modo que la víctima recupere la libertad, sin que tal resultado fuese la consecuencia del pago del precio de la libertad, se reducirá de un tercio a la mitad.

3. dem Opfer schwere oder besonders schwere Verletzungen zugefügt werden;
4. das Opfer eine behinderte, kranke oder hilflose Person ist;
5. der Täter Beamter oder öffentlicher Bediensteter ist oder den staatlichen Sicherheitskräften oder einem Nachrichtendienst angehört oder angehörte;
6. drei oder mehr Personen an der Tat beteiligt sind.

Wird durch die Tat als ungewollte Folge der Tod des Opfers verursacht, ist die Strafe Gefängnis oder Zuchthaus von fünfzehn bis fünfundzwanzig Jahren.

Wird der Tod des Opfers absichtlich verursacht, ist die Strafe lebenslanges Gefängnis oder Zuchthaus.

Die Strafe des Beteiligten, der sich von den anderen Teilnehmern lossagt und sich bemüht, dass das Opfer die Freiheit erlangt, wird um ein Drittel bis zur Hälfte gemindert, sofern dieses Ergebnis nicht Folge der Lösegeldzahlung ist.

Artículo 171.

Sufrirá prisión de dos a seis años, el que substrajere un cadáver para hacerse pagar su devolución.

Art. 171

Mit Gefängnis von zwei bis sechs Jahren wird bestraft, wer eine Leiche entwendet, um sich deren Herausgabe bezahlen zu lassen.

Capítulo IV
Estafas y otras defraudaciones

Viertes Kapitel
Betrug und andere betrügerische Handlungen

Artículo 172.

Será reprimido con prisión de un mes a seis años, el que defraudare a otro con nombre supuesto, calidad simulada,

Art. 172

Mit Gefängnis von einem Monat bis sechs Jahren wird bestraft, wer einen anderen durch Gebrauch eines falschen

falsos títulos, influencia mentida, abuso de confianza o aparentando bienes, crédito, comisión, empresa o negociación o valiéndose de cualquier otro ardid o engaño.

Namens, Vorspiegeln einer Eigenschaft, falsche Titel, erfundenen Einfluss, Vertrauensmissbrauch oder Vortäuschen von Vermögen, einer Forderung, eines Auftrags, einer Unternehmung oder eines Geschäfts oder durch eine andere List oder Täuschung betrügt.

Artículo 173.

Sin perjuicio de la disposición general del artículo precedente, se considerarán casos especiales de defraudación y sufrirán la pena que él establece:

1. El que defraudare a otro en la sustancia, calidad o cantidad de las cosas que le entregue en virtud de contrato o de un título obligatorio;
2. El que con perjuicio de otro se negare a restituir o no restituyere a su debido tiempo, dinero, efectos o cualquier otra cosa mueble que se le haya dado en depósito, comisión, administración u otro título que produzca obligación de entregar o devolver;
3. El que defraudare, haciendo suscribir con engaño algún documento;
4. El que cometiere alguna defraudación abusando de firma en blanco, extendiendo con ella algún documento en perjuicio del mismo que la dio o de tercero;
5. El dueño de una cosa mueble que la sustrajere de quien la tenga legítimamente en su poder, con perjuicio del mismo o de tercero;
6. El que otorgare en perjuicio de

Art. 173

Unbeschadet der allgemeinen Regelung des vorhergehenden Artikels werden als besondere Fälle des Betrugs angesehen und ebenso bestraft:

1. wer einen anderen bezüglich der Art, Beschaffenheit oder Menge von Sachen, die er ihm aufgrund eines Vertrags oder einer Schuldverpflichtung liefert, betrügt;
2. wer sich zum Nachteil eines anderen weigert, Geld, Wertpapiere oder eine andere bewegliche Sache, die ihm zur Verwahrung, in Kommission, zur Verwaltung oder aus einem anderen Rechtsgrund, der eine Pflicht zur Aushändigung oder Rückgabe bewirkt, übergeben wurde, herauszugeben oder sie nicht zum gehörigen Zeitpunkt herausgibt;
3. wer betrügt, indem er durch Täuschung eine Urkunde unterschreiben lässt;
4. wer einen Betrug begeht, indem er unter Missbrauch einer Blankounterschrift eine Urkunde zum Schaden des Unterzeichnenden oder eines Dritten erstellt;
5. der Eigentümer einer beweglichen Sache, der diese demjenigen, der sie rechtmäßig in seinem Besitz hat, zu dessen Schaden oder dem eines Dritten entwendet;
6. wer zum Nachteil eines anderen

otro, un contrato simulado o falsos recibidos;

7. El que, por disposición de la ley, de la autoridad o por un acto jurídico, tuviera a su cargo el manejo, la administración o el cuidado de bienes o intereses pecuniarios ajenos, y con el fin de procurar para sí o para un tercero un lucro indebido o para causar daño, violando sus deberes perjudicare los intereses confiados u obligare abusivamente al titular de éstos;

8. El que cometiere defraudación, substituyendo, ocultando o mutilando algún proceso, expediente, documento u otro papel importante;

9. El que vendiere o gravare como bienes libres, los que fueren litigiosos o estuvieren embargados o gravados; y el que vendiere, gravare o arrendare como propios, bienes ajenos;

10. El que defraudare, con pretexto de supuesta remuneración a los jueces u otros empleados públicos;

11. El que tornare imposible, incierto o litigioso el derecho sobre un bien o el cumplimiento, en las condiciones pactadas, de una obligación referente al mismo, sea mediante cualquier acto jurídico relativo al mismo bien, aunque no importe enajenación, sea removiéndolo, reteniéndolo, ocultándolo o dañándolo, siempre que el derecho o la obligación hubieran sido acordados a otro por un precio o como garantía;

einen Scheinvertrag abschließt oder falsche Quittungen ausstellt;

7. wer kraft Gesetzes, durch Amtsgewalt oder aufgrund eines Rechtsgeschäfts die Verfügungsgewalt, die Verwaltung oder die Sorge über fremdes Vermögen oder fremde geldwerte Rechte hat und mit dem Ziel, für sich oder einen Dritten einen rechtswidrigen Gewinn zu erzielen oder einen Nachteil zu verursachen, seine Pflichten verletzt und die ihm übertragenen Angelegenheiten zum Nachteil des Auftraggebers ausführt oder diesen missbräuchlich verpflichtet;

8. wer einen Betrug begeht, indem er eine Akte, eine Eingabe, eine Urkunde oder ein anderes wichtiges Papier ersetzt, verheimlicht oder verstümmelt;

9. wer streitbefangene, gepfändete oder belastete Sachgüter als freie verkauft oder wer fremde Sachgüter als eigene verkauft, belastet, verpachtet oder vermietet;

10. wer unter dem Vorwand der Zahlung eines Entgelts an Richter oder andere öffentliche Angestellte betrügt;

11. wer das Recht über ein Sachgut oder die Erfüllung einer Verpflichtung, die hinsichtlich des Sachguts vereinbart wurde, verhindert, unsicher oder streitbefangen macht, sei es durch irgendein Rechtsgeschäft in Bezug auf dieses Sachgut, auch wenn es nicht veräußert wird, sei es durch dessen Entfernen, Zurückbehalten, Verbergen oder Beschädigen, sofern das Recht oder die Verpflichtung mit einem anderen gegen Bezahlung oder als Garantie vereinbart wurde;

12. El titular fiduciario, el administrador de fondos comunes de inversión o el dador de un contrato de leasing, que en beneficio propio o de un tercero dispusiere, gravare o perjudicare los bienes y de esta manera defraudare los derechos de los cocontratantes;

13. El que encontrándose autorizado para ejecutar extrajudicialmente un inmueble lo ejecutara en perjuicio del deudor, a sabiendas de que el mismo no se encuentra en mora, o maliciosamente omitiera cumplimentar los recaudos establecidos para la subasta mediante dicho procedimiento especial;

14. El tenedor de letras hipotecarias que en perjuicio del deudor o de terceros omitiera consignar en el título los pagos recibidos;

15. El que defraudare mediante el uso de una tarjeta de compra, crédito o débito, cuando la misma hubiere sido falsificada, adulterada, hurtada, robada, perdida u obtenida del legítimo emisor mediante ardid o engaño, o mediante el uso no autorizado de sus datos, aunque lo hiciere por medio de una operación automática.

12. der Treuhänder, der Verwalter von öffentlichen Investmentfonds oder der Leasing-Geber, der zum eigenen Vorteil oder zum Vorteil eines Dritten über die Güter verfügt, diese belastet oder schädigt und auf diese Weise die Rechte der Vertragspartner schädigt;

13. wer außergerichtlich dazu befugt ist, ein Grundstück zu versteigern und dieses zum Nachteil des Schuldners in Kenntnis, dass sich dieser nicht in Verzug befindet, versteigert oder es böswillig unterlässt, die vorgeschriebenen Regeln dieses besonderen Verfahrens der Versteigerung einzuhalten;

14. der Inhaber einer Hypothek, der es zum Nachteil des Schuldners oder von Dritten unterlässt, empfangene Zahlungen in den Titel einzutragen;

15. wer durch den Gebrauch einer Einkaufs-, Kredit- oder Debitkarte betrügt, wenn diese gefälscht, verändert, gestohlen, geraubt oder verloren wurde oder mittels List oder Täuschung oder nicht genehmigter Nutzung von Daten vom rechtmäßigen Aussteller erlangt wurde, auch wenn er dies durch einen automatischen Vorgang bewirkt.

Artículo 174.

Sufrirá prisión de dos a seis años:

1° El que para procurarse a sí mismo o procurar a otro un provecho ilegal en perjuicio de un asegurador o de un dador de préstamo a la gruesa, incendiare o destruyere una cosa asegurada o una nave asegurada o cuya carga o flete estén asegurados o sobre la cual se haya efectuado un préstamo a la gruesa;

Art. 174

Mit Gefängnis von zwei bis sechs Jahren wird bestraft:

1. wer, um sich oder einem anderen einen unrechtmäßigen Vorteil zum Nachteil eines Versicherers oder eines Bodmereigebers zu verschaffen, eine versicherte Sache oder ein versichertes Schiff oder dessen versicherte Ladung oder Fracht, oder über die ein Bodmereivertrag geschlossen wurde, anzündet oder zerstört;

2º El que abusare de las necesidades, pasiones o inexperiencia de un menor o de un incapaz, declarado o no declarado tal, para hacerle firmar un documento que importe cualquier efecto jurídico, en daño de él o de otro, aunque el acto sea civilmente nulo;

3º El que defraudare usando de pesas o medidas falsas;

4º El empresario o constructor de una obra cualquiera o el vendedor de materiales de construcción que cometiere, en la ejecución de la obra o en la entrega de los materiales, un acto fraudulento capaz de poner en peligro la seguridad de las personas, de los bienes o del Estado;

5º El que cometiere fraude en perjuicio de alguna administración pública.

6° El que maliciosamente afectare el normal desenvolvimiento de un establecimiento o explotación comercial, industrial, agropecuaria, minera o destinado a la prestación de servicios; destruyere, dañare, hiciere desaparecer, ocultare o fraudulentamente disminuyere el valor de materias primas, productos de cualquier naturaleza, máquinas, equipos u otros bienes de capital.

En los casos de los tres incisos precedentes, el culpable, si fuere funcionario o empleado público, sufrirá además inhabilitación especial perpetua.

2. wer die Bedürfnisse, Leidenschaften oder Unerfahrenheit eines Minderjährigen oder eines Geschäftsunfähigen, unabhängig davon, ob dieser entmündigt ist, ausnutzt, um ihn eine Urkunde, die rechtliche Wirkung hat, zu dessen oder eines Dritten Schaden unterschreiben zu lassen, auch wenn diese Handlung nichtig ist;

3. wer unter Verwendung falscher Gewichte oder Maße betrügt;

4. der Unternehmer oder Bauunternehmer eines Bauwerks oder der Verkäufer von Baumaterialien, der bei der Ausführung des Werks oder bei der Lieferung der Baumaterialien eine betrügerische Handlung begeht, die geeignet ist, die Sicherheit von Personen, von Gütern oder des Staates zu gefährden;

5. wer einen Betrug zum Nachteil einer öffentlichen Verwaltung begeht;

6. wer böswillig den normalen Betriebsablauf eines Gewerbe-, Industrie-, Landwirtschafts-, Bergbau- oder Dienstleistungsunternehmens oder -betriebs stört; Rohstoffe, Produkte jeder Art, Maschinen, Ausrüstungen oder andere Kapitalgüter zerstört, beschädigt, verschwinden lässt, verbirgt oder deren Wert betrügerisch vermindert.

Im Fall der drei vorhergehenden Ziffern wird der Schuldige außerdem mit einer lebenslangen besonderen Aberkennung oder Beschränkung von Rechten und Fähigkeiten bestraft, wenn er öffentlicher Bediensteter ist.

Artículo 175.

Será reprimido con multa de mil pesos a quince mil pesos:

1º El que encontrare perdida una cosa

Art. 175

Mit Geldstrafe von $ 1.000 bis 15.000 wird bestraft:

1. wer eine verlorene Sache, die ihm

que no le pertenezca o un tesoro y se apropiare la cosa o la parte del tesoro correspondiente al propietario del suelo, sin observar las prescripciones del Código Civil;

2º El que se apropiare una cosa ajena, en cuya tenencia hubiere entrado a consecuencia de un error o de un caso fortuito;

3º El que vendiere la prenda sobre que prestó dinero o se la apropiare o dispusiere de ella, sin las formalidades legales;

4º El acreedor que a sabiendas exija o acepte de su deudor, a título de documento, crédito o garantía por una obligación no vencida, un cheque o giro de fecha posterior o en blanco.

nicht gehört, oder einen Schatz findet und sich die Sache oder den Teil des Schatzes, der dem Eigentümer des Grundstücks zusteht, entgegen den Vorschriften des Zivilgesetzbuchs aneignet;

2. wer sich eine fremde Sache aneignet, in deren Besitz er durch einen Irrtum oder einen Zufall gelangt ist;

3. wer ein Pfand, für das er ein Darlehen gegeben hat, veräußert, sich aneignet oder darüber verfügt, ohne die gesetzlichen Förmlichkeiten einzuhalten;

4. der Gläubiger, der von seinem Schuldner einen auf ein späteres Datum ausgestellten oder in blanko unterzeichneten Scheck oder Zahlungsanweisung wissentlich als Urkunde, Forderung oder Sicherheit für eine nicht fällige Schuld verlangt oder annimmt.

Capítulo IV bis
Usura

Artículo 175 bis.

El que, aprovechando la necesidad, la ligereza o la inexperiencia de una persona le hiciere dar o prometer, en cualquier forma, para sí o para otro, intereses u otras ventajas pecuniarias evidentemente desproporcionadas con su prestación, u otorgar recaudos o garantías de carácter extorsivo, será reprimido con prisión de uno a tres años y con multa de pesos tres mil a pesos treinta mil.

La misma pena será aplicable al que a sabiendas adquiriere, transfiriere o hiciere valer un crédito usurario.

La pena de prisión será de tres a seis años, y la multa de pesos quince mil a

Viertes Kapitel bis
Wucher

Art. 175 bis

Wer sich oder einem anderen unter Ausnutzung der Bedürfnisse, des Leichtsinns oder der Unerfahrenheit einer Person Zinsen oder andere geldwerte Vorteile, die offensichtlich in einem Missverhältnis zur Leistung stehen, geben oder versprechen lässt oder Geldbeträge oder Sicherheiten in erpresserischer Weise gewährt, wird mit Gefängnis von einem Jahr bis drei Jahren und mit Geldstrafe von $ 3.000 bis 30.000 bestraft.

Dieselbe Strafe wird gegen denjenigen verhängt, der wissentlich eine wucherische Forderung erwirbt, überträgt oder den Anspruch geltend macht.

Die Gefängnisstrafe beträgt drei bis sechs Jahre und die Geldstrafe

pesos ciento cincuenta mil, si el autor fuere prestamista o comisionista usurario profesional o habitual.

$ 15.000 bis 150.000, wenn der Täter ein gewerbs- oder gewohnheitsmäßiger wucherischer Verleiher oder Kommissionär ist.

Capítulo V
Quebrados y otros deudores punibles

Fünftes Kapitel
Bankrotteure und andere strafbare Schuldner

Artículo 176.

Será reprimido, como quebrado fraudulento, con prisión de dos a seis años e inhabilitación especial de tres a diez años, el comerciante declarado en quiebra que, en fraude de sus acreedores, hubiere incurrido en algunos de los hechos siguientes:

1º Simular o suponer deudas, enajenaciones, gastos o pérdidas;

2º No justificar la salida o existencia de bienes que debiera tener; substraer u ocultar alguna cosa que correspondiere a la masa;

3º Conceder ventajas indebidas a cualquier acreedor.

Art. 176

Als betrügerischer Bankrotteur wird mit Gefängnis von zwei bis sechs Jahren und einer besonderen Aberkennung oder Beschränkung von Rechten und Fähigkeiten von drei bis zehn Jahren der Kaufmann bestraft, der als bankrott erklärt ist und seine Gläubiger durch eine der folgenden Handlungen betrügt:

1. Schulden, Veräußerungen, Ausgaben oder Verluste vortäuscht oder fälschlich angibt;
2. den Absatz oder das Vorhandensein von Sachgütern, die er haben müsste, nicht nachgewiesen hat oder eine zur Konkursmasse gehörende Sache weggeschafft oder verheimlicht hat;
3. einem Gläubiger Vorteile gewährt, die ihm nicht zustehen.

Artículo 177.

Será reprimido, como quebrado culpable, con prisión de un mes a un año e inhabilitación especial de dos a cinco años, el comerciante que hubiere causado su propia quiebra y perjudicado a sus acreedores, por sus gastos excesivos con relación al capital y al número de personas de su familia, especulaciones ruinosas, juego, abandono de sus negocios o cualquier otro acto de negligencia o imprudencia manifiesta.

Art. 177

Als fahrlässiger Bankrotteur wird mit Gefängnis von einem Monat bis einem Jahr und einer besonderen Aberkennung oder Beschränkung von Rechten oder Fähigkeiten von zwei bis fünf Jahren der Kaufmann bestraft, der seinen eigenen Bankrott zum Nachteil seiner Gläubiger durch Ausgaben, die im Verhältnis zu seinem Kapital und der Anzahl seiner Familienmitglieder überhöht sind, durch ruinöse Spekulationen, Glücksspiel, Vernachlässigung seiner Geschäfte oder eine andere offenbare Nachlässigkeit oder Unvorsichtigkeit verursacht.

Artículo 178.

Cuando se tratare de la quiebra de una sociedad comercial o de una persona jurídica que ejerza el comercio, o se hubiere abierto el procedimiento de liquidación sin quiebra de un banco u otra entidad financiera, todo director, síndico, administrador, miembro de la comisión fiscalizadora o gerente de la sociedad o establecimiento fallido o del banco o entidad financiera en liquidación sin quiebra, o contador o tenedor de libros de los mismos, que hubiere cooperado a la ejecución de alguno de los actos a que se refieren los artículos anteriores, será reprimido con la pena de la quiebra fraudulenta o culpable, en su caso. Con la misma pena será reprimido el miembro del consejo de administración o directivo, síndico, miembro de la junta fiscalizadora o de vigilancia, o gerente, tratándose de una sociedad cooperativa o mutual.

Art. 178

Handelt es sich um den Bankrott einer Handelsgesellschaft oder einer juristischen Person, die Handel treibt, oder um das Liquidationsverfahren einer Bank oder eines anderen Finanzunternehmens, ohne dass das Konkursverfahren eröffnet wurde, wird jedes Vorstandsmitglied, Syndikus, Verwalter, Mitglied des Kontrollausschusses, Geschäftsführer der Gesellschaft, der zahlungsunfähigen Firma, der Bank oder des Finanzunternehmens in Liquidation, ohne dass das Konkursverfahren eröffnet wurde, der Rechnungsführer oder Buchhalter derselben, der an der Begehung einer der Handlungen teilgenommen hat, auf die sich die vorhergehenden Artikel beziehen, mit der entsprechenden Strafe des betrügerischen oder schuldhaften Bankrotts bestraft. Mit derselben Strafe wird das Mitglied des Verwaltungs- oder Aufsichtsrats, Syndikus, Mitglied des Kontroll- oder Überwachungsausschusses oder Geschäftsführer einer Genossenschaft oder einer Gesellschaft auf Gegenseitigkeit bestraft.

Artículo 179.

Será reprimido con prisión de uno a cuatro años, el deudor no comerciante concursado civilmente que, para defraudar a sus acreedores, hubiere cometido o cometiere alguno de los actos mencionados en el artículo 176.

Será reprimido con prisión de seis meses a tres años, el que durante el curso de un proceso o después de una sentencia condenatoria, maliciosamente destruyere, inutilizare, dañare, ocultare o hiciere desaparecer bienes de su patrimonio o fraudulentamente disminuyere su valor, y de esta manera frustrare, en todo o en parte, el cumplimiento de las correspondientes obligaciones civiles.

Art. 179

Mit Gefängnis von einem Jahr bis vier Jahren wird der private, nicht als Kaufmann tätige Schuldner, der sich im zivilrechtlichen Konkursverfahren befindet, bestraft, der eine der in Art. 176 aufgeführten Handlungen begangen hat oder begeht, um seine Gläubiger zu betrügen.

Mit Gefängnis von sechs Monaten bis drei Jahren wird bestraft, wer während eines Prozesses oder nach einem Urteil böswillig eigene Vermögensgüter zerstört, unbrauchbar macht, beschädigt, versteckt oder verschwinden lässt oder betrügerisch deren Wert verringert und auf diese Weise die gesamte oder teilweise Erfüllung der betreffenden zivilrechtlichen Verpflichtungen vereitelt.

Artículo 180.

Será reprimido con prisión de un mes a un año, el acreedor que consintiere en un concordato, convenio o transacción judicial, en virtud de una connivencia con el deudor o con un tercero, por la cual hubiere estipulado ventajas especiales para el caso de aceptación del concordato, convenio o transacción.

La misma pena sufrirá, en su caso, todo deudor o director, gerente o administrador de una sociedad anónima o cooperativa o de una persona jurídica de otra índole, en estado de quiebra o de concurso judicial de bienes, que concluyere un convenio de este género.

Art. 180

Mit Gefängnis von einem Monat bis einem Jahr wird der Gläubiger bestraft, der einem gerichtlichen Vergleich oder Übereinkommen aufgrund eines Einverständnisses mit dem Schuldner oder einem Dritten zustimmt, durch das er sich besondere Vorteile für den Fall der Annahme des Vergleichs oder Übereinkommens versprechen ließ.

Ebenso wird der Schuldner oder das Vorstandsmitglied, der Geschäftsführer oder Verwalter einer Aktiengesellschaft oder einer Genossenschaft oder einer anderen juristischen Person im Zustand des Bankrotts oder Konkurses bestraft, der eine Übereinkunft dieser Art eingeht.

Capítulo VI
Usurpación

Sechstes Kapitel
Besitzanmaßung

Artículo 181.

Será reprimido con prisión de seis meses a tres años:

1º El que por violencia, amenazas, engaños, abusos de confianza o clandestinidad despojare a otro, total o parcialmente, de la posesión o tenencia de un inmueble o del ejercicio de un derecho real constituido sobre él, sea que el despojo se produzca invadiendo el inmueble, manteniéndose en él o expulsando a los ocupantes;

2º El que, para apoderarse de todo o parte de un inmueble, destruyere o alterare los términos o límites del mismo;

3º El que, con violencias o amenazas, turbare la posesión o tenencia de un inmueble.

Art. 181

Mit Gefängnis von sechs Monaten bis drei Jahren wird bestraft:

1. wer durch Gewalt, Drohung, Täuschung, Missbrauch des Vertrauens oder Heimlichkeit einem anderen ganz oder teilweise den Besitz oder die Innehabung eines Grundstücks oder die Ausübung eines auf diesem bestehenden dinglichen Rechts entzieht, sei es, dass das Grundstück besetzt wird, nicht verlassen wird oder die Bewohner vertrieben werden;
2. wer die Einfriedungen oder Grenzbezeichnungen eines Grundstücks zerstört oder verändert, um sich dieses ganz oder teilweise anzueignen;
3. wer durch Gewalt oder Drohung den Besitz oder die Innehabung eines Grundstücks stört.

Artículo 182.

Será reprimido con prisión de quince días a un año:

1° El que ilícitamente y con el propósito de causar perjuicio a otro sacare aguas de represas, estanques u otros depósitos, ríos, arroyos, fuentes, canales o acueductos o las sacare en mayor cantidad que aquella a que tenga derecho;

2° El que estorbare el ejercicio de los derechos que un tercero tuviere sobre dichas aguas;

3° El que ilícitamente y con el propósito de causar perjuicio a otro represare, desviare o detuviere las aguas de los ríos, arroyos, canales o fuentes o usurpare un derecho cualquiera referente al curso de ellas.

La pena se aumentará hasta dos años, si para cometer los delitos expresados en los números anteriores, se rompieren o alteraren diques, esclusas, compuertas u otras obras semejantes hechas en los ríos, arroyos, fuentes, depósitos, canales o acueductos.

Art. 182

Mit Gefängnis von fünfzehn Tagen bis einem Jahr wird bestraft:

1. wer unbefugt und in der Absicht, einem anderen einen Nachteil zuzufügen, Wasser aus Stauseen, Teichen oder anderen Wasserspeichern, Flüssen, Bächen, Quellen, Kanälen oder Wasserleitungen entnimmt oder dieses in größerer Menge entnimmt, als er berechtigt ist;
2. wer die Ausübung von Rechten eines Dritten auf dieses Wasser stört;
3. wer unbefugt und in der Absicht, einem anderen einen Nachteil zuzufügen, das Wasser von Flüssen, Bächen, Kanälen oder Quellen staut, umleitet oder zurückhält oder sich ein Recht auf den Wasserlauf anmaßt.

Die Strafe erhöht sich auf bis zu zwei Jahre, wenn zur Begehung der in den vorherigen Ziffern aufgeführten Straftaten Deiche, Schleusen, Schleusentore oder ähnliche in Flüssen, Bächen, Quellen, Wasserspeichern, Kanälen oder Wasserleitungen errichtete Werke zerstört oder verändert werden.

Capítulo VII
Daños

Artículo 183.

Será reprimido con prisión de quince días a un año, el que destruyere, inutilizare, hiciere desaparecer o de cualquier modo dañare una cosa mueble o inmueble o un animal, total o parcialmente ajeno, siempre que el hecho no constituya otro delito más severamente penado.

Siebentes Kapitel
Sachbeschädigung

Art. 183

Mit Gefängnis von fünfzehn Tagen bis einem Jahr wird bestraft, wer eine ganz oder teilweise fremde bewegliche oder unbewegliche Sache oder ein Tier zerstört, unbrauchbar macht, verschwinden lässt oder auf andere Weise beschädigt, sofern die Handlung nicht eine schwerer zu bestrafende Straftat darstellt.

Artículo 184.

La pena será de tres meses a cuatro años de prisión, si mediare cualquiera de las circunstancias siguientes:

1º Ejecutarse el hecho con el fin de impedir el libre ejercicio de la autoridad o en venganza de sus determinaciones;

2º Producir infección o contagio en aves u otros animales domésticos;

3º Emplear substancias venenosas o corrosivas;

4º Cometer el delito en despoblado y en banda;

5º Ejecutarlo en archivos, registros, bibliotecas, museos o en puentes, caminos, paseos u otros bienes de uso público; o en tumbas, signos conmemorativos, monumentos, estatuas, cuadros u otros objetos de arte colocados en edificios o lugares públicos.

Art. 184

Die Strafe ist Gefängnis von drei Monaten bis vier Jahren, wenn einer der folgenden Umstände vorliegt:

1. die Tat zu dem Zweck begangen wird, die freie Ausübung der öffentlichen Gewalt zu verhindern oder aus Rache gegen deren Anordnungen;
2. Infektionen oder Ansteckungen unter dem Geflügel oder anderen Haustieren verursacht werden;
3. giftige oder ätzende Stoffe eingesetzt werden;
4. die Straftat an unbewohnten Orten von einer Bande begangen wird;
5. die Straftat an Archiven, Registern, Bibliotheken, Museen oder an Brücken, Straßen, Wegen und anderen im Gemeingebrauch stehenden Sachen oder an Gräbern, Gedenkzeichen, Denkmälern, Standbildern, Bildern oder anderen Kunstobjekten, die in öffentlichen Gebäuden oder an öffentlichen Orten angebracht sind, begangen wird.

Capítulo VIII
Disposiciones generales

Artículo 185.

Están exentos de responsabilidad criminal, sin perjuicio de la civil, por los hurtos, defraudaciones o daños que recíprocamente se causaren:

1. Los cónyuges, ascendientes, descendientes y afines en la línea recta;
2. El consorte viudo, respecto de las cosas de la pertenencia de su difunto

Achtes Kapitel
Allgemeine Bestimmungen

Art. 185

Ausgenommen von strafrechtlicher Verantwortung für gegenseitig begangene Diebstähle, Betrugshandlungen oder Sachbeschädigungen sind, ungeachtet ihrer zivilrechtlichen Verantwortlichkeit:

1. Ehegatten, Verwandte aufsteigender und absteigender Linie und Verschwägerte in gerader Linie;
2. der verwitwete Ehegatte bezüglich der Sachen, die seinem verstorbenen

cónyuge, mientras no hayan pasado a poder de otro;

3. Los hermanos y cuñados, si viviesen juntos.

La excepción establecida en el párrafo anterior, no es aplicable a los extraños que participen del delito.

Gatten gehörten, solange diese nicht in die Gewalt eines anderen übergegangen sind;

3. Geschwister und verschwägerte Personen, wenn sie zusammenleben.

Die im vorhergehenden Absatz begründete Ausnahme gilt nicht für Fremde, die an der Straftat teilnehmen.

Título VII
Delitos contra la seguridad pública

Capítulo I
Incendios y otros estragos

Artículo 186.

El que causare incendio, explosión o inundación, será reprimido:

1º Con reclusión o prisión de tres a diez años, si hubiere peligro común para los bienes;

2º Con reclusión o prisión de tres a diez años el que causare incendio o destrucción por cualquier otro medio:

a) De cereales en parva, gavillas o bolsas, o de los mismos todavía no cosechados;

b) De bosques, viñas, olivares, cañaverales, algodonales, yerbatales o cualquiera otra plantación de árboles o arbustos en explotación, ya sea con sus frutos en pie o cosechados;

c) De ganado en los campos o de sus productos amontonados en el campo o depositados;

Siebenter Abschnitt
Straftaten gegen die öffentliche Sicherheit

Erstes Kapitel
Brandstiftungen und andere Verwüstungen

Art. 186

Wer einen Brand, eine Explosion oder eine Überschwemmung verursacht, wird bestraft:

1. mit Zuchthaus oder Gefängnis von drei bis zehn Jahren, wenn eine Gemeingefahr für Sachgüter bestand;

2. mit Zuchthaus oder Gefängnis von drei bis zehn Jahren, wenn er einen Brand oder eine Zerstörung durch ein anderes Mittel herbeiführt:

a. an ungedroschenem Getreide, Getreidegarben oder -säcken oder an noch nicht geerntetem Getreide;

b. an Wäldern, Weinbergen, Olivenhainen, Zuckerrohrfeldern, Baumwollpflanzungen, Matepflanzungen oder einer anderen Pflanzung wirtschaftlich genutzter Bäume oder Sträucher, mögen die Früchte noch an der Pflanze oder abgeerntet sein;

c. an Vieh auf dem Feld oder tierischen Erzeugnissen, die auf dem Feld angehäuft oder eingelagert sind;

d) De la leña o carbón de leña, apilados o amontonados en los campos de su explotación y destinados al comercio;

e) De alfalfares o cualquier otro cultivo de forrajes, ya sea en pie o emparvados, engavillados, ensilados o enfardados;

f) De los mismos productos mencionados en los párrafos anteriores, cargados, parados o en movimiento;

3º Con reclusión o prisión de tres a quince años, si hubiere peligro para un archivo público, biblioteca, museo, arsenal, astillero, fábrica de pólvora o de pirotecnia militar o parque de artillería;

4º Con reclusión o prisión de tres a quince años, si hubiere peligro de muerte para alguna persona;

5º Con reclusión o prisión de ocho a veinte años, si el hecho fuere causa inmediata de la muerte de alguna persona.

d. an Brennholz oder Holzkohle, die am Ort der Erzeugung angehäuft und für den Handel bestimmt sind;

e. an Luzernen oder anderen Futterpflanzen, die ungeerntet sind oder sich auf einem Haufen, in Garben, Silos oder Ballen befinden;

f. an den in den vorherigen Absätzen genannten Erzeugnissen, sofern sie verladen oder abgestellt sind oder sich in Bewegung befinden;

3. mit Zuchthaus oder Gefängnis von drei bis fünfzehn Jahren, wenn eine Gefahr für ein öffentliches Archiv, eine Bibliothek, ein Museum, ein Waffenlager, eine Schiffswerft, eine Schießpulverfabrik, eine pyrotechnisch-militärische Fabrik oder einen Geschützpark bestand;

4. mit Zuchthaus oder Gefängnis von drei bis fünfzehn Jahren, wenn Todesgefahr für einen Menschen bestand;

5. mit Zuchthaus oder Gefängnis von acht bis zwanzig Jahren, wenn die Tat unmittelbare Ursache für den Tod eines Menschen war.

Artículo 187.

Incurrirá, según los casos, en las penas señaladas en el artículo precedente, el que causare estrago por medio de sumersión o varamiento de nave, derrumbe de un edificio, inundación, de una mina o cualquier otro medio poderoso de destrucción.

Art. 187

Mit den im vorhergehenden Artikel angedrohten Strafen wird bestraft, wer durch das Versenken oder das Strandenlassen eines Schiffes, den Einsturz eines Gebäudes, eine Überschwemmung, eine Mine oder ein anderes zur Zerstörung geeignetes Mittel verheerende Zustände herbeiführt.

Artículo 188.

Será reprimido con prisión de uno a seis años el que, destruyendo o inutilizando diques u otras obras destinadas a

Art. 188

Mit Gefängnis von einem Monat bis einem Jahr wird bestraft, wer durch Unvorsichtigkeit oder Nachlässigkeit, Un-

la defensa común contra las inundaciones u otros desastres, hiciere surgir el peligro de que éstos se produzcan.

erfahrenheit in seinem Gewerbe oder Beruf oder durch Außerachtlassung der Vorschriften oder Verordnungen einen Brand oder andere Verwüstungen verursacht.

La misma pena se aplicará al que, para impedir la extinción de un incendio o las obras de defensa contra una inundación, sumersión, naufragio u otro desastre, substrajere, ocultare o hiciere inservibles, materiales, instrumentos u otros medios destinados a la extinción o a la defensa referida.

Dieselbe Strafe wird gegen denjenigen verhängt, der, um das Löschen eines Brandes oder die Arbeiten zur Abwehr einer Überschwemmung, eines Schiffsuntergangs, Schiffbruchs oder eines anderen Unglücks zu verhindern, Material, Geräte oder andere Mittel, die zum Löschen oder zur erwähnten Gefahrenabwehr bestimmt sind, entwendet, verheimlicht oder unbrauchbar macht.

Artículo 189.

Será reprimido con prisión de un mes a un año, el que, por imprudencia o negligencia, por impericia en su arte o profesión o por inobservancia de los reglamentos u ordenanzas, causare un incendio u otros estragos.

Si el hecho u omisión culpable pusiere en peligro de muerte a alguna persona o causare la muerte de alguna persona, el máximo de la pena podrá elevarse hasta cinco años.

Art. 189

Mit Gefängnis von einem Monat bis einem Jahr wird bestraft, wer durch Unvorsichtigkeit oder Nachlässigkeit, Unerfahrenheit in seinem Gewerbe oder Beruf oder durch Außerachtlassung der Vorschriften oder Verordnungen einen Brand oder andere Verwüstungen verursacht.

Verursacht die fahrlässige Handlung oder Unterlassung die Lebensgefahr oder den Tod eines Menschen, kann das Höchstmaß der Strafe bis auf fünf Jahre erhöht werden.

Artículo 189 bis.

(1) El que, con el fin de contribuir a la comisión de delitos contra la seguridad común o causar daños en las máquinas o en la elaboración de productos, adquiriere, fabricare, suministrare, sustrajere o tuviere en su poder bombas, materiales o aparatos capaces de liberar energía nuclear, materiales radiactivos o sustancias nucleares, o sus desechos, isótopos radiactivos, materiales explosivos, inflamables, asfixiantes, tóxicos o biológicamente peligrosos, o sustancias o materiales destinados a su prepa-

Art. 189 bis

1. Wer zu dem Zweck, an der Begehung von Straftaten gegen die allgemeine Sicherheit mitzuwirken oder Schäden an Maschinen oder bei der Herstellung von Erzeugnissen zu verursachen, Bomben, Stoffe oder Apparate, die geeignet sind, nukleare Energie freizusetzen, radioaktive Stoffe oder nukleare Substanzen oder ihre Abfälle, radioaktive Isotope, explosive, brennbare, Erstickung verursachende, giftige oder biologisch gefährliche Stoffe oder Stoffe oder Substanzen, die zu deren Herstellung bestimmt

ración, será reprimido con reclusión o prisión de cinco (5) a quince (15) años.

sind, herstellt, liefert, erwirbt, unterschlägt oder in seiner Gewalt hat, wird mit Zuchthaus oder Gefängnis von fünf bis fünfzehn Jahren bestraft.

La misma pena se impondrá al que, sabiendo o debiendo saber que contribuye a la comisión de delitos contra la seguridad común o destinados a causar daños en las máquinas o en la elaboración de productos, diere instrucciones para la preparación de sustancias o materiales mencionados en el párrafo anterior.

Dieselbe Strafe wird gegen denjenigen verhängt, der weiß oder wissen muss, dass er zur Begehung von Straftaten gegen die allgemeine Sicherheit oder auf die Verursachung der Schädigung von Maschinen oder bei der Herstellung von Gütern gerichtete Straftaten beiträgt und Anweisungen zur Herstellung der im vorhergehenden Absatz bezeichneten Substanzen oder Stoffe gibt.

La simple tenencia de los materiales a los que se refiere el párrafo que antecede, sin la debida autorización legal, o que no pudiere justificarse por razones de su uso doméstico o industrial, será reprimida con prisión de tres (3) a seis (6) años.

Der einfache Besitz der Stoffe, auf die sich der vorhergehende Absatz bezieht, ohne die vorgeschriebene Genehmigung oder die Rechtfertigung des Besitzes aus Gründen des häuslichen oder gewerblichen Gebrauchs, wird mit Gefängnis von drei bis sechs Jahren bestraft.

(2) La simple tenencia de armas de fuego de uso civil, sin la debida autorización legal, será reprimida con prisión de 6 (seis) meses a 2 (dos) años y multa de mil pesos ($ 1.000) a diez mil pesos ($ 10.000).

2. Der einfache Besitz von Schusswaffen zum zivilen Gebrauch ohne die vorgeschriebene Genehmigung wird mit Gefängnis von sechs Monaten bis zwei Jahren und Geldstrafe von $ 1.000 bis 10.000 bestraft.

Si las armas fueren de guerra, la pena será de dos (2) a seis (6) años de prisión.

Handelt es sich um Kriegswaffen, ist die Strafe Gefängnis von zwei bis sechs Jahren.

La portación de armas de fuego de uso civil, sin la debida autorización legal, será reprimida con prisión de un (1) año a cuatro (4) años.

Das Führen von Schusswaffen zum zivilen Gebrauch ohne die vorgeschriebene Genehmigung wird mit Gefängnis von einem Jahr bis vier Jahren bestraft.

Si las armas fueren de guerra, la pena será de tres (3) años y seis (6) meses a ocho (8) años y seis (6) meses de reclusión o prisión.

Handelt es sich um Kriegswaffen, ist die Strafe Zuchthaus oder Gefängnis von drei Jahren und sechs Monaten bis acht Jahren und sechs Monaten.

Si el portador de las armas a las cuales se refieren los dos párrafos que anteceden, fuere tenedor autorizado del arma de que se trate, la escala penal correspondiente se reducirá en un tercio del mínimo y del máximo.

Ist derjenige, der die in den zwei vorhergehenden Absätzen aufgeführten Waffen führt, rechtmäßiger Besitzer der Waffe, wird die entsprechende Mindest- und die Höchststrafe um ein Drittel gemindert.

La misma reducción prevista en el párrafo anterior podrá practicarse cuando, por las circunstancias del hecho y las condiciones personales del autor, resultare evidente la falta de intención de utilizar las armas portadas con fines ilícitos.

Die im vorhergehenden Absatz vorgesehene Strafminderung kann auch angewendet werden, wenn aus den Umständen der Tat und den persönlichen Eigenschaften des Täters offensichtlich hervorgeht, dass die Absicht fehlte, die bei sich geführten Waffen zu rechtswidrigen Zwecken einzusetzen.

En los dos casos precedentes, se impondrá, además, inhabilitación especial por el doble del tiempo de la condena.

In allen vorhergehenden Fällen wird außerdem eine besondere Aberkennung oder Beschränkung von Rechten und Fähigkeiten für die doppelte Dauer der Strafe verhängt.

El que registrare antecedentes penales por delito doloso contra las personas o con el uso de armas, o se encontrare gozando de una excarcelación o exención de prisión anterior y portare un arma de fuego de cualquier calibre, será reprimido con prisión de cuatro (4) a diez (10) años.

Wer wegen vorsätzlicher Straftaten gegen Personen oder wegen des Gebrauchs von Waffen vorbestraft ist oder aus der Untersuchungshaft oder auf Bewährung aus dem Strafvollzug entlassen wurde und eine Schusswaffe irgendeines Kalibers bei sich führt, wird mit Gefängnis von vier bis zehn Jahren bestraft.

(3) El acopio de armas de fuego, piezas o municiones de éstas, o la tenencia de instrumental para producirlas, sin la debida autorización, será reprimido con reclusión o prisión de cuatro (4) a diez (10) años.

3. Die Lagerung von Schusswaffen oder ihrer Teile und Munition oder der Besitz von Werkzeugen zu deren Herstellung ohne die vorgeschriebene Genehmigung wird mit Zuchthaus oder Gefängnis von vier bis zehn Jahren bestraft.

El que hiciere de la fabricación ilegal de armas de fuego una actividad habitual será reprimido con reclusión o prisión de cinco (5) a diez (10) años.

Wer die rechtswidrige Herstellung von Schusswaffen gewohnheitsmäßig betreibt, wird mit Zuchthaus oder Gefängnis von fünf bis zehn Jahren bestraft.

(4) Será reprimido con prisión de un (1) año a seis (6) años el que entregare un arma de fuego, por cualquier título, a quien no acreditare su condición de legítimo usuario.

4. Mit Gefängnis von einem Jahr bis sechs Jahren wird bestraft, wer eine Schusswaffe, unabhängig vom Grund, an eine Person übergibt, die nicht nachweist, dass sie zum Besitz berechtigt ist.

La pena será de tres (3) años y seis (6) meses a diez (10) años de prisión si el arma fuera entregada a un menor de dieciocho (18) años.

Die Strafe ist Gefängnis von drei Jahren und sechs Monaten bis zehn Jahren, wenn die Waffe an eine Person unter achtzehn Jahren übergeben wird.

Si el autor hiciere de la provisión ilegal de armas de fuego una actividad habi-

Betreibt der Täter die rechtswidrige Beschaffung von Schusswaffen gewohn-

tual, la pena será de cuatro (4) a quince (15) años de reclusión o prisión.

Si el culpable de cualquiera de las conductas contempladas en los tres párrafos anteriores contare con autorización para la venta de armas de fuego, se le impondrá, además, inhabilitación especial absoluta y perpetua, y multa de diez mil pesos ($ 10.000).

(5) Será reprimido con prisión de tres (3) a ocho (8) años e inhabilitación especial por el doble del tiempo de la condena el que, contando con la debida autorización legal para fabricar armas, omitiere su número o grabado conforme a la normativa vigente, o asignare a dos (2) o más armas idénticos números o grabados.

En la misma pena incurrirá el que adulterare o suprimiere el número o el grabado de un arma de fuego.

Artículo 189 ter.

(Artículo derogado)

Capítulo II
Delitos contra la seguridad de los medios de transporte y de comunicación

Artículo 190.

Será reprimido con prisión de dos a ocho años, el que a sabiendas ejecutare cualquier acto que ponga en peligro la seguridad de una nave, construcción flotante o aeronave.

Si el hecho produjere naufragio, varamiento o desastre aéreo, la pena será de seis a quince años de reclusión o prisión.

heitsmäßig, ist die Strafe Zuchthaus oder Gefängnis von vier bis fünfzehn Jahren.

Hat der Schuldige einer der in den drei vorhergehenden Absätzen aufgeführten Handlungen eine Berechtigung zum Verkauf von Schusswaffen, wird er außerdem mit einer lebenslangen und umfassenden besonderen Aberkennung oder Beschränkung von Rechten oder Fähigkeiten und einer Geldstrafe von $ 10.000 bestraft.

5. Mit Gefängnis von drei bis acht Jahren und einer besonderen Aberkennung oder Beschränkung von Rechten oder Fähigkeiten für die doppelte Dauer der Strafe wird bestraft, wer zur Herstellung von Waffen berechtigt ist und es unterlässt, seine aufgrund der geltenden Verordnungen vorgesehene Nummer oder Gravur anzubringen oder zwei oder mehr Waffen mit derselben Nummer oder Gravur versieht.

Mit derselben Strafe wird bestraft, wer die Nummer oder Gravur einer Schusswaffe verändert oder entfernt.

Art. 189 ter

(Aufgehoben)

Zweites Kapitel
Straftaten gegen die Sicherheit von Verkehrs- und Kommunikationsmitteln

Art. 190

Mit Gefängnis von zwei bis acht Jahren wird bestraft, wer wissentlich eine Handlung begeht, die die Sicherheit eines Schiffs, eines Schiffsbauwerks oder eines Luftfahrzeugs gefährdet.

Hat die Tat einen Schiffbruch, das Stranden oder ein Luftfahrtunglück zur Folge, ist die Strafe Zuchthaus oder Gefängnis von sechs bis fünfzehn Jahren.

Si el hecho causare lesión a alguna persona, la pena será de seis a quince años de reclusión o prisión, y si ocasionare la muerte, de diez a veinticinco años de reclusión o prisión.

Verursacht die Handlung die Verletzung einer Person, ist die Strafe Zuchthaus oder Gefängnis von sechs bis fünfzehn Jahren, und wenn sie den Tod verursacht, Zuchthaus oder Gefängnis von zehn bis fünfundzwanzig Jahren.

Las disposiciones precedentes se aplicarán aunque la acción recaiga sobre una cosa propia, si del hecho deriva peligro para la seguridad común.

Die vorhergehenden Regelungen werden auch angewendet, wenn die Handlung an einer eigenen Sache begangen wird und eine Gefahr für die Sicherheit der Allgemeinheit hervorruft.

Artículo 191.

El que empleare cualquier medio para detener o entorpecer la marcha de un tren o para hacerle descarrilar, será reprimido:

1º Con prisión de seis meses a tres años, si no se produjere descarrilamiento u otro accidente;

2º Con prisión de dos a seis años, si se produjere descarrilamiento u otro accidente;

3º Con reclusión o prisión de tres a diez años, si a consecuencia del accidente, resultare lesionada alguna persona;

4º Con reclusión o prisión de diez a veinticinco años, si resultare la muerte de alguna persona.

Art. 191

Wer ein Mittel einsetzt, um die Fahrt eines Zuges aufzuhalten, zu erschweren oder ihn zum Entgleisen zu bringen, wird bestraft:

1. mit Gefängnis von sechs Monaten bis drei Jahren, wenn keine Entgleisung oder kein anderer Unfall eintritt;
2. mit Gefängnis von zwei bis sechs Jahren, wenn eine Entgleisung oder ein anderer Unfall eintritt;
3. mit Zuchthaus oder Gefängnis von drei bis zehn Jahren, wenn als Folge des Unfalls eine Person verletzt wird;
4. mit Zuchthaus oder Gefängnis von zehn bis fünfundzwanzig Jahren, wenn der Tod einer Person eintritt.

Artículo 192.

Será reprimido con las penas establecidas en el artículo anterior en sus casos respectivos, el que ejecutare cualquier acto tendiente a interrumpir el funcionamiento de un telégrafo o teléfono destinado al servicio de un ferrocarril.

Art. 192

Mit den im vorhergehenden Artikel aufgeführten Strafen wird in den entsprechenden Fällen bestraft, wer eine Handlung vornimmt, die darauf gerichtet ist, den Betrieb einer Telegrafen- oder Telefonanlage, die dem Betrieb der Eisenbahn dient, zu unterbrechen.

Artículo 193.

Será reprimido con prisión de un mes a

Art. 193

Mit Gefängnis von einem Monat bis

un año, si el hecho no importare un delito más severamente penado, el que arrojare cuerpos contundentes o proyectiles contra un tren o tranvía en marcha.

einem Jahr wird bestraft, wer harte Gegenstände oder Geschosse auf einen fahrenden Zug oder auf eine fahrende Straßenbahn wirft oder abfeuert, sofern die Handlung nicht eine schwerer zu bestrafende Straftat darstellt.

Artículo 194.

El que, sin crear una situación de peligro común, impidiere, estorbare o entorpeciere el normal funcionamiento de los transportes por tierra, agua o aire o los servicios públicos de comunicación, de provisión de agua, de electricidad o de sustancias energéticas, será reprimido con prisión de tres meses a dos años.

Art. 194

Wer die normale Funktion von Transporten zu Erde, zu Wasser, in der Luft oder die öffentlichen Kommunikationsdienstleistungen, die Wasser-, Elektrizitäts- oder Energieversorgung hindert, stört oder erschwert, ohne eine Allgemeingefahr herbeizuführen, wird mit Gefängnis von drei Monaten bis zwei Jahren bestraft.

Artículo 195.

Serán reprimidos con prisión de un mes a un año, si el hecho no importare un delito más severamente penado, los conductores, capitanes, pilotos, mecánicos y demás empleados de un tren o de un buque, que abandonaren sus puestos durante sus servicios respectivos antes de llegar a puerto o al término del viaje ferroviario.

Art. 195

Mit Gefängnis von einem Monat bis einem Jahr werden die Führer, Kapitäne, Steuermänner, Mechaniker und die übrigen Zug- oder Schiffsangestellten bestraft, die ihren Posten während ihres entsprechenden Dienstes verlassen, bevor der Hafen oder die Endstation der Zugfahrt erreicht ist, sofern die Handlung nicht eine schwerer zu bestrafende Straftat darstellt.

Artículo 196.

Será reprimido con prisión de seis meses a tres años el que por imprudencia o negligencia o por impericia en su arte o profesión o por inobservancia de los reglamentos u ordenanzas, causare un descarrilamiento, naufragio u otro accidente previsto en este capítulo.

Si del hecho resultare lesionada o muerta alguna persona, se impondrá prisión de uno a cinco años.

Art. 196

Mit Gefängnis von sechs Monaten bis drei Jahren wird bestraft, wer durch Unvorsichtigkeit oder Nachlässigkeit, durch Unerfahrenheit in seinem Gewerbe oder Beruf oder durch Nichtbeachtung der Vorschriften oder Verordnungen eine Entgleisung, einen Schiffbruch oder einen anderen in diesem Kapitel vorgesehenen Unfall verursacht.

Wird durch die Tat eine Person verletzt oder getötet, wird Gefängnisstrafe von einem bis fünf Jahren verhängt.

Artículo 197.

Será reprimido con prisión de seis meses a dos años, el que interrumpiere o entorpeciere la comunicación telegráfica o telefónica o resistiere violentamente el restablecimiento de la comunicación interrumpida.

Art. 197

Mit Gefängnis von sechs Monaten bis zwei Jahren wird bestraft, wer die Telegrafen- oder Telefonverbindung unterbricht oder stört oder sich der Wiederherstellung der unterbrochenen Verbindung gewaltsam widersetzt.

Capítulo III
Piratería

Drittes Kapitel
Piraterie

Artículo 198.

Será reprimido con reclusión o prisión de tres a quince años:

1º El que practicare en el mar o en ríos navegables, algún acto de depredación o violencia contra un buque o contra personas o cosas que en él se encuentren, sin estar autorizado por alguna potencia beligerante o excediendo los límites de una autorización legítimamente concedida;

2º El que practicare algún acto de depredación o violencia contra una aeronave en vuelo o mientras realiza las operaciones inmediatamente anteriores al vuelo, o contra personas o cosas que en ellas se encuentren, sin estar autorizado por alguna potencia beligerante o excediendo los límites de una autorización legítimamente concedida;

3º El que mediante violencia, intimidación o engaño, usurpare la autoridad de un buque o aeronave, con el fin de apoderarse de él o de disponer de las cosas o de las personas que lleva;

4º El que, en connivencia con piratas, les entregare un buque o aeronave,

Art. 198

Mit Zuchthaus oder Gefängnis von drei bis fünfzehn Jahren wird bestraft:

1. wer auf dem Meer oder schiffbaren Flüssen ein Schiff plündert oder eine Gewalthandlung gegen dieses oder sich darauf befindliche Personen oder Sachen begeht, ohne dazu durch eine Krieg führende Macht ermächtigt worden zu sein, oder wer eine rechtmäßig erteilte Anordnung überschreitet;
2. wer ein Luftfahrzeug während des Flugs oder während der unmittelbar flugvorbereitenden Handlungen plündert oder eine gewalttätige Handlung gegen dieses oder sich in diesem befindliche Personen oder Sachen begeht, ohne dazu durch eine Krieg führende Macht ermächtigt worden zu sein, oder wer eine rechtmäßig erteilte Anordnung überschreitet;
3. wer sich durch Gewalt, Einschüchterung oder Täuschung die Führung eines Schiffs oder Luftfahrzeugs zu dem Zweck aneignet, sich dessen zu bemächtigen oder über die Personen oder Sachen, die es befördert, zu verfügen;
4. wer im Einvernehmen mit Piraten diesen ein Schiff oder Luftfahrzeug,

su carga o lo que perteneciere a su pasaje o tripulación;

5º El que, con amenazas o violencia, se opusiere a que el comandante o la tripulación defiendan el buque o aeronave atacado por piratas;

6º El que, por cuenta propia o ajena, equipare un buque o aeronave destinados a la piratería;

7º El que, desde el territorio de la República, a sabiendas traficare con piratas o les suministrare auxilio.

Artículo 199.

Si los actos de violencia u hostilidad mencionados en el artículo anterior, fueren seguidos de la muerte de alguna persona que se encontrare en el buque o aeronave atacados, la pena será de diez a veinticinco años de reclusión o prisión.

Capítulo IV Delitos contra la salud pública

Envenenar o adulterar aguas potables o alimentos o medicinas

Artículo 200.

Será reprimido con reclusión o prisión de tres a diez años, el que envenenare o adulterare, de un modo peligroso para la salud, aguas potables o substancias alimenticias o medicinales, destinadas al uso público o al consumo de una colectividad de personas.

seine Ladung oder die den Passagieren oder der Besatzung gehörenden Sachen übergibt;

5. wer sich mit Drohungen oder Gewalt widersetzt, dass der Kapitän oder die Besatzung das von Piraten angegriffene Schiff oder Luftfahrzeug verteidigen;

6. wer auf eigene oder fremde Rechnung ein für die Piraterie bestimmtes Schiff oder Luftfahrzeug ausrüstet;

7. wer vom Hoheitsgebiet der Republik aus wissentlich mit Piraten Handel treibt oder diesen Hilfe leistet.

Art. 199

Haben die im vorhergehenden Artikel aufgeführten gewalttätigen oder feindseligen Handlungen den Tod eines Menschen zur Folge, der sich in dem angegriffenen Schiff oder Luftfahrzeug befindet, ist die Strafe Zuchthaus oder Gefängnis von zehn bis fünfundzwanzig Jahren.

Viertes Kapitel Straftaten gegen die öffentliche Gesundheit

Vergiften oder Verfälschen von Trinkwasser, Lebens- oder Arzneimitteln

Art. 200

Mit Zuchthaus oder Gefängnis von drei bis zehn Jahren wird bestraft, wer in gesundheitsgefährdender Weise Trinkwasser, Lebens- oder Arzneimittel, die zum öffentlichen Gebrauch oder zum Verbrauch durch eine Mehrzahl von Personen bestimmt sind, vergiftet oder verfälscht.

Si el hecho fuere seguido de la muerte de alguna persona, la pena será de diez a veinticinco años de reclusión o prisión.

Wird durch die Tat der Tod einer Person verursacht, ist die Strafe Zuchthaus oder Gefängnis von zehn bis fünfundzwanzig Jahren.

Artículo 201.

Las penas del artículo precedente, serán aplicadas al que vendiere, pusiere en venta, entregare o distribuyere medicamentos o mercaderías peligrosas para la salud, disimulando su carácter nocivo.

Art. 201

Die Strafen des vorhergehenden Artikels werden gegen denjenigen verhängt, der gesundheitsgefährdende Medikamente oder Waren unter Verheimlichung ihrer schädlichen Beschaffenheit verkauft, zum Verkauf anbietet, liefert oder vertreibt.

Artículo 202.

Será reprimido con reclusión o prisión de tres a quince años, el que propagare una enfermedad peligrosa y contagiosa para las personas.

Art. 202

Mit Zuchthaus oder Gefängnis von drei bis fünfzehn Jahren wird bestraft, wer eine gefährliche und für Menschen ansteckende Krankheit verbreitet.

Artículo 203.

Cuando alguno de los hechos previstos en los tres artículos anteriores fuere cometido por imprudencia o negligencia o por impericia en el propio arte o profesión o por inobservancia de los reglamentos u ordenanzas, se impondrá multa de dos mil quinientos a treinta mil pesos, si no resultare enfermedad o muerte de alguna persona y prisión de seis meses a cinco años si resultare enfermedad o muerte.

Art. 203

Wird eine der in den drei vorhergehenden Artikeln aufgeführten Straftaten aus Unvorsichtigkeit, Nachlässigkeit oder Unerfahrenheit im eigenen Gewerbe oder Beruf oder durch Nichtbeachtung der Vorschriften oder Verordnungen begangen, wird eine Geldstrafe von $ 2.500 bis 30.000 verhängt, wenn keine Krankheit oder nicht der Tod eines Menschen verursacht wird, und eine Gefängnisstrafe von sechs Monaten bis fünf Jahren, wenn ein Mensch erkrankt oder stirbt.

Artículo 204.

Será reprimido con multa de pesos dos mil quinientos a pesos argentinos treinta mil el que estando autorizado para la venta de sustancias medicinales, las suministrare en especie, calidad o cantidad no correspondiente a la receta médica o diversa de la declarada o convenida.

Art. 204

Mit Gefängnis von sechs Monaten bis drei Jahren wird bestraft, wer zum Verkauf von Arzneimitteln befugt ist und diese nach Art, Beschaffenheit oder Menge nicht dem ärztlichem Rezept entsprechend oder abweichend von dem ausgestellten oder vorgelegten Rezept oder ohne Vorlage oder Aufbewahrung eines solchen bei Produkten, die gemäß den gültigen Vorschriften nicht ohne diese Bedingung vertrieben werden können, ausgibt.

Artículo 204 bis.

Cuando el delito previsto en el artículo anterior se cometiere por negligencia, la pena será de multa de mil a quince mil pesos.

Art. 204 bis

Wird die im vorhergehenden Artikel bezeichnete Straftat durch Fahrlässigkeit begangen, ist die Strafe Geldstrafe von $ 1.000 bis 15.000.

Artículo 204 ter.

Será reprimido con multa de dos mil quinientos a treinta mil pesos el que teniendo a su cargo la dirección, administración, control o vigilancia de un establecimiento destinado al expendio de medicamentos, omitiere cumplir con los deberes a su cargo posibilitando la comisión de alguno de los hechos previstos en el artículo 204.

Art. 204 ter

Mit Geldstrafe von $ 2.500 bis 30.000 wird bestraft, wer die Leitung, Verwaltung, Kontrolle oder Aufsicht über eine für die Abgabe von Medikamenten bestimmte Einrichtung hat und durch Unterlassung der Pflichten seiner Stellung die Begehung einer der in Art. 204 aufgeführten Taten ermöglicht.

Artículo 204 quater.

Será reprimido con prisión de seis meses a tres años el que sin autorización vendiere sustancias medicinales que requieran receta médica para su comercialización.

Art. 204 quater

Mit Gefängnis von sechs Monaten bis drei Jahren wird bestraft, wer unbefugt Arzneimittel verkauft, zu deren Handel es eines ärztlichen Rezepts bedarf.

Artículo 205.

Será reprimido con prisión de seis meses a dos años, el que violare las medidas adoptadas por las autoridades competentes, para impedir la introducción o propagación de una epidemia.

Art. 205

Mit Gefängnis von sechs Monaten bis zwei Jahren wird bestraft, wer die von den zuständigen Behörden zur Verhinderung des Einschleppens oder der Verbreitung einer Seuche erlassenen Vorschriften verletzt.

Artículo 206.

Será reprimido con prisión de uno (1) a seis (6) meses el que violare las reglas establecidas por las leyes de policía sanitaria animal.

Art. 206

Mit Gefängnis von einem Monat bis sechs Monate wird bestraft, wer die Vorschriften der Tiergesundheitsgesetze verletzt.

Artículo 207.

En el caso de condenación por un delito previsto en este Capítulo, el culpable, si fuere funcionario público o ejerciere alguna profesión o arte, sufrirá, además, inhabilitación especial por doble tiempo del de la condena. Si la pena impuesta fuere la de multa, la inhabilitación especial durará de un mes a un año.

Art. 207

Im Fall der Verurteilung wegen einer in diesem Kapitel vorgesehenen Straftat wird der Schuldige, sofern er Beamter ist oder einen Beruf oder ein Gewerbe ausübt, außerdem mit einer besonderen Aberkennung oder Beschränkung von Rechten und Fähigkeiten für die doppelte Dauer der Strafe bestraft. Ist die verhängte Strafe eine Geldstrafe, dauert die besondere Aberkennung von Rechten und Fähigkeiten von einem Monat bis zu einem Jahr.

Artículo 208.

Será reprimido con prisión de quince días a un año:

1º El que, sin título ni autorización para el ejercicio de un arte de curar o excediendo los límites de su autorización, anunciare, prescribiere, administrare o aplicare habitualmente medicamentos, aguas, electricidad, hipnotismo o cualquier medio destinado al tratamiento de las enfermedades de las personas, aun a título gratuito;

2º El que, con título o autorización para el ejercicio de un arte de curar, anunciare o prometiere la curación de enfermedades a término fijo o por medios secretos o infalibles;

3º El que, con título o autorización para el ejercicio de un arte de curar, prestare su nombre a otro que no tuviere título o autorización, para que ejerza los actos a que se refiere el inciso 1º de este artículo.

Art. 208

Mit Gefängnis von fünfzehn Tagen bis einem Jahr wird bestraft:

1. wer ohne Ernennung oder Befugnis zur Ausübung eines Heilberufs oder unter Überschreitung der Grenzen seiner Befugnis Medikamente, Wässer, Elektrizität, Hypnose oder andere zur Behandlung menschlicher Krankheiten bestimmte Mittel gewohnheitsmäßig anpreist, verordnet, verabreicht oder anwendet, auch wenn dies unentgeltlich geschieht;
2. wer mit Ernennung oder Befugnis zur Ausübung eines Heilberufs die Heilung von Krankheiten zu einem bestimmten Zeitpunkt oder durch geheime oder unfehlbare Mittel anpreist oder verspricht;
3. wer mit Ernennung oder Befugnis zur Ausübung eines Heilberufs seinen Namen einem anderen, der keine Ernennung oder Befugnis besitzt, überlässt, damit dieser die im ersten Absatz dieses Artikels bezeichneten Handlungen begeht.

Título VIII
Delitos contra el orden público

Capítulo I
Instigación a cometer delitos

Artículo 209.

El que públicamente instigare a cometer un delito determinado contra una persona o institución, será reprimido, por la sola instigación, con prisión de dos a seis años, según la gravedad del delito y las demás circunstancias establecidas en el artículo 41.

Capítulo II
Asociación ilícita

Artículo 210.

Será reprimido con prisión o reclusión de tres a diez años, el que tomare parte en una asociación o banda de tres o más personas destinada a cometer delitos por el solo hecho de ser miembro de la asociación. Para los jefes u organizadores de la asociación el mínimo de la pena será de cinco años de prisión o reclusión.

Artículo 210 bis.

Se impondrá reclusión o prisión de cinco a veinte años al que tomare parte, cooperare o ayudare a la formación o al mantenimiento de una asociación ilícita destinada a cometer delitos cuando la acción contribuya a poner en peligro la vigencia de la Constitución Nacional, siempre que ella reúna por lo menos dos de las siguientes características:

Achter Abschnitt
Straftaten gegen die öffentliche Ordnung

Erstes Kapitel
Anstiftung zur Begehung von Straftaten

Art. 209

Wer öffentlich zur Begehung einer bestimmten Straftat gegen eine Person oder Einrichtung anstiftet, wird für die bloße Anstiftung je nach der Schwere der Straftat und den anderen in Art. 41 aufgeführten Umständen mit Gefängnis von zwei bis sechs Jahren bestraft.

Zweites Kapitel
Unerlaubte Vereinigung

Art. 210

Mit Gefängnis oder Zuchthaus von drei bis zehn Jahren wird aufgrund der bloßen Tatsache, dass er Mitglied der Vereinigung ist, bestraft, wer sich an einer kriminellen Vereinigung oder Bande von drei oder mehr Personen, die zur Begehung von Straftaten bestimmt ist, beteiligt. Für die Anführer oder Organisatoren der Vereinigung ist das Mindestmaß der Strafe fünf Jahre Gefängnis oder Zuchthaus.

Art. 210 bis

Zuchthaus oder Gefängnis von fünf bis zwanzig Jahren wird gegen denjenigen verhängt, der sich an der Gründung oder Aufrechterhaltung einer zur Begehung von Straftaten bestimmten kriminellen Vereinigung beteiligt, dabei mitarbeitet oder unterstützt, wenn die Handlung zu einer Gefährdung der Geltung der nationalen Verfassung beiträgt, sofern die Vereinigung mindestens zwei der nachfolgenden Umstände aufweist:

a) Estar integrada por diez o más individuos;

b) Poseer una organización militar o de tipo militar;

c) Tener estructura celular;

d) Disponer de armas de guerra o explosivos de gran poder ofensivo;

e) Operar en más de una de las jurisdicciones políticas del país;

f) Estar compuesta por uno o más oficiales o suboficiales de las fuerzas armadas o de seguridad;

g) Tener notorias conexiones con otras organizaciones similares existentes en el país o en el exterior;

h) Recibir algún apoyo, ayuda o dirección de funcionarios públicos.

a. sie besteht aus zehn oder mehr Personen;

b. sie besitzt eine militärische oder militärähnliche Organisation;

c. sie hat eine Zellstruktur;

d. sie verfügt über Kriegswaffen oder Sprengstoffe mit einer großen Angriffskraft;

e. sie betätigt sich in mehr als einem politischen Zuständigkeitsbereich des Landes;

f. sie setzt sich aus einem oder mehreren Offizieren oder Unteroffizieren der Streit- oder der Sicherheitskräfte zusammen;

g. sie hat dauernde Verbindungen zu anderen, im Land oder im Ausland bestehenden ähnlichen Organisationen;

h. sie erhält irgendeine Unterstützung, Hilfe oder Leitung von Beamten.

Capítulo III
Intimidación pública

Artículo 211.

Será reprimido con prisión de dos a seis años, el que, para infundir un temor público o suscitar tumultos o desórdenes, hiciere señales, diere voces de alarma, amenazare con la comisión de un delito de peligro común, o empleare otros medios materiales normalmente idóneos para producir tales efectos.

Cuando para ello se empleare explosivos, agresivos químicos o materias afines, siempre que el hecho no constituya delito contra la seguridad pública, la pena será de prisión de tres a diez años.

Drittes Kapitel
Öffentliche Einschüchterung

Art. 211

Mit Gefängnis von zwei bis sechs Jahren wird bestraft, wer, um öffentliche Furcht zu erregen oder um Aufruhr oder Unruhe zu stiften, Signale gibt, Alarm auslöst, mit der Begehung einer gemeingefährlichen Straftat droht oder andere, zur Verursachung dieser Folgen gemeinhin geeignete Mittel einsetzt.

Werden dazu Sprengstoffe, gefährliche Chemikalien oder ähnliche Materialien eingesetzt, ist die Strafe Gefängnis von drei bis zehn Jahren, sofern die Handlung nicht eine Straftat gegen die öffentliche Sicherheit darstellt.

Artículo 212.

Será reprimido con prisión de tres a seis años el que públicamente incitare a la violencia colectiva contra grupos de personas o instituciones, por la sola incitación.

Art. 212

Mit Gefängnis von drei bis sechs Jahren wird wegen bloßer Anstiftung bestraft, wer öffentlich zur kollektiven Gewalt gegen Personengruppen oder Einrichtungen aufruft.

Capítulo IV
Apología del crimen

Viertes Kapitel
Verherrlichung von Verbrechen

Artículo 213.

Será reprimido con prisión de un mes a un año, el que hiciere públicamente y por cualquier medio la apología de un delito o de un condenado por delito.

Art. 213

Mit Gefängnis von einem Monat bis einem Jahr wird bestraft, wer öffentlich und durch ein Medium eine Straftat oder einen wegen einer Straftat Verurteilten verherrlicht.

Capítulo V
Otros atentados contra el orden público

Fünftes Kapitel
Andere Angriffe auf die öffentliche Ordnung

Artículo 213 bis.

Será reprimido con reclusión o prisión de tres a ocho años el que organizare o tomare parte en agrupaciones permanentes o transitorias que, sin estar comprendidas en el artículo 210 de este código, tuvieren por objeto principal o accesorios imponer sus ideas o combatir las ajenas por la fuerza o el temor, por el solo hecho de ser miembro de la asociación.

Art. 213 bis

Mit Zuchthaus oder Gefängnis von drei bis acht Jahren wird aufgrund der bloßen Tatsache, dass er Mitglied der Vereinigung ist, bestraft, wer dauernde oder vorübergehende, in Art. 210 dieses Gesetzbuchs nicht bezeichnete Gruppen, deren Haupt- oder Nebenzweck ist, ihre Anschauungen aufzuzwingen oder andere durch Gewalt oder Furchteinflößung zu bekämpfen, organisiert oder sich daran beteiligt.

Capítulo VI.
Asociaciones ilícitas terroristas y financiación del terrorismo

Sechstes Kapitel
Rechtswidrige terroristische Vereinigungen und Finanzierung des Terrorismus

Artículo 213 ter.

Se impondrá reclusión o prisión de cinco (5) a veinte (20) años al que tomare parte de una asociación ilícita cuyo propósito sea, mediante la comisión

Art. 213 ter

Mit Zuchthaus oder Gefängnis von fünf bis zwanzig Jahren wird bestraft, wer an einer rechtswidrigen Vereinigung teilnimmt, deren Zweck es ist, durch die

de delitos, aterrorizar a la población u obligar a un gobierno o a una organización internacional a realizar un acto o abstenerse de hacerlo, siempre que ella reúna las siguientes características:

a) Tener un plan de acción destinado a la propagación del odio étnico, religioso o político;

b) Estar organizada en redes operativas internacionales;

c) Disponer de armas de guerra, explosivos, agentes químicos o bacteriológicos o cualquier otro medio idóneo para poner en peligro la vida o la integridad de un número indeterminado de personas.

Para los fundadores o jefes de la asociación el mínimo de la pena será de diez (10) años de reclusión o prisión.

Artículo 213 quáter.

Será reprimido con reclusión o prisión de cinco (5) a quince (15) años, salvo que correspondiere una pena mayor por aplicación de las reglas de los artículos 45 y 48, el que recolectare o proveyere bienes o dinero, con conocimiento de que serán utilizados, en todo o en parte, para financiar a una asociación ilícita terrorista de las descriptas en el artículo 213 ter, o a un miembro de éstas para la comisión de cualquiera de los delitos que constituyen su objeto, independientemente de su acaecimiento.

Begehung von Straftaten die Bevölkerung zu verängstigen oder eine Regierung oder eine internationale Organisation zu zwingen, eine Handlung vorzunehmen oder zu unterlassen, sofern die Vereinigung die nachfolgenden Umstände erfüllt:

a. einen auf Verbreitung des ethnischen, religiösen oder politischen Hasses gerichteten Aktionsplan hat;

b. in international tätigen Netzwerken organisiert ist;

c. über Kriegswaffen, Sprengstoffe, chemische oder biologische Waffen oder ein anderes, zur Gefährdung des Lebens oder der körperlichen Unversehrtheit einer unbestimmten Zahl von Menschen geeignetes Mittel verfügt.

Die Mindeststrafe der Gründer oder Leiter der Vereinigung ist zehn Jahre Zuchthaus oder Gefängnis.

Art. 213 quater

Sofern aufgrund der Anwendung der Bestimmungen der Art. 45 und 48 nicht eine schwerere Strafe zu verhängen ist, wird mit Zuchthaus oder Gefängnis von fünf bis fünfzehn Jahren bestraft, wer Güter oder Geld mit dem Wissen sammelt oder zur Verfügung stellt, dass die Güter oder das Geld ganz oder teilweise der Finanzierung einer der in Art. 213 ter bezeichneten terroristischen Vereinigungen oder der Finanzierung eines Mitglieds der Vereinigung zur Begehung einer dem Zweck der Vereinigung entsprechenden Straftat dienen, unabhängig davon, ob die Straftat begangen wird.

Título IX
Delitos contra la seguridad de la Nación

Capítulo I
Traición

Artículo 214.

Será reprimido con reclusión o prisión de diez a veinticinco años o reclusión o prisión perpetua y en uno u otro caso, inhabilitación absoluta perpetua, siempre que el hecho no se halle comprendido en otra disposición de este código, todo argentino o toda persona que deba obediencia a la Nación por razón de su empleo o función pública, que tomare las armas contra ésta, se uniere a sus enemigos o les prestare cualquier ayuda o socorro.

Artículo 215.

Será reprimido con reclusión o prisión perpetua, el que cometiere el delito previsto en el artículo precedente, en los casos siguientes:

1º Si ejecutare un hecho dirigido a someter total o parcialmente la Nación al dominio extranjero o a menoscabar su independencia o integridad;

2º Si indujere o decidiere a una potencia extranjera a hacer la guerra contra la República.

Artículo 216.

Será reprimido con reclusión o prisión de uno a ocho años, el que tomare parte

Neunter Abschnitt
Straftaten gegen die Sicherheit der Nation

Erstes Kapitel
Verrat

Art. 214

Mit Zuchthaus oder Gefängnis von zehn bis fünfundzwanzig Jahren oder mit lebenslangem Zuchthaus oder Gefängnis und in beiden Fällen mit einer lebenslangen umfassenden Aberkennung oder Beschränkung von Rechten und Fähigkeiten wird der Argentinier oder jede Person, die der Nation aufgrund ihrer Stellung oder ihres öffentlichen Amtes zu Gehorsam verpflichtet ist, bestraft, die gegen die Nation zu den Waffen greift, sich mit ihren Feinden verbündet oder diesen irgendeine Unterstützung oder Hilfe leistet, sofern die Tat nicht unter eine andere Vorschrift dieses Gesetzbuchs fällt.

Art. 215

Mit lebenslangem Zuchthaus oder Gefängnis wird bestraft, wer die im vorhergehenden Artikel aufgeführte Straftat begeht und:

1. eine Handlung begeht, die darauf gerichtet ist, die Nation ganz oder teilweise ausländischer Herrschaft zu unterwerfen oder ihre Unabhängigkeit oder ihre Bestandsgrenzen zu beeinträchtigen;
2. eine fremde Macht verleitet oder veranlasst, Krieg gegen die Republik zu führen.

Art. 216

Mit Zuchthaus oder Gefängnis von einem Jahr bis acht Jahren wird bestraft,

en una conspiración de dos o más personas, para cometer el delito de traición, en cualquiera de los casos comprendidos en los artículos precedentes, si la conspiración fuere descubierta antes de empezar su ejecución.

wer sich an einer Verschwörung von zwei oder mehr Personen beteiligt, um eine der in den vorhergehenden Artikeln aufgeführten Straftaten des Verrats zu begehen, sofern die Verschwörung vor Beginn ihrer Ausführung aufgedeckt wird.

Artículo 217.

Quedará eximido de pena el que revelare la conspiración a la autoridad, antes de haberse comenzado el procedimiento.

Art. 217

Von der Strafe ist ausgenommen, wer die Verschwörung vor Beginn des Strafverfahrens der Behörde offenbart.

Artículo 218.

Las penas establecidas en los artículos anteriores se aplicarán, también, cuando los hechos previstos en ellos fueren cometidos contra una potencia aliada de la República, en guerra contra un enemigo común.

Se aplicarán asimismo a los extranjeros residentes en territorio argentino, salvo lo establecido por los tratados o por el derecho de gentes, acerca de los funcionarios diplomáticos y de los nacionales de los países en conflicto. En este caso se aplicará la pena disminuida conforme a lo dispuesto por el artículo 44.

Art. 218

Die in den vorhergehenden Artikeln angedrohten Strafen werden auch verhängt, wenn die dort aufgeführten Taten gegen eine mit der Republik verbündete Macht in einem Krieg gegen einen gemeinsamen Feind begangen werden.

Sie werden ebenso gegen auf argentinischem Hoheitsgebiet ansässige Ausländer verhängt, mit Ausnahme der in Verträgen oder im Völkerrecht festgelegten Regelungen hinsichtlich diplomatischer Beamter und Staatsangehöriger der sich im Konflikt befindenden Staaten. In diesem Fall wird die gemäß Art. 44 geminderte Strafe verhängt.

Capítulo II
Delitos que comprometen la paz y la dignidad de la Nación

Artículo 219.

Será reprimido con prisión de uno a seis años, el que por actos materiales hostiles no aprobados por el gobierno nacional, diere motivos al peligro de una declaración de guerra contra la Nación, expusiere a sus habitantes a experimentar vejaciones o represalias en sus personas o en sus bienes o alte-

Zweites Kapitel
Straftaten, die den Frieden und die Würde der Nation gefährden

Art. 219

Mit Gefängnis von einem Jahr bis sechs Jahren wird bestraft, wer durch von der Nationalregierung nicht genehmigte tatsächliche feindselige Handlungen Anlass zu der Gefahr einer Kriegserklärung gegen die Nation gibt, deren Einwohner der Gefahr von Erniedrigungen oder Vergeltungsmaßnahmen gegen ihre Per-

rare las relaciones amistosas del gobierno argentino con un gobierno extranjero. Si de dichos actos resultaren hostilidades o la guerra, la pena será de tres a quince años de reclusión o prisión.

son oder das Vermögen aussetzt oder die freundschaftlichen Beziehungen der argentinischen Regierung zu einer ausländischen Regierung beeinträchtigt. Verursachen die genannten Handlungen Feindseligkeiten oder einen Krieg, ist die Strafe Zuchthaus oder Gefängnis von drei bis fünfzehn Jahren.

Artículo 220.

Se impondrá prisión de seis meses a dos años, al que violare los tratados concluidos con naciones extranjeras, las treguas y armisticios acordados entre la República y una potencia enemiga o entre sus fuerzas beligerantes de mar o tierra o los salvoconductos debidamente expedidos.

Art. 220

Mit Gefängnis von sechs Monaten bis zwei Jahren wird bestraft, wer den mit fremden Nationen geschlossenen Verträgen, den zwischen der Republik und einer feindlichen Macht oder zwischen ihren See- oder Landstreitkräften vereinbarten Waffenruhen oder Waffenstillständen oder ordnungsgemäß erteilten Geleitbriefen zuwiderhandelt.

Artículo 221.

Será reprimido con prisión de seis meses a dos años, el que violare las inmunidades del jefe de un Estado o del representante de una potencia extranjera.

Art. 221

Mit Gefängnis von sechs Monaten bis zwei Jahren wird bestraft, wer die Immunität eines Staatsoberhaupts oder des Vertreters einer ausländischen Macht verletzt.

Artículo 222.

Será reprimido con reclusión o prisión de uno a seis años, el que revelare secretos políticos o militares concernientes a la seguridad, a los medios de defensa o a las relaciones exteriores de la Nación.

En la misma pena incurrirá el que obtuviere la revelación del secreto. Será reprimido con prisión de uno a cuatro años el que públicamente ultrajare la bandera, el escudo o el himno de la Nación o los emblemas de una provincia argentina.

Art. 222

Mit Zuchthaus oder Gefängnis von einem Jahr bis sechs Jahren wird bestraft, wer politische oder militärische Geheimnisse offenbart, die die Sicherheit, die Verteidigungsmittel oder die außenpolitischen Beziehungen der Nation betreffen.

Dieselbe Strafe verwirkt, wer die Offenbarung des Geheimnisses erreicht. Mit Gefängnis von einem Jahr bis vier Jahren wird bestraft, wer öffentlich die Fahne, das Wappen oder die Hymne der Nation oder die Embleme einer argentinischen Provinz verunglimpft.

Artículo 223.

Será reprimido con prisión de un mes a un año e inhabilitación especial por doble tiempo, el que por imprudencia o negligencia diere a conocer los secretos mencionados en el artículo precedente, de los que se hallare en posesión en virtud de su empleo u oficio.

Art. 223

Mit Gefängnis von einem Monat bis einem Jahr und einer besonderen Aberkennung oder Beschränkung der Rechte und Fähigkeiten für die doppelte Dauer wird bestraft, wer durch Unvorsichtigkeit oder Nachlässigkeit die im vorhergehenden Artikel aufgeführten Geheimnisse offenbart, die er kraft seiner Stellung oder seines Berufs besitzt.

Artículo 224.

Será reprimido con prisión de seis meses a dos años, el que indebidamente levantare planos de fortificaciones, buques, establecimientos, vías u otras obras militares o se introdujere con tal fin, clandestina o engañosamente en dichos lugares, cuando su acceso estuviere prohibido al público.

Art. 224

Mit Gefängnis von sechs Monaten bis zwei Jahren wird bestraft, wer unbefugt Pläne von Befestigungen, Schiffen, Einrichtungen, Straßen und anderen militärischen Werken herstellt oder zu diesem Zweck heimlich oder durch Täuschung in die genannten Orte eindringt, obwohl der Öffentlichkeit der Zutritt verboten ist.

Artículo 225.

Será reprimido con reclusión o prisión de tres a diez años, el que, encargado por el gobierno argentino de una negociación con un estado extranjero, la condujere de un modo perjudicial a la Nación, apartándose de sus instrucciones.

Art. 225

Mit Zuchthaus oder Gefängnis von drei bis zehn Jahren wird bestraft, wer von der argentinischen Regierung beauftragt ist, Verhandlungen mit einem ausländischen Staat zu führen und diese unter Abweichung von seinen Anweisungen in einer für die Nation nachteiligen Weise führt.

Título X
Delitos contra los poderes públicos y el orden constitucional

Capítulo I
Atentados al orden constitucional y a la vida democrática

Zehnter Abschnitt
Straftaten gegen die öffentliche Gewalt und die verfassungsmäßige Ordnung

Erstes Kapitel
Angriffe auf die verfassungsmäßige Ordnung und das demokratische Leben

Artículo 226.

Serán reprimidos con prisión de cinco

Art. 226

Mit Gefängnis von fünf bis fünfzehn

a quince años los que se alzaren en armas para cambiar la Constitución, deponer alguno de los poderes públicos del gobierno nacional, arrancarle alguna medida o concesión o impedir, aunque sea temporariamente, el libre ejercicio de sus facultades constitucionales o su formación o renovación en los términos y formas legales. Si el hecho descripto en el párrafo anterior fuese perpetrado con el fin de cambiar de modo permanente el sistema democrático de gobierno, suprimir la organización federal, eliminar la división de poderes, abrogar los derechos fundamentales de la persona humana o suprimir o menoscabar, aunque sea temporariamente, la independencia económica de la Nación, la pena será de ocho a veinticinco años de prisión. Cuando el hecho fuere perpetrado por personas que tuvieren estado, empleo o asimilación militar, el mínimo de las penas se incrementará en un tercio.

Jahren werden diejenigen bestraft, die sich bewaffnet erheben, um die Verfassung zu ändern, einen Träger der öffentlichen Gewalt der Nationalregierung zu entfernen, eine Maßnahme oder ein Zugeständnis von ihm zu erzwingen oder um, sei es auch nur vorübergehend, die freie Ausübung seiner verfassungsmäßigen Befugnisse oder seine Bildung oder Erneuerung in den gesetzlichen Fristen und Formen zu verhindern. Wird die im vorhergehenden Absatz aufgeführte Tat mit dem Ziel begangen, auf Dauer die demokratische Regierungsform zu ändern, die bundesstaatliche Gliederung aufzuheben, die Gewaltenteilung abzuschaffen, die Grundrechte der Menschen außer Kraft zu setzen oder, sei es auch nur vorübergehend, die wirtschaftliche Unabhängigkeit der Nation aufzuheben oder zu vermindern, ist die Strafe Gefängnis von acht bis fünfundzwanzig Jahren. Wird die Tat von Personen begangen, die einen militärischen Rang oder Anstellung haben oder dem Militär auf andere Weise angehören, erhöht sich das Mindestmaß der Strafen um ein Drittel.

Artículo 226 bis.

El que amenazare pública e idóneamente con la comisión de alguna de las conductas previstas en el artículo 226, será reprimido con prisión de uno a cuatro años.

Art. 226 bis

Wer öffentlich und glaubwürdig die Begehung einer der in Art. 226 vorgesehenen Handlungen androht, wird mit Gefängnis von einem Jahr bis vier Jahren bestraft.

Artículo 227.

Serán reprimidos con las penas establecidas en el artículo 215 para los traidores a la patria, los miembros del Congreso que concedieren al Poder Ejecutivo Nacional y los miembros de las legislaturas provinciales que concedieren a los Gobernadores de provincia, facultades extraordinarias, la suma

Art. 227

Mit den in Art. 215 für Landesverräter vorgesehenen Strafen werden die Mitglieder des Kongresses, der ausführenden Gewalt der Nation und die Mitglieder der Provinzparlamente bestraft, die den Provinzgouverneuren außerordentliche Befugnisse, die gesamte Staatsgewalt oder Gehorsam oder Oberhoheiten

del poder público o sumisiones o supremacías, por las que la vida, el honor o la fortuna de los argentinos queden a merced de algún gobierno o de alguna persona (artículo 29 de la Constitución Nacional).

zubilligen, durch die das Leben, die Ehre oder das Vermögen der Argentinier einer Regierung oder einer Person preisgegeben werden (Art. 29 der Nationalverfassung).

Artículo 227 bis.

Serán reprimidos con las penas establecidas en el artículo 215 para los traidores a la patria, con la disminución del artículo 46, los miembros de alguno de los tres poderes del Estado nacional o de las provincias que consintieran la consumación de los hechos descriptos en el artículo 226, continuando en sus funciones o asumiéndolas luego de modificada por la fuerza la Constitución o depuesto alguno de los poderes públicos, o haciendo cumplir las medidas dispuestas por quienes usurpen tales poderes. Se aplicará de uno a ocho años de prisión o reclusión e inhabilitación absoluta por el doble de la condena, a quienes, en los casos previstos en el párrafo anterior, aceptaren colaborar continuando en funciones o asumiéndolas, con las autoridades de facto, en algunos de los siguientes cargos: ministros, secretarios de Estado, subsecretarios, directores generales o nacionales o de jerarquía equivalente en el orden nacional, provincial o municipal, presidente, vicepresidente, vocales o miembros de directorios de organismos descentralizados o autárquicos o de bancos oficiales o de empresas del Estado; sociedades del Estado, sociedades de economía mixta, o de sociedades anónimas con participación estatal mayoritaria, o de entes públicos equivalentes a los enumerados en el orden nacional, provincial o municipal, embajadores, rectores o decanos de universidades nacionales o provinciales,

Art. 227 bis

Mit den in Art. 215 für Landesverräter vorgesehenen Strafen, unter Strafminderung gemäß Art. 46, werden Mitglieder einer der drei Gewalten des Nationalstaats oder der Provinzen bestraft, die die Begehung der in Art. 226 aufgeführten Handlungen dadurch billigen, dass sie nach einer gewaltsamen Änderung der Verfassung oder der Ablösung einer der öffentlichen Gewalten deren Tätigkeiten fortsetzen oder sie übernehmen oder Anweisungen derjenigen ausführen, die sich dieser Gewalten bemächtigt haben. Gefängnis- oder Zuchthausstrafe von einem Jahr bis acht Jahren und die umfassende Aberkennung oder Beschränkung von Rechten und Fähigkeiten für die doppelte Dauer der Strafe wird gegen diejenigen verhängt, die in den im vorhergehenden Absatz vorgesehenen Fällen mit der tatsächlichen Gewalt in einem der nachfolgenden Ämter zusammenarbeiten, indem sie deren Tätigkeiten weiterführen oder solche übernehmen: Minister, Staatssekretäre, Untersekretäre, allgemeine oder nationale Direktoren oder gleichwertige Ämter in den National-, Provinz- oder Gemeindebehörden, Präsidenten, Vizepräsidenten, Sprecher oder Vorstandsmitglieder von dezentralisierten oder unabhängigen Organen oder von offiziellen Banken oder staatlichen Unternehmen, staatlichen Gesellschaften, gemischtwirtschaftlichen Gesellschaften oder von Aktiengesellschaften mit staatlicher Aktienmehrheit oder von mit den ge-

miembros de las fuerzas armadas o de policía o de organismos de seguridad en grados de jefes o equivalentes, intendentes municipales, o miembros del ministerio público fiscal de cualquier jerarquía o fuero, personal jerárquico del Parlamento Nacional y de las legislaturas provinciales. Si las autoridades de facto crearen diferentes jerarquías administrativas o cambiaren las denominaciones de las funciones señaladas en el párrafo anterior, la pena se aplicará a quienes las desempeñen, atendiendo a la análoga naturaleza y contenido de los cargos con relación a los actuales.

nannten vergleichbaren öffentlichen National-, Provinz- oder Gemeindeeinrichtungen, Botschafter, Rektoren oder Dekane von National- oder Provinzuniversitäten, Mitglieder der Streitkräfte, der Polizei oder von Sicherheitsorganen im Rang eines Leiters oder in gleichwertiger Stellung, Bürgermeister oder Mitglieder der Staatsanwaltschaft jeden Rangs oder Gerichtszuständigkeit, leitende Angestellte des Nationalparlaments und der Gesetzgebungsorgane der Provinzen. Sofern die tatsächlichen Machthaber andere Verwaltungsstrukturen schaffen oder die Benennung der im vorhergehenden Absatz bezeichneten Ämter ändern, wird die Strafe aufgrund des Wesens und des Inhalts der Ämter in Bezug zu den aktuellen gegen diejenigen verhängt, die diese ausüben.

Artículo 227 ter.

El máximo de la pena establecida para cualquier delito será aumentado en un medio, cuando la acción contribuya a poner en peligro la vigencia de la Constitución Nacional. Esta disposición no será aplicable cuando las circunstancias mencionadas en ella se encuentren contempladas como elemento constitutivo o calificante del delito de que se trate.

Art. 227 ter

Das für jede Straftat festgelegte Höchstmaß der Strafe erhöht sich um die Hälfte, wenn die Handlung zu einer Gefahr für die Geltung der Nationalverfassung führt. Diese Vorschrift wird nicht angewendet, wenn die in ihr genannten Umstände als begründende oder qualifizierende Merkmale der Straftat vorgesehen sind, um die es sich handelt.

Artículo 228.

Se impondrá prisión de seis meses a dos años al que ejecutare o mandare ejecutar decretos de los concilios, bulas, breves y rescriptos del Papa que, para su cumplimiento, necesiten del pase del gobierno, sin haberlo obtenido; y de uno a seis años de la misma pena, al que los ejecutare o mandare ejecutar, a pesar de haber sido denegado dicho pase.

Art. 228

Mit Gefängnisstrafe von sechs Monaten bis zwei Jahren wird bestraft, wer Konziliardekrete oder päpstliche Bullen, Mitteilungen oder Schriften, die zur Ausführung der Zustimmung der Regierung bedürfen, ohne deren Vorliegen ausführt oder ausführen lässt; und von einem Jahr bis sechs Jahren derselben Strafe, wer diese ausführt oder ausführen lässt, obwohl die Zustimmung verweigert wurde.

Capítulo II
Sedición

Artículo 229.

Serán reprimidos con prisión de uno a seis años, los que, sin rebelarse contra el gobierno nacional, armaren una provincia contra otra, se alzaren en armas para cambiar la Constitución local, deponer alguno de los poderes públicos de una provincia o territorio federal, arrancarle alguna medida o concesión o impedir, aunque sea temporalmente, el libre ejercicio de sus facultades legales o su formación o renovación en los términos y formas establecidas en la ley.

Artículo 230.

Serán reprimidos con prisión de uno a cuatro años:

1. Los individuos de una fuerza armada o reunión de personas, que se atribuyeren los derechos del pueblo y peticionaren a nombre de éste (art. 22 de la Constitución Nacional);
2. Los que se alzaren públicamente para impedir la ejecución de las leyes nacionales o provinciales o de las resoluciones de los funcionarios públicos nacionales o provinciales, cuando el hecho no constituya delito más severamente penado por este código.

Zweites Kapitel
Aufruhr

Art. 229

Mit Gefängnis von einem Jahr bis sechs Jahren werden diejenigen bestraft, die, ohne sich gegen die Nationalregierung aufzulehnen, eine Provinz gegen eine andere bewaffnen, sich unter Waffen erheben, um die örtliche Verfassung zu ändern, einen Träger der öffentlichen Gewalten einer Provinz oder eines Bundesgebiets abzusetzen, von ihm eine Maßnahme oder ein Zugeständnis zu erzwingen oder, sei es auch nur vorübergehend, die freie Ausübung seiner gesetzlichen Befugnisse oder seine Bildung oder Erneuerung innerhalb der gesetzlich festgelegten Fristen und Formen zu verhindern.

Art. 230

Mit Gefängnis von einem Jahr bis vier Jahren werden bestraft:

1. die Angehörigen einer bewaffneten Macht oder Personenvereinigung, die sich die Rechte des Volkes anmaßen und in dessen Namen Forderungen stellen (Art. 22 der Nationalverfassung);
2. diejenigen, die sich öffentlich erheben, um die Ausführung von National- oder Provinzialgesetzen oder von Beschlüssen von Amtsträgern der Nation oder der Provinzen zu verhindern, wenn die Handlung nicht eine aufgrund dieses Gesetzbuchs schwerer zu bestrafende Straftat darstellt.

Capítulo III
Disposiciones comunes a los capítulos precedentes

Artículo 231.

Luego que se manifieste la rebelión o sedición, la autoridad nacional más próxima intimará hasta dos veces a los sublevados que inmediatamente se disuelvan o retiren, dejando pasar entre una y otra intimación el tiempo necesario para ello. Si los sublevados no se retiraren inmediatamente después de la segunda intimación, la autoridad hará uso de la fuerza para disolverlos. No serán necesarias, respectivamente, la primera y segunda intimación, desde que los sublevados hicieren uso de las armas.

Artículo 232.

En caso de disolverse el tumulto sin haber causado otro mal que la perturbación momentánea del orden, sólo serán enjuiciados los promotores o directores, a quienes se reprimirá con la mitad de la pena señalada para el delito.

Artículo 233.

El que tomare parte como promotor o director, en una conspiración de dos o más personas para cometer los delitos de rebelión o sedición, será reprimido, si la conspiración fuere descubierta antes de ponerse en ejecución, con la cuarta parte de la pena correspondiente al delito que se trataba de perpetrar.

Artículo 234.

El que sedujere tropas o usurpare el mando de ellas, de un buque de guerra,

Drittes Kapitel
Allgemeine Regelungen für die vorhergehenden Kapitel

Art. 231

Sobald der Aufstand oder der Aufruhr bekannt wird, fordert die nächstliegende nationale Behörde die Aufständischen bis zu zweimal auf, sofort auseinanderzugehen oder sich zurückzuziehen, wobei zwischen den beiden Aufforderungen die dazu notwendige Zeit zu vergehen hat. Ziehen sich die Aufständischen oder Aufrührer nicht unmittelbar nach der zweiten Aufforderung zurück, wendet die Behörde Gewalt an, um diese zu zerstreuen. Sobald die Aufständischen oder Aufrührer Waffen einsetzen, erübrigen sich die erste und die zweite Aufforderung.

Art. 232

Hat sich der Tumult aufgelöst, ohne einen anderen Schaden als eine augenblickliche Störung der Ordnung zu verursachen, wird das Verfahren nur gegen die Urheber oder Anführer geführt, die mit der Hälfte der für die Straftat vorgesehenen Strafe bestraft werden.

Art. 233

Wer sich als Urheber oder Anführer an einer Verschwörung von zwei oder mehr Personen beteiligt, um die Straftaten des Aufstands und des Aufruhrs zu begehen, wird, wenn die Verschwörung vor Beginn ihrer Ausführung aufgedeckt wird, mit einem Viertel der entsprechenden Strafe der Straftat bestraft, die begangen werden sollte.

Art. 234

Wer Truppen verleitet oder sich der Befehlsgewalt über sie oder ein Kriegs-

de una plaza fuerte o de un puesto de guardia o retuviere ilegalmente un mando político o militar para cometer una rebelión o una sedición, será reprimido con la mitad de la pena correspondiente al delito que trataba de perpetrar. Si llegare a tener efecto la rebelión o la sedición, la pena será la establecida para los autores de la rebelión o de la sedición en los casos respectivos.

schiff, einen befestigten Platz oder einen Wachposten bemächtigt oder rechtswidrig eine politische oder militärische Befehlsgewalt behält, um einen Aufstand oder Aufruhr zu begehen, wird mit der Hälfte der Strafe der Straftat, die er begehen wollte, bestraft. Wird der Aufstand oder Aufruhr ausgeführt, ist die Strafe die für die Täter des Aufstands oder des Aufruhrs angedrohte.

Artículo 235.

Los funcionarios públicos que hubieren promovido o ejecutado alguno de los delitos previstos en este Título, sufrirán además inhabilitación especial por un tiempo doble del de la condena. Los funcionarios que no hubieren resistido una rebelión o sedición por todos los medios a su alcance, sufrirán inhabilitación especial de uno a seis años. Auméntase al doble el máximo de la pena establecida para los delitos previstos en este Título, para los jefes y agentes de la fuerza pública que incurran en ellos usando u ostentando las armas y demás materiales ofensivos que se les hayan confiado en tal calidad.

Art. 235

Beamte, die eine in diesem Abschnitt vorgesehene Straftat gefördert oder ausgeführt haben, werden außerdem mit einer besonderen Aberkennung oder Beschränkung von Rechten und Fähigkeiten für die doppelte Dauer der Strafe bestraft. Beamte, die sich nicht mit allen ihnen zur Verfügung stehenden Mitteln einem Aufstand oder einem Aufruhr widersetzt haben, werden mit einer besonderen Aberkennung oder Beschränkung von Rechten und Fähigkeiten von einem Jahr bis sechs Jahren bestraft. Das Höchstmaß der Strafe für die in diesem Abschnitt vorgesehenen Straftaten erhöht sich auf das Doppelte für die Befehlshaber und Beamten der Polizei, die diese begehen, indem sie die Waffen und anderen Angriffsmittel, die ihnen in ihrer Eigenschaft anvertraut wurden, benutzen oder vorweisen.

Artículo 236.

Cuando al ejecutar los delitos previstos en este Título, el culpable cometiere algún otro, se observarán las reglas establecidas para el concurso de hechos punibles.

Art. 236

Begeht der Schuldige neben den in diesem Abschnitt vorgesehenen Straftaten noch eine andere Straftat, finden die Regelungen über die Straftatenkonkurrenz Anwendung.

Título XI
Delitos contra la administración pública

Capítulo I
Atentado y resistencia contra la autoridad

Artículo 237.

Será reprimido con prisión de un mes a un año, el que empleare intimidación o fuerza contra un funcionario público o contra la persona que le prestare asistencia a requerimiento de aquél o en virtud de un deber legal, para exigirle la ejecución u omisión de un acto propio de sus funciones.

Artículo 238.

La prisión será de seis meses a dos años:

1. Si el hecho se cometiere a mano armada;
2. Si el hecho se cometiere por una reunión de más de tres personas;
3. Si el culpable fuere funcionario público;
4. Si el delincuente pusiere manos en la autoridad.

En el caso de ser funcionario público, el reo sufrirá además inhabilitación especial por doble tiempo del de la condena.

Artículo 239.

Será reprimido con prisión de quince días a un año, el que resistiere o desobedeciere a un funcionario público en el ejercicio legítimo de sus funciones o a la persona que le prestare asistencia a requerimiento de aquél o en virtud de una obligación legal.

Elfter Abschnitt
Straftaten gegen die öffentliche Verwaltung

Erstes Kapitel
Angriff und Widerstand gegen die Staatsgewalt

Art. 237

Mit Gefängnis von einem Monat bis einem Jahr wird bestraft, wer Einschüchterungen oder Gewalt gegen einen Beamten oder die Person, die diesem aufgrund seiner Aufforderung oder einer gesetzlichen Pflicht Hilfe leistet, einsetzt, um die Ausführung oder Unterlassung einer Amtshandlung zu verlangen.

Art. 238

Die Strafe ist Gefängnis von sechs Monaten bis zwei Jahren, wenn:

1. die Tat mit Waffen begangen wird;
2. die Tat von einer Gruppe von mehr als drei Personen begangen wird;
3. der Schuldige Beamter ist;
4. der Täter den Träger der Staatsgewalt körperlich angreift.

Ist der Schuldige Beamter, wird gegen ihn außerdem eine besondere Aberkennung oder Beschränkung von Rechten und Fähigkeiten für die doppelte Dauer der Strafe verhängt.

Art. 239

Mit Gefängnis von fünfzehn Tagen bis einem Jahr wird bestraft, wer einem Beamten bei der rechtmäßigen Ausübung seiner Tätigkeiten oder einer Person, die diesem aufgrund seiner Aufforderung oder einer gesetzlichen Pflicht Hilfe leistet, Widerstand leistet oder nicht gehorcht.

Artículo 240.

Para los efectos de los dos artículos precedentes, se reputará funcionario público al particular que tratare de aprehender o hubiere aprehendido a un delincuente en flagrante delito.

Art. 240

Im Sinne der beiden vorhergehenden Artikel wird als Beamter die Privatperson angesehen, die versucht, einen Straftäter auf frischer Tat festzunehmen oder diesen festgenommen hat.

Artículo 241.

Será reprimido con prisión de quince días a seis meses:

1) El que perturbare el orden en las sesiones de los cuerpos legislativos nacionales o provinciales, en las audiencias de los tribunales de justicia o dondequiera que una autoridad esté ejerciendo sus funciones;

2) El que sin estar comprendido en el artículo 237, impidiere o estorbare a un funcionario público cumplir un acto propio de sus funciones.

Art. 241

Mit Gefängnis von fünfzehn Tagen bis sechs Monaten wird bestraft, wer

1. die Ordnung in den Sitzungen der Gesetzgebungsorgane der Nation oder Provinzen, den Gerichtsverhandlungen oder dort, wo eine Behörde ihr Amt ausübt, stört;
2. ohne von Art. 237 erfasst zu sein, einen Beamten an der Ausübung seiner Tätigkeit hindert oder ihn bei deren Vornahme stört.

Artículo 242.

Será reprimido con multa de pesos setecientos cincuenta a pesos diez mil e inhabilitación especial de uno a cinco años, el funcionario público que, en el arresto o formación de causa contra un miembro de los poderes públicos nacionales o provinciales, de una convención constituyente o de un colegio electoral, no guardare la forma prescripta en las constituciones o leyes respectivas.

Art. 242

Mit Geldstrafe von $ 750 bis 10.000 und einer besonderen Aberkennung oder Beschränkung von Rechten und Fähigkeiten von einem Jahr bis fünf Jahren wird der Beamte bestraft, der bei Verhaftung oder Einleitung eines Verfahrens gegen ein Mitglied der öffentlichen Gewalt der Nation oder der Provinzen, einer verfassungsgebenden Versammlung oder eines Wahlgremiums nicht die in den entsprechenden Verfassungen oder Gesetzen vorgeschriebene Form einhält.

Artículo 243.

Será reprimido con prisión de quince días a un mes, el que siendo legalmente citado como testigo, perito o intérprete, se abstuviere de comparecer o de prestar la declaración o exposición respectiva. En el caso del perito o intérprete, se impondrá, además, al reo, inhabili-

Art. 243

Mit Gefängnis von fünfzehn Tagen bis einem Monat wird bestraft, wer sich als rechtmäßig geladener Zeuge, Sachverständiger oder Dolmetscher weigert zu erscheinen oder keine Aussage macht oder keine Auskunft gibt. Im Fall des Sachverständigen oder Dolmetschers

tación especial de un mes a un año.

wird gegen den Täter außerdem eine besondere Aberkennung oder Beschränkung von Rechten und Fähigkeiten von einem Monat bis einem Jahr verhängt.

Capítulo II
Falsa denuncia

Zweites Kapitel
Falschanzeige

Artículo 244.

(Artículo derogado)

Art. 244

(Aufgehoben)

Artículo 245.

Se impondrá prisión de dos meses a un año o multa de pesos setecientos cincuenta a pesos doce mil quinientos al que denunciare falsamente un delito ante la autoridad.

Art. 245

Gefängnisstrafe von zwei Monaten bis einem Jahr oder Geldstrafe von $ 750 bis 12.500 wird gegen denjenigen verhängt, der bei einer Behörde fälschlicherweise eine Straftat anzeigt.

Capítulo III
Usurpación de autoridad, títulos u honores

Drittes Kapitel
Anmaßung von Amtsgewalt, Titeln und Ehrenbezeichnungen

Artículo 246.

Será reprimido con prisión de un mes a un año e inhabilitación especial por doble tiempo:

1) El que asumiere o ejerciere funciones públicas, sin título o nombramiento expedido por autoridad competente;
2) El que después de haber cesado por ministerio de la ley en el desempeño de un cargo público o después de haber recibido de la autoridad competente comunicación oficial de la resolución que ordenó la cesantía o suspensión de sus funciones, continuare ejerciéndolas;
3) El funcionario público que ejerciere funciones correspondientes a otro cargo.

Art. 246

Mit Gefängnis von einem Monat bis einem Jahr und einer besonderen Aberkennung oder Beschränkung von Rechten und Fähigkeiten für die doppelte Dauer wird bestraft:

1. wer sich öffentliche Amtsbefugnisse ohne Titel oder Ernennung durch die zuständige Behörde anmaßt oder diese ausübt;
2. wer kraft Gesetzes aus einem öffentlichen Amt ausgeschieden ist oder, nachdem er die offizielle Mitteilung der zuständigen Behörde erhalten hat, die seine Entlassung aus dem Amt oder seine einstweilige Amtsenthebung anordnete, seine Aufgaben weiterhin ausübt;
3. der Beamte, der Aufgaben ausübt, die zu einem anderen Amt gehören.

Artículo 247.

Será reprimido con prisión de quince días a un año el que ejerciere actos propios de una profesión para la que se requiere una habilitación especial, sin poseer el título o la autorización correspondiente.

Será reprimido con multa de setecientos cincuenta a doce mil quinientos pesos, el que públicamente llevare insignias o distintivos de un cargo que no ejerciere o se arrogare grados académicos, títulos profesionales u honores que no le correspondieren.

Art. 247

Mit Gefängnis von fünfzehn Tagen bis einem Jahr wird bestraft, wer ohne den entsprechenden Titel oder die Befugnis berufliche Handlungen ausführt, für die es einer besonderen Zulassung bedarf.

Mit Geldstrafe von $ 750 bis 12.500 wird bestraft, wer öffentlich Abzeichen oder Kennzeichen eines Amtes, das er nicht innehat, führt oder sich akademische Grade, berufliche Titel oder Ehrentitel anmaßt, die ihm nicht zustehen.

Capítulo IV
Abuso de autoridad y violación de los deberes de los funcionarios públicos

Viertes Kapitel
Amtsmissbrauch und Amtspflichtverletzung

Artículo 248.

Será reprimido con prisión de un mes a dos años e inhabilitación especial por doble tiempo, el funcionario público que dictare resoluciones u órdenes contrarias a las constituciones o leyes nacionales o provinciales o ejecutare las órdenes o resoluciones de esta clase existentes o no ejecutare las leyes cuyo cumplimiento le incumbiere.

Art. 248

Mit Gefängnis von einem Monat bis zwei Jahren und einer besonderen Aberkennung oder Beschränkung von Rechten und Fähigkeiten für die doppelte Dauer wird der Beamte bestraft, der Beschlüsse oder Verfügungen erlässt, die gegen die National- oder Provinzialverfassungen oder -gesetze verstoßen oder derartige bestehende Verfügungen oder Beschlüsse ausführt oder die Gesetze, deren Ausführung ihm obliegt, nicht vollzieht.

Artículo 248 bis.

Será reprimido con inhabilitación absoluta de seis (6) meses a dos (2) años el funcionario público que, debiendo fiscalizar el cumplimiento de las normas de comercialización de ganado, productos y subproductos de origen animal, omitiere inspeccionar conforme los reglamentos a su cargo, establecimientos tales como mercados de ha-

Art. 248 bis

Mit einer umfassenden Aberkennung oder Beschränkung von Rechten und Fähigkeiten von sechs Monaten bis zwei Jahren wird der Beamte bestraft, dem es obliegt, die Einhaltung der Rechtsvorschriften zum Handel mit Nutztieren und Produkten oder Zwischenprodukten tierischer Herkunft zu überwachen und der es unterlässt, gemäß den von ihm

cienda, ferias y remates de animales, mataderos, frigoríficos, saladeros, barracas, graserías, tambos u otros establecimientos o locales afines con la elaboración, manipulación, transformación o comercialización de productos de origen animal y vehículos de transporte de hacienda, productos o subproductos de ese origen.

einzuhaltenden Vorschriften Einrichtungen wie Viehmärkte, Tiermessen- und -versteigerungen, Schlachthäuser, Kühlhäuser, Salzhäuser, Schuppen, Fetthäuser, Molkereien und andere Einrichtungen oder Orte zur Erzeugung, Verarbeitung, Veränderung von oder zum Handel mit Produkten tierischer Herkunft und Fahrzeuge zum Viehtransport oder zum Transport von Produkten oder Zwischenprodukten tierischer Herkunft zu überwachen.

Artículo 249.

Será reprimido con multa de pesos setecientos cincuenta a pesos doce mil quinientos e inhabilitación especial de un mes a un año, el funcionario público que ilegalmente omitiere, rehusare hacer o retardare algún acto de su oficio.

Art. 249

Mit Geldstrafe von $ 750 bis 12.500 und einer besonderen Aberkennung oder Beschränkung von Rechten und Fähigkeiten von einem Monat bis einem Jahr wird der Beamte bestraft, der rechtswidrig eine Amtshandlung unterlässt, verweigert oder verzögert.

Artículo 250.

Será reprimido con prisión de un mes a dos años e inhabilitación especial por doble tiempo, el jefe o agente de la fuerza pública, que rehusare, omitiere o retardare, sin causa justificada, la prestación de un auxilio legalmente requerido por la autoridad civil competente.

Art. 250

Mit Gefängnis von einem Monat bis zwei Jahren und einer besonderen Aberkennung oder Beschränkung von Rechten und Fähigkeiten für die doppelte Dauer werden die Polizeibefehlshaber oder -beamten bestraft, die eine von der zuständigen zivilen Behörde rechtmäßig angeforderte Hilfeleistung ohne berechtigten Grund verweigern, unterlassen oder verzögern.

Artículo 251.

Será reprimido con prisión de un mes a cuatro años e inhabilitación especial por doble tiempo, el funcionario público que requiriere la asistencia de la fuerza pública contra la ejecución de disposiciones u órdenes legales de la autoridad o de sentencias o de mandatos judiciales.

Art. 251

Mit Gefängnis von einem Monat bis vier Jahren und einer besonderen Aberkennung oder Beschränkung von Rechten und Fähigkeiten für die doppelte Dauer wird der Beamte bestraft, der die Hilfe der Polizei gegen die Ausführung rechtmäßiger behördlicher Bestimmungen oder von Verfügungen oder Urteilen oder Befehlen der Justiz anfordert.

Artículo 252.

Será reprimido con multa de pesos setecientos cincuenta a pesos doce mil quinientos e inhabilitación especial de un mes a un año, el funcionario público que, sin habérsele admitido la renuncia de su destino, lo abandonare con daño del servicio público.

Art. 252

Mit Geldstrafe von $ 750 bis 12.500 und einer besonderen Aberkennung oder Beschränkung von Rechten und Fähigkeiten von einem Monat bis einem Jahr wird der Beamte bestraft, der seine Amtsstellung zum Schaden des öffentlichen Dienstes verlässt, ohne dass ihm die Niederlegung seines Amtes gestattet wurde.

Artículo 253.

Será reprimido con multa de pesos setecientos cincuenta a pesos doce mil quinientos e inhabilitación especial de seis meses a dos años, el funcionario público que propusiere o nombrare para cargo público, a persona en quien no concurrieren los requisitos legales. En la misma pena incurrirá el que aceptare un cargo para el cual no tenga los requisitos legales.

Art. 253

Mit Geldstrafe von $ 750 bis 12.500 und einer besonderen Aberkennung oder Beschränkung von Rechten und Fähigkeiten von sechs Monaten bis zwei Jahren wird der Beamte bestraft, der eine Person zur Ausübung eines öffentlichen Amtes vorschlägt oder benennt, die nicht die gesetzlichen Voraussetzungen erfüllt. Dieselbe Strafe wird gegen denjenigen verhängt, der ein öffentliches Amt annimmt, für das er nicht die gesetzlichen Voraussetzungen erfüllt.

Capítulo V
Violación de sellos y documentos

Fünftes Kapitel
Verletzung von Siegeln und Urkunden

Artículo 254.

Será reprimido con prisión de seis meses a dos años, el que violare los sellos puestos por la autoridad para asegurar la conservación o la identidad de una cosa. Si el culpable fuere funcionario público y hubiere cometido el hecho con abuso de su cargo, sufrirá además inhabilitación especial por doble tiempo. Si el hecho se hubiere cometido por imprudencia o negligencia del funcionario público, la pena será de multa de pesos setecientos cincuenta a pesos doce mil quinientos.

Art. 254

Mit Gefängnis von sechs Monaten bis zwei Jahren wird bestraft, wer die von einer Behörde zur Sicherung der Aufbewahrung oder Kennzeichnung einer Sache angebrachten Siegel verletzt. Ist der Schuldige Beamter und hat er die Tat unter Missbrauch seines Amtes begangen, wird er außerdem mit einer besonderen Aberkennung oder Beschränkung von Rechten und Fähigkeiten für die doppelte Dauer bestraft. Wurde die Tat aus Unvorsichtigkeit oder Nachlässigkeit des Beamten begangen, ist die Strafe Geldstrafe von $ 750 bis 12.500.

Artículo 255.

Será reprimido con prisión de un mes a cuatro años, el que sustrajere, ocultare, destruyere o inutilizare objetos destinados a servir de prueba ante la autoridad competente, registros o documentos confiados a la custodia de un funcionario o de otra persona en el interés del servicio público. Si el culpable fuere el mismo depositario, sufrirá además inhabilitación especial por doble tiempo. Si el hecho se cometiere por imprudencia o negligencia del depositario, éste será reprimido con multa de pesos setecientos cincuenta a pesos doce mil quinientos.

Art. 255

Mit Gefängnis von einem Monat bis vier Jahren wird bestraft, wer Gegenstände, die zum Beweis vor einer zuständigen Behörde dienen, und Verzeichnisse oder Urkunden, die der Obhut eines Beamten oder einer anderen Person im Interesse des öffentlichen Dienstes anvertraut sind, entwendet, verbirgt, zerstört oder unbrauchbar macht. Ist der Schuldige gleichzeitig der Verwahrer, wird außerdem die besondere Aberkennung oder Beschränkung von Rechten und Fähigkeiten für die doppelte Dauer verhängt. Wird die Tat durch Unvorsichtigkeit oder Nachlässigkeit des Verwahrers begangen, wird dieser mit einer Geldstrafe von $ 750 bis 12.500 bestraft.

Capítulo VI
Cohecho y tráfico de influencias

Sechstes Kapitel
Bestechlichkeit, Bestechung und unrechtmäßige Einflussnahme

Artículo 256.

Será reprimido con reclusión o prisión de uno a seis años e inhabilitación especial perpetua, el funcionario público que por sí o por persona interpuesta, recibiere dinero o cualquier otra dádiva o aceptare una promesa directa o indirecta, para hacer, retardar o dejar de hacer algo relativo a sus funciones.

Art. 256

Mit Zuchthaus oder Gefängnis von einem Jahr bis sechs Jahren und einer lebenslangen umfassenden Aberkennung oder Beschränkung von Rechten und Fähigkeiten wird der Beamte bestraft, der selbst oder durch eine vermittelnde Person Geld oder ein anderes Geschenk oder ein direktes oder indirektes Versprechen annimmt, um etwas seinen Befugnissen Entsprechendes zu tun, zu verzögern oder zu unterlassen.

Artículo 256 bis.

Será reprimido con reclusión o prisión de uno a seis años e inhabilitación especial perpetua para ejercer la función pública, el que por sí o por persona interpuesta solicitare o recibiere dinero o cualquier otra dádiva o aceptare una promesa directa o indirecta, para hacer

Art. 256 bis

Mit Zuchthaus oder Gefängnis von einem Jahr bis sechs Jahren und einer lebenslangen umfassenden Aberkennung oder Beschränkung von Rechten und Fähigkeiten zur Ausübung eines öffentlichen Amtes wird der Beamte bestraft, der selbst oder durch eine vermit-

valer indebidamente su influencia ante un funcionario público, a fin de que éste haga, retarde o deje de hacer algo relativo a sus funciones.

telnde Person Geld oder ein anderes Geschenk fordert oder annimmt oder ein direktes oder indirektes Versprechen annimmt, um seinen Einfluss unrechtmäßig gegenüber einem Beamten in der Absicht geltend zu machen, dass dieser etwas seinen Befugnissen Entsprechendes tut, verzögert oder unterlässt.

Si aquella conducta estuviera destinada a hacer valer indebidamente una influencia ante un magistrado del Poder Judicial o del Ministerio Público, a fin de obtener la emisión, dictado, demora u omisión de un dictamen, resolución o fallo en asuntos sometidos a su competencia, el máximo de la pena de prisión o reclusión se elevará a doce años.

Ist dieses Verhalten darauf gerichtet, unrechtmäßig einen Einfluss gegenüber einem Richter des Justizwesens oder einem Staatsanwalt in der Absicht geltend zu machen, eine Abgabe, einen Erlass, einen Aufschub oder eine Unterlassung einer Stellungnahme, eines Beschlusses oder eines Urteils in Angelegenheiten, die deren Zuständigkeit unterliegen, zu erhalten, erhöht sich die Höchststrafe auf zwölf Jahre Gefängnis oder Zuchthaus.

Artículo 257.

Será reprimido con prisión o reclusión de cuatro a doce años e inhabilitación especial perpetua, el magistrado del Poder Judicial o del Ministerio Público que por sí o por persona interpuesta, recibiere dinero o cualquier otra dádiva o aceptare una promesa directa o indirecta para emitir, dictar, retardar u omitir dictar una resolución, fallo o dictamen, en asuntos sometidos a su competencia.

Art. 257

Mit Gefängnis oder Zuchthaus von vier bis zwölf Jahren und einer lebenslangen umfassenden Aberkennung oder Beschränkung von Rechten und Fähigkeiten wird der Richter des Justizwesens oder der Staatsanwalt bestraft, der selbst oder durch eine vermittelnde Person Geld oder ein anderes Geschenk oder ein direktes oder indirektes Versprechen annimmt, um eine Stellungnahme, einen Beschluss oder ein Urteil in Angelegenheiten, die seiner Zuständigkeit unterliegen, abzugeben, zu erlassen, aufzuschieben oder zu unterlassen.

Artículo 258.

Será reprimido con prisión de uno a seis años, el que directa o indirectamente diere u ofreciere dádivas en procura de alguna de las conductas reprimidas por los artículos 256 y 256 bis, primer párrafo. Si la dádiva se hiciere u

Art. 258

Mit Gefängnis von einem Jahr bis sechs Jahren wird bestraft, wer zur Begehung der nach Art. 256 und 256 bis Abs. 1 strafbaren Handlungen direkt oder indirekt Geschenke macht oder anbietet. Wird das Geschenk in der Absicht ge-

ofreciere con el fin de obtener alguna de las conductas tipificadas en los artículos 256 bis, segundo párrafo y 257, la pena será de reclusión o prisión de dos a seis años. Si el culpable fuere funcionario público, sufrirá además inhabilitación especial de dos a seis años en el primer caso y de tres a diez años en el segundo.

macht oder angeboten, die Durchführung einer der in Art. 256 bis Abs. 2 und 257 aufgeführten Handlungen zu erreichen, ist die Strafe Zuchthaus oder Gefängnis von zwei bis sechs Jahren. Ist der Schuldige Beamter, wird er außerdem mit einer besonderen Aberkennung oder Beschränkung von Rechten und Fähigkeiten von zwei bis sechs Jahren im ersten Fall und von drei bis zehn Jahren im zweiten Fall bestraft.

Artículo 258 bis.

Será reprimido con reclusión de uno (1) a seis (6) años e inhabilitación especial perpetua para ejercer la función pública el que, directa o indirectamente, ofreciere u otorgare a un funcionario público de otro Estado o de una organización pública internacional, ya sea en su beneficio o de un tercero, sumas de dinero o cualquier objeto de valor pecuniario u otras compensaciones, tales como dádivas, favores, promesas o ventajas, a cambio de que dicho funcionario realice u omita realizar un acto relacionado con el ejercicio de sus funciones públicas, o para que haga valer la influencia derivada de su cargo, en un asunto vinculado a una transacción de naturaleza económica, financiera o comercial.

Art. 258 bis

Mit Zuchthaus von einem Jahr bis sechs Jahren und einer lebenslangen umfassenden Aberkennung oder Beschränkung von Rechten und Fähigkeiten zur Ausübung eines öffentlichen Amtes wird bestraft, wer einem Amtsträger eines anderen Staates oder einer internationalen öffentlichen Organisation direkt oder indirekt, sei es zu seinem Vorteil oder dem Vorteil eines Dritten, Geldbeträge oder einen anderen geldwerten Gegenstand oder andere Zuwendungen wie Geschenke, Gefälligkeiten, Versprechen oder Vorteile als Gegenleistung dafür anbietet oder macht, dass dieser Amtsträger eine zu seinen öffentlichen Tätigkeiten gehörende Handlung durchführt oder unterlässt, oder damit er den aus seinem Amt abgeleiteten Einfluss in einem mit einer wirtschaftlichen, finanziellen oder gewerblichen Angelegenheit verbundenen Geschäft geltend macht.

Artículo 259.

Será reprimido con prisión de un mes a dos años e inhabilitación absoluta de uno a seis años, el funcionario público que admitiere dádivas, que fueran entregadas en consideración a su oficio, mientras permanezca en el ejercicio del cargo. El que presentare u ofreciere la

Art. 259

Mit Gefängnis von einem Monat bis zwei Jahren und einer umfassenden Aberkennung oder Beschränkung von Rechten und Fähigkeiten von einem Jahr bis sechs Jahren wird der Beamte bestraft, der während seiner Amtszeit Geschenke annimmt, die ihm im Hin-

dádiva será reprimido con prisión de un mes a un año.

blick auf sein Amt angeboten werden. Wer das Geschenk vorlegt oder anbietet, wird mit Gefängnis von einem Monat bis einem Jahr bestraft.

Capítulo VII
Malversación de caudales públicos

Siebentes Kapitel
Veruntreuung öffentlichen Vermögens

Artículo 260.

Será reprimido con inhabilitación especial de un mes a tres años, el funcionario público que diere a los caudales o efectos que administrare una aplicación diferente de aquella a que estuvieren destinados. Si de ello resultare daño o entorpecimiento del servicio a que estuvieren destinados, se impondrá además al culpable, multa del veinte al cincuenta por ciento de la cantidad distraída.

Art. 260

Mit einer besonderen Aberkennung oder Beschränkung von Rechten und Fähigkeiten von einem Monat bis drei Jahren wird der Beamte bestraft, der von ihm verwaltete Vermögenswerte oder öffentliche Wertpapiere einer anderen als der bestimmten Verwendung zuführt. Entsteht aus der Tat ein Schaden oder eine Störung des Dienstes, für den sie bestimmt sind, wird gegen den Schuldigen außerdem eine Geldstrafe von zwanzig bis fünfzig Prozent des fehlgeleiteten Betrags verhängt.

Artículo 261.

Será reprimido con reclusión o prisión de dos a diez años e inhabilitación absoluta perpetua, el funcionario público que sustrajere caudales o efectos cuya administración, percepción o custodia le haya sido confiada por razón de su cargo. Será reprimido con la misma pena el funcionario que empleare en provecho propio o de un tercero, trabajos o servicios pagados por una administración pública.

Art. 261

Mit Zuchthaus oder Gefängnis von zwei bis zehn Jahren und einer lebenslangen umfassenden Aberkennung oder Beschränkung von Rechten und Fähigkeiten wird der Beamte bestraft, der Vermögenswerte oder öffentliche Wertpapiere entwendet, deren Verwaltung, Entgegennahme oder Obhut ihm aufgrund seines Amtes anvertraut wurde. Mit derselben Strafe wird der Beamte bestraft, der zum eigenen Vorteil oder dem eines Dritten Arbeiten oder Dienstleistungen nutzt, die von der öffentlichen Verwaltung bezahlt werden.

Artículo 262.

Será reprimido con multa del veinte al sesenta por ciento del valor substraído, el funcionario público que, por impru-

Art. 262

Mit Geldstrafe von zwanzig bis sechzig Prozent des entwendeten Wertes wird der Beamte bestraft, der es durch Un-

dencia o negligencia o por inobservancia de los reglamentos o deberes de su cargo, diere ocasión a que se efectuare por otra persona la substracción de caudales o efectos de que se trata en el artículo anterior.

vorsichtigkeit, Nachlässigkeit oder Nichtbeachtung der Vorschriften oder Pflichten seines Amtes ermöglicht, dass eine andere Person die im vorhergehenden Artikel bezeichneten Vermögenswerte oder öffentlichen Wertpapiere entwendet.

Artículo 263.

Quedan sujetos a las disposiciones anteriores los que administraren o custodiaren bienes pertenecientes a establecimientos de instrucción pública o de beneficencia, así como los administradores y depositarios de caudales embargados, secuestrados o depositados por autoridad competente, aunque pertenezcan a particulares.

Art. 263

Die vorhergehenden Bestimmungen gelten auch für Personen, die öffentlichen Bildungsanstalten oder Wohlfahrtsorganisationen gehörende Sachgüter verwalten oder in ihrer Obhut haben, sowie für Verwalter und Verwahrer der von der zuständigen Behörde gepfändeten, beschlagnahmten oder hinterlegten Wertgegenstände, auch wenn diese Privatpersonen gehören.

Artículo 264.

Será reprimido con inhabilitación especial por uno a seis meses, el funcionario público que, teniendo fondos expeditos, demorare injustificadamente un pago ordinario o decretado por autoridad competente. En la misma pena incurrirá el funcionario público que, requerido por la autoridad competente, rehusare entregar una cantidad o efecto depositado o puesto bajo su custodia o administración.

Art. 264

Mit einer besonderen Aberkennung oder Beschränkung von Rechten und Fähigkeiten von einem Monat bis sechs Monaten wird der Beamte bestraft, der laufende oder von der zuständigen Behörde verfügte Zahlungen ungerechtfertigt verzögert, obwohl er Mittel zur Verfügung hat. Mit derselben Strafe wird der Beamte bestraft, der sich nach Anforderung der zuständigen Behörde weigert, Geldbeträge oder öffentliche Wertpapiere, die hinterlegt sind oder unter seiner Obhut oder Verwaltung stehen, herauszugeben.

Capítulo VIII
Negociaciones incompatibles con el ejercicio de funciones públicas

Achtes Kapitel
Mit der Ausübung öffentlicher Aufgaben unvereinbare Geschäftstätigkeiten

Artículo 265.

Será reprimido con reclusión o prisión de uno a seis años e inhabilitación es-

Art. 265

Mit Zuchthaus oder Gefängnis von einem Jahr bis sechs Jahren und einer

pecial perpetua, el funcionario público que, directamente, por persona interpuesta o por acto simulado, se interesare en miras de un beneficio propio o de un tercero, en cualquier contrato u operación en que intervenga en razón de su cargo.

lebenslangen besonderen Aberkennung oder Beschränkung von Rechten und Fähigkeiten wird der Beamte bestraft, der sich unmittelbar, durch eine vermittelnde Person oder durch eine vorgespiegelte Handlung zu seinem Vorteil oder dem eines Dritten an einem Vertrag oder Geschäft beteiligt, an dem er aufgrund seines Amtes mitwirkt.

Esta disposición será aplicable a los árbitros, amigables componedores, peritos, contadores, tutores, curadores, albaceas, síndicos y liquidadores, con respecto a las funciones cumplidas en el carácter de tales.

Diese Vorschrift ist anwendbar auf Schiedsrichter, Schlichter, Sachverständige, Rechnungsprüfer, Vormünder, Betreuer, Testamentsvollstrecker, Konkursverwalter und Abwickler bezüglich ihrer in dieser Eigenschaft ausgeführten Aufgaben.

Capítulo IX
Exacciones ilegales

Neuntes Kapitel
Rechtswidrige Abgabenerhebungen

Artículo 266.

Será reprimido con prisión de uno a cuatro años e inhabilitación especial de uno a cinco años, el funcionario público que, abusando de su cargo, solicitare, exigiere o hiciere pagar o entregar indebidamente, por sí o por interpuesta persona, una contribución, un derecho o una dádiva o cobrase mayores derechos que los que corresponden.

Art. 266

Mit Gefängnis von einem Jahr bis vier Jahren und einer besonderen Aberkennung oder Beschränkung von Rechten und Fähigkeiten von einem Jahr bis fünf Jahren wird der Beamte bestraft, der unter Missbrauch seines Amtes selbst oder durch eine vermittelnde Person rechtswidrig eine Abgabe, eine Gebühr oder ein Geschenk fordert, verlangt oder sich zahlen oder geben lässt, oder höhere Gebühren als die vorgesehenen einzieht.

Artículo 267.

Si se empleare intimidación o se invocare orden superior, comisión, mandamiento judicial u otra autorización legítima, podrá elevarse la prisión hasta cuatro años y la inhabilitación hasta seis años.

Art. 267

Wird die Tat mittels Einschüchterung oder unter Berufung auf einen höheren Befehl, Auftrag, gerichtliche Anweisung oder eine andere rechtmäßige Berechtigung begangen, kann die Gefängnisstrafe auf bis zu vier Jahre und die besondere Aberkennung oder Beschränkung von Rechten und Fähigkeiten auf bis zu sechs Jahre erhöht werden.

Artículo 268.

Será reprimido con prisión de dos a seis años e inhabilitación absoluta perpetua, el funcionario público que convirtiere en provecho propio o de tercero las exacciones expresadas en los artículos anteriores.

Art. 268

Mit Gefängnis von zwei bis sechs Jahren und einer lebenslangen umfassenden Aberkennung oder Beschränkung von Rechten und Fähigkeiten wird der Beamte bestraft, der die in den vorhergehenden Artikeln bezeichneten Abgaben zu seinem eigenen Vorteil oder dem eines Dritten verwendet.

Capítulo IX bis
Enriquecimiento ilícito de funcionarios y empleados

Neuntes Kapitel bis
Unrechtmäßige Bereicherung von Beamten und Bediensteten

Artículo 268 (1).

Será reprimido con la pena del artículo 256, el funcionario público que con fines de lucro utilizare para sí o para un tercero informaciones o datos de carácter reservado de los que haya tomado conocimiento en razón de su cargo.

Art. 268 (1)

Mit der Strafe des Art. 256 wird der Beamte bestraft, der in Bereicherungsabsicht für sich oder für einen Dritten vertrauliche Informationen oder Daten benutzt, von denen er aufgrund seines Amtes Kenntnis erlangt hat.

Artículo 268 (2).

Será reprimido con reclusión o prisión de dos a seis años, multa del cincuenta por ciento al ciento por ciento del valor del enriquecimiento e inhabilitación absoluta perpetua, el que al ser debidamente requerido, no justificare la procedencia de un enriquecimiento patrimonial apreciable suyo o de persona interpuesta para disimularlo, ocurrido con posterioridad a la asunción de un cargo o empleo público y hasta dos años después de haber cesado en su desempeño.

Se entenderá que hubo enriquecimiento no sólo cuando el patrimonio se hubiese incrementado con dinero, cosas o bienes, sino también cuando se hubiesen cancelado deudas o extinguido obligaciones que lo afectaban.

Art. 268 (2)

Mit Zuchthaus oder Gefängnis von zwei bis sechs Jahren, Geldstrafe von fünfzig bis hundert Prozent des Wertes der Bereicherung und einer lebenslangen umfassenden Aberkennung oder Beschränkung von Rechten und Fähigkeiten wird bestraft, wer trotz rechtmäßiger Aufforderung die Herkunft seiner eigenen beträchtlichen Bereicherung oder der Bereicherung einer zur Verschleierung derselben eingeschalteten dritten Person, die nach der Aufnahme des öffentlichen Amtes oder der Stellung und bis zu zwei Jahre nach Aufgabe des Amtes oder der Stellung eingetreten ist, nicht rechtfertigt.

Als Bereicherung wird nicht nur die Erhöhung des Vermögens durch Geld, Gegenstände oder Sachgüter betrachtet, sondern ebenso die Tilgung von Schulden oder Verpflichtungen, die es belastet haben.

La persona interpuesta para disimular el enriquecimiento será reprimida con la misma pena que el autor del hecho.

Die zur Verschleierung der Bereicherung eingeschaltete Person wird mit derselben Strafe wie der Täter der Tat bestraft.

Artículo 268 (3).

Será reprimido con prisión de quince días a dos años e inhabilitación especial perpetua el que, en razón de su cargo, estuviere obligado por ley a presentar una declaración jurada patrimonial y omitiere maliciosamente hacerlo.

El delito se configurará cuando mediando notificación fehaciente de la intimación respectiva, el sujeto obligado no hubiere dado cumplimiento a los deberes aludidos dentro de los plazos que fije la ley cuya aplicación corresponda.

En la misma pena incurrirá el que maliciosamente, falseare u omitiere insertar los datos que las referidas declaraciones juradas deban contener de conformidad con las leyes y reglamentos aplicables.

Art. 268 (3)

Mit Gefängnis von fünfzehn Tagen bis zwei Jahren und einer besonderen lebenslangen Aberkennung oder Beschränkung von Rechten und Fähigkeiten wird bestraft, wer aufgrund seiner Stellung gesetzlich verpflichtet ist, eine eidesstattliche Erklärung über sein Vermögen vorzulegen und dies böswillig unterlässt.

Die Tat gilt als begangen, wenn der Täter nach wirksamer Zustellung der entsprechenden Aufforderung seinen Pflichten nicht innerhalb der von dem anwendbaren Gesetz festgelegten Frist nachkommt.

Dieselbe Strafe verwirkt, wer böswillig Daten, die in den bezeichneten eidesstattlichen Erklärungen gemäß den anwendbaren Gesetzen und Bestimmungen enthalten sein müssen, fälscht oder es unterlässt, diese einzufügen.

Capítulo X
Prevaricato

Artículo 269.

Sufrirá multa de pesos tres mil a pesos setenta y cinco mil e inhabilitación absoluta perpetua el juez que dictare resoluciones contrarias a la ley expresa invocada por las partes o por el mismo o citare, para fundarlas, hechos o resoluciones falsas.

Zehntes Kapitel
Rechtsbeugung und Parteiverrat

Art. 269

Mit Geldstrafe von $ 3.000 bis 75.000 und einer lebenslangen umfassenden Aberkennung oder Beschränkung von Rechten und Fähigkeiten wird der Richter bestraft, der eine Entscheidung entgegen der ausdrücklichen Bestimmung des Gesetzes, auf die sich die Parteien berufen oder auf die er sich selbst beruft, trifft oder der ihrer Begründung falsche Tatsachen oder Entscheidungen zugrunde legt.

Si la sentencia fuere condenatoria en causa criminal, la pena será de tres a quince años de reclusión o prisión e inhabilitación absoluta perpetua.

Handelt es sich um ein Schuldurteil in einer Strafsache, ist die Strafe Zuchthaus oder Gefängnis von drei bis fünfzehn Jahren und eine lebenslange umfassende Aberkennung oder Beschränkung von Rechten und Fähigkeiten.

Lo dispuesto en el párrafo primero de este artículo, será aplicable, en su caso, a los árbitros y arbitradores amigables componedores.

Die Regelung in Abs. 1 dieses Artikels ist auch auf Schiedsrichter und Schlichter anzuwenden.

Artículo 270.

Será reprimido con multa de pesos dos mil quinientos a pesos treinta mil e inhabilitación absoluta de uno a seis años, el juez que decretare prisión preventiva por delito en virtud del cual no proceda o que prolongare la prisión preventiva que, computada en la forma establecida en el artículo 24, hubiere agotado la pena máxima que podría corresponder al procesado por el delito imputado.

Art. 270

Mit Geldstrafe von $ 2.500 bis 30.000 und einer umfassenden Aberkennung oder Beschränkung von Rechten und Fähigkeiten von einem Jahr bis sechs Jahren wird der Richter bestraft, der die Untersuchungshaft für eine Straftat anordnet, für welche diese nicht vorgesehen ist, oder der die Untersuchungshaft verlängert, obwohl die Höchststrafe, die gegen den Beschuldigten aufgrund der vorgeworfenen Straftat verhängt werden könnte, gemäß den Anrechnungsvorschriften des Art. 24 verstrichen ist.

Artículo 271.

Será reprimido con multa de pesos dos mil quinientos a pesos treinta mil, e inhabilitación especial de uno a seis años, el abogado o mandatario judicial que defendiere o representare partes contrarias en el mismo juicio, simultánea o sucesivamente o que de cualquier otro modo, perjudicare deliberadamente la causa que le estuviere confiada.

Art. 271

Mit Geldstrafe von $ 2.500 bis 30.000 und einer besonderen Aberkennung oder Beschränkung von Rechten und Fähigkeiten von einem Jahr bis sechs Jahren wird der Rechtsanwalt oder Prozessbevollmächtigte bestraft, der gleichzeitig oder nacheinander in demselben Verfahren gegnerische Parteien verteidigt oder vertritt oder auf andere Weise der ihm anvertrauten Rechtssache wissentlich schadet.

Artículo 272.

La disposición del artículo anterior será aplicable a los fiscales, asesores y demás funcionarios encargados de emitir

Art. 272

Die Vorschrift des vorhergehenden Artikels findet Anwendung auf Staatsanwälte, Beisitzer und andere zur Abga-

su dictamen ante las autoridades.

be von Gutachten vor Behörden ermächtigte Beamte

Capítulo XI
Denegación y retardo de justicia

Elftes Kapitel
Rechtsverweigerung und Rechtsverzögerung

Artículo 273.

Será reprimido con inhabilitación absoluta de uno a cuatro años, el juez que se negare a juzgar so pretexto de obscuridad, insuficiencia o silencio de la ley.

En la misma pena incurrirá el juez que retardare maliciosamente la administración de justicia después de requerido por las partes y de vencidos los términos legales.

Art. 273

Mit umfassender Aberkennung oder Beschränkung von Rechten und Fähigkeiten von einem Jahr bis vier Jahren wird der Richter bestraft, der sich unter dem Vorwand der Unklarheit, Unzulänglichkeit oder des Schweigens des Gesetzes weigert, Recht zu sprechen.

Dieselbe Strafe wird gegen den Richter verhängt, der die Rechtspflege böswillig verzögert, nachdem die Parteien ihre Anträge gestellt haben und die gesetzlichen Fristen abgelaufen sind.

Artículo 274.

El funcionario público que, faltando a la obligación de su cargo, dejare de promover la persecución y represión de los delincuentes, será reprimido con inhabilitación absoluta de seis meses a dos años, a menos que pruebe que su omisión provino de un inconveniente insuperable.

Art. 274

Der Beamte, der unter Außerachtlassung der Pflichten seines Amtes die Verfolgung und Bestrafung von Straftätern unterlässt, wird mit einer umfassenden Aberkennung oder Beschränkung von Rechten und Fähigkeiten von sechs Monaten bis zwei Jahren bestraft, sofern er nicht nachweisen kann, dass seine Unterlassung aufgrund eines unvermeidbaren Umstands eingetreten ist.

Capítulo XII
Falso testimonio

Zwölftes Kapitel
Falschaussage

Artículo 275.

Será reprimido con prisión de un mes a cuatro años, el testigo, perito o intérprete que afirmare una falsedad o negare o callare la verdad, en todo o en parte, en su deposición, informe, traducción o interpretación, hecha ante la

Art. 275

Mit Gefängnis von einem Monat bis vier Jahren wird der Zeuge, Sachverständige oder Dolmetscher bestraft, der in seiner Aussage, Auskunft, Übersetzung oder Erläuterung gegenüber der zuständigen Behörde etwas Falsches bekundet oder

autoridad competente.

die Wahrheit ganz oder teilweise leugnet oder verschweigt.

Si el falso testimonio se cometiere en una causa criminal, en perjuicio del inculpado, la pena será de uno a diez años de reclusión o prisión.

Wird die falsche Aussage in einer Strafsache zum Nachteil des Beschuldigten abgegeben, ist die Strafe Zuchthaus oder Gefängnis von einem Jahr bis zehn Jahren.

En todos los casos se impondrá al reo, además, inhabilitación absoluta por doble tiempo del de la condena.

In allen Fällen wird gegen den Täter außerdem die umfassende Aberkennung oder Beschränkung von Rechten und Fähigkeiten für die doppelte Dauer der Strafe verhängt.

Artículo 276.

La pena del testigo, perito o intérprete falso, cuya declaración fuere prestada mediante cohecho, se agravará con una multa igual al duplo de la cantidad ofrecida o recibida.

El sobornante sufrirá la pena del simple testigo falso.

Art. 276

Die Strafe für den falsch aussagenden Zeugen, Sachverständigen, Übersetzer oder Dolmetscher, dessen Aussage durch Bestechung herbeigeführt wurde, erhöht sich um eine Geldstrafe in der zweifachen Höhe des angebotenen oder empfangenen Betrags.

Der Bestechende wird mit der Strafe wegen einfacher Falschaussage eines Zeugen bestraft.

Capítulo XIII
Encubrimiento y lavado de activos de origen delictivo

Dreizehntes Kapitel
Strafvereitelung, Begünstigung, Hehlerei und Wäsche von Vermögen strafbarer Herkunft

Artículo 277.

1.- Será reprimido con prisión de seis (6) meses a tres (3) años el que, tras la comisión de un delito ejecutado por otro, en el que no hubiera participado:

a) Ayudare a alguien a eludir las investigaciones de la autoridad o a sustraerse a la acción de ésta.

b) Ocultare, alterare o hiciere desaparecer los rastros, pruebas o instrumentos del delito, o ayudare al autor o partícipe a ocultarlos, alterarlos o hacerlos desaparecer.

Art. 277

1. Mit Gefängnis von sechs Monaten bis drei Jahren wird bestraft, wer nach einer von einem anderen begangenen Straftat, an der er nicht beteiligt war:

a. jemandem hilft, sich den Ermittlungen der Behörden oder sich deren Verfolgung zu entziehen;

b. Spuren, Beweise oder Werkzeuge der Tat verheimlicht, verändert oder verschwinden lässt oder dem Täter oder Beteiligten hilft, diese zu verheimlichen, zu verändern oder verschwinden zu lassen;

c) Adquiriere, recibiere u ocultare dinero, cosas o efectos provenientes de un delito.

d) No denunciare la perpetración de un delito o no individualizare al autor o partícipe de un delito ya conocido, cuando estuviere obligado a promover la persecución penal de un delito de esa índole.

e) Asegurare o ayudare al autor o partícipe a asegurar el producto o provecho del delito.

2.- En el caso del inciso 1, c), precedente, la pena mínima será de un (1) mes de prisión, si, de acuerdo con las circunstancias, el autor podía sospechar que provenían de un delito.

3.- La escala penal será aumentada al doble de su mínimo y máximo, cuando:

a) El hecho precedente fuera un delito especialmente grave, siendo tal aquel cuya pena mínima fuera superior a tres (3) años de prisión.

b) El autor actuare con ánimo de lucro.

c) El autor se dedicare con habitualidad a la comisión de hechos de encubrimiento.

d) El autor fuere funcionario público.

La agravación de la escala penal, prevista en este inciso sólo operará una vez, aun cuando concurrieren más de una de sus circunstancias calificantes. En este caso, el tribunal podrá tomar en cuenta la pluralidad de causales al individualizar la pena.

4.- Están exentos de responsabilidad criminal los que hubieren obrado en favor del cónyuge, de un pariente cuyo vínculo no excediere del cuarto grado de consanguinidad o segundo de afinidad o de un amigo íntimo o persona a

c. aus einer Straftat stammendes Geld, Sachen oder Wertpapiere erwirbt, annimmt oder versteckt;

d. die Begehung einer Straftat oder den Täter oder Beteiligten einer bereits bekannten Straftat nicht anzeigt, wenn er verpflichtet ist, die Strafverfolgung einer derartigen Straftat einzuleiten;

e. den Vorteil oder den Ertrag der Straftat sichert oder dem Täter oder Beteiligten hilft, diese zu sichern.

2. Im Fall des vorhergehenden Abs. 1 c. ist die Mindeststrafe ein Monat Gefängnis, wenn der Täter aufgrund der Umstände den Verdacht haben konnte, dass sie von einer Straftat herrühren.

3. Das Mindest- und Höchstmaß der Strafe erhöht sich auf das Doppelte, wenn:

a. die vorhergehende Straftat besonders schwer war, das heißt ihre Mindeststrafe höher als drei Jahre Gefängnis ist;

b. der Täter in Bereicherungsabsicht handelt;

c. der Täter gewohnheitsmäßig Strafvereitelungen, Begünstigungen oder Hehlereien begeht;

d. der Täter Beamter ist.

Die in diesem Absatz vorgesehene Strafschärfung findet nur einmal Anwendung, auch wenn mehr als einer ihrer qualifizierenden Umstände vorliegt. In diesem Fall kann das Gericht die Tatsache, dass mehrere Gründe vorliegen, bei der Bestimmung der Strafe berücksichtigen.

4. Von strafrechtlicher Verantwortung sind diejenigen ausgenommen, die zugunsten des Ehegatten, eines Verwandten bis zum vierten Grad oder eines Verschwägerten bis zum zweiten Grad, eines engen Freundes oder einer Person

la que se debiese especial gratitud. La exención no rige respecto de los casos del inciso 1, e) y del inciso 3, b) y c).

handeln, der besondere Dankbarkeit gebührt. Die Ausnahme gilt nicht in den Fällen von Abs. 1 e. und Abs. 3 b. und c.

Artículo 277 bis.

Se aplicará prisión de tres (3) a seis (6) años e inhabilitación especial de tres (3) a diez (10) años al funcionario público que, tras la comisión del delito de abigeato en el que no hubiera participado, violando los deberes a su cargo o abusando de sus funciones, intervenga o facilite el transporte, faena, comercialización o mantenimiento de ganado, sus despojos o los productos obtenidos, conociendo su origen ilícito.

Art. 277 bis

Mit Gefängnis von drei bis sechs Jahren und einer besonderen Aberkennung oder Beschränkung von Rechten und Fähigkeiten von drei bis zehn Jahren wird der Beamte bestraft, der nach Begehung eines Raubs oder Diebstahls von Nutztieren, an dem er nicht beteiligt war, unter Verletzung seiner Amtspflichten oder Missbrauch seiner Befugnisse am Transport, der Schlachtung, dem Handel oder der Haltung von Nutztieren, ihrer Überreste oder Erzeugnisse teilnimmt oder diese erleichtert, sofern er Kenntnis von deren unrechtmäßiger Herkunft hat.

Artículo 277 ter.

Se impondrá prisión de seis (6) meses a tres (3) años al que reuniendo las condiciones personales descriptas en el artículo 167 quater inciso 4, por imprudencia o negligencia, intervenga en algunas de las acciones prevista en el artículo precedente, omitiendo adoptar las medidas necesarias para cerciorarse de la procedencia legítima del ganado.

Art. 277 ter

Mit Gefängnis von sechs Monaten bis drei Jahren wird bestraft, wer die in Art. 167 quater Abs. 4 aufgeführten persönlichen Merkmale besitzt, an einer der im vorhergehenden Artikel aufgeführten Handlungen teilnimmt und es aufgrund von Unvorsichtigkeit oder Nachlässigkeit unterlässt, die notwendigen Maßnahmen zu ergreifen, um sich Gewissheit zu verschaffen, dass die Nutztiere eine rechtmäßige Herkunft haben.

Artículo 278.

1) a) Será reprimido con prisión de dos a diez años y multa de dos a diez veces del monto de la operación el que convirtiere, transfiriere, administrare, vendiere, gravare o aplicare de cualquier otro modo dinero u otra clase de bienes provenientes de un delito en el que no hubiera participado, con la consecuencia posible

Art. 278

1. a. Mit Gefängnis von zwei bis zehn Jahren und Geldstrafe in Höhe des zwei- bis zehnfachen Betrags der Finanzoperation wird bestraft, wer Geld oder andere Sachgüter, die aus einer Straftat, an der er nicht beteiligt war, herrühren, tauscht, überweist, verwaltet, verkauft, belastet oder auf andere Weise mit der mög-

de que los bienes originarios o los subrogantes adquieran la apariencia de un origen lícito y siempre que su valor supere la suma de cincuenta mil pesos ($ 50.000), sea en un solo acto o por la reiteración de hechos diversos vinculados entre sí;

lichen Folge verwendet, dass die ursprünglichen Sachgüter oder die an deren Stelle gesetzten den Anschein der rechtmäßigen Herkunft haben, sofern deren Wert den Betrag von $ 50.000 übersteigt, sei es in einer Handlung oder in wiederholten, miteinander verbundenen Handlungen;

b) El mínimo de la escala penal será de cinco (5) años de prisión, cuando el autor realizare el hecho con habitualidad o como miembro de una asociación o banda formada para la comisión continuada de hechos de esta naturaleza;

b. die Mindeststrafe ist fünf Jahre Gefängnis, wenn der Täter die Tat gewohnheitsmäßig oder als Mitglied einer zur fortgesetzten Begehung von Straftaten dieser Art gebildeten Vereinigung oder Bande begeht;

c) Si el valor de los bienes no superare la suma indicada en este inciso, letra a, el autor será reprimido, en su caso, conforme a las reglas del artículo 277;

c. übersteigt der Wert der Sachgüter nicht den in Buchst. a dieses Artikels angegebenen Betrag, wird der Täter entsprechend den Bestimmungen des Art. 277 bestraft;

2) (Inciso vetado por Decreto presidencial)

2. (Absatz durch Veto des Präsidenten aufgehoben)

3) El que recibiere dinero u otros bienes de origen delictivo, con el fin de hacerlos aplicar en una operación que les dé la apariencia posible de un origen lícito, será reprimido conforme a las reglas del artículo 277;

3. Wer Gelder oder andere Sachgüter strafbarer Herkunft in der Absicht annimmt, diese einer Verwendung zuzuführen, die ihnen den möglichen Anschein einer rechtmäßigen Herkunft geben, wird entsprechend den Bestimmungen des Art. 277 bestraft;

4) Los objetos a los que se refiere el delito de los incisos 1, 2 ó 3 de este artículo podrán ser decomisados;

4. die Gegenstände, auf die sich Abs. 1, 2 oder 3 dieses Artikels beziehen, können eingezogen werden;

5) La exención establecida en el inciso 4 del artículo 277 no será de aplicación a ninguno de los supuestos contemplados por el presente artículo.

5. die in Art. 277 Abs. 4 vorgesehene Ausnahme findet auf keinen der Fälle des Art. 278 Anwendung.

Artículo 279.

1. Si la escala penal prevista para el delito precedente fuera menor que la establecida en las disposiciones de este Capítulo, será aplicable al caso la escala penal del delito precedente;

Art. 279

1. Ist das Strafmaß für die vorhergehende Straftat geringer als das in den Bestimmungen dieses Kapitels festgelegte, wird das Strafmaß der vorhergehenden Straftat angewendet;

2. Si el delito precedente no estuviere amenazado con pena privativa de libertad, se aplicará a su encubrimiento multa de mil pesos ($ 1.000) a veinte mil pesos ($ 20.000) o la escala penal del delito precedente, si ésta fuera menor.

2. Ist die vorhergehende Straftat nicht mit einer Freiheitsstrafe bedroht, wird für die Strafvereitelung, Begünstigung oder Hehlerei eine Geldstrafe von $ 1.000 bis 20.000 verhängt oder das Strafmaß der vorhergehenden Tat angewendet, sofern dieses geringer ist.

3. Cuando el autor de alguno de los hechos descriptos en el artículo 277, incisos 1 ó 3, o en el artículo 278, inciso 1, fuera funcionario público que hubiera cometido el hecho en ejercicio u ocasión de sus funciones sufrirá además pena de inhabilitación especial de tres (3) a diez (10) años. La misma pena sufrirá el que hubiera actuado en ejercicio u ocasión de una profesión u oficio que requirieran habilitación especial.

3. Ist der Täter einer der in Art. 277 Abs. 1 oder 3 oder Art. 278 Abs. 1 aufgeführten Taten Beamter, der die Tat in Ausübung oder bei Gelegenheit seiner Tätigkeiten begangen hat, wird er außerdem mit einer besonderen Aberkennung oder Beschränkung von Rechten und Fähigkeiten von drei bis zehn Jahren bestraft. Dieselbe Strafe wird gegen denjenigen verhängt, der in Ausübung oder bei Gelegenheit einer beruflichen oder gewerblichen Tätigkeit gehandelt hat, die einer besonderen Zulassung bedarf.

4. Las disposiciones de este Capítulo regirán aun cuando el delito precedente hubiera sido cometido fuera del ámbito de aplicación especial de este Código, en tanto el hecho precedente también hubiera estado amenazado con pena en el lugar de su comisión.

4. Die Vorschriften dieses Kapitels werden auch dann angewendet, wenn die vorhergehende Straftat außerhalb des besonderen Anwendungsbereichs dieses Gesetzbuchs begangen wurde, sofern die vorhergehende Tat auch am Ort ihrer Begehung mit Strafe bedroht ist.

Capítulo XIV
Evasión y quebrantamiento de pena

Vierzehntes Kapitel
Entweichen aus der Haft und Bruch der Strafe

Artículo 280.

Será reprimido con prisión de un mes a un año, el que hallándose legalmente detenido se evadiere por medio de violencia en las personas o fuerza en las cosas.

Art. 280

Mit Gefängnis von einem Monat bis einem Jahr wird bestraft, wer eine rechtmäßige Haftstrafe verbüßt und mittels Gewalt gegen Personen oder Sachen aus dieser entweicht.

Artículo 281.

Será reprimido con prisión de un mes a cuatro años, el que favoreciere la evasión de algún detenido o condenado, y

Art. 281

Mit Gefängnis von einem Monat bis vier Jahren wird bestraft, wer das Entweichen eines Verhafteten oder Verurteilten

si fuere funcionario público, sufrirá, además, inhabilitación absoluta por triple tiempo.

begünstigt. Ist der Täter Beamter, wird er außerdem mit der umfassenden Aberkennung oder Beschränkung von Rechten und Fähigkeiten für die dreifache Dauer bestraft.

Si la evasión se produjere por negligencia de un funcionario público, éste será reprimido con multa de pesos argentinos mil a pesos argentinos quince mil.

Wird das Entweichen durch Nachlässigkeit eines Beamten verursacht, wird dieser mit einer Geldstrafe von $ 1.000 bis 15.000 bestraft.

Artículo 281 bis.

El que quebrantare una inhabilitación judicialmente impuesta será reprimido con prisión de dos meses a dos años.

Art. 281 bis

Wer der rechtmäßig verhängten Aberkennung oder Beschränkung von Rechten und Fähigkeiten zuwiderhandelt, wird mit Gefängnis von zwei Monaten bis zwei Jahren bestraft.

Título XII
Delitos contra la fe pública

Zwölfter Abschnitt
Straftaten gegen den öffentlichen Glauben

Capítulo I
Falsificación de moneda, billetes de banco, títulos al portador y documentos de crédito

Erstes Kapitel
Fälschung von Geld, Banknoten, Inhaberpapieren und Forderungsurkunden

Artículo 282.

Serán reprimidos con reclusión o prisión de tres a quince años, el que falsificare moneda que tenga curso legal en la República y el que la introdujere, expendiere o pusiere en circulación.

Art. 282

Mit Zuchthaus oder Gefängnis von drei bis fünfzehn Jahren wird bestraft, wer Geld, das einen gesetzlichen Kurs in der Republik hat, fälscht und wer es einführt, ausgibt oder in Umlauf bringt.

Artículo 283.

Será reprimido con reclusión o prisión de uno a cinco años, el que cercenare o alterare moneda de curso legal y el que introdujere, expendiere o pusiere en circulación moneda cercenada o alterada.

Si la alteración consistiere en cambiar el color de la moneda, la pena será de

Art. 283

Mit Zuchthaus oder Gefängnis von einem Jahr bis fünf Jahren wird bestraft, wer Geld, das einen gesetzlichen Kurs hat, zerschneidet oder verändert und wer zerschnittenes oder verfälschtes Geld einführt, ausgibt oder in Umlauf bringt.

Besteht die Veränderung in einer Änderung der Farbe des Geldes, ist die Strafe

seis meses a tres años de prisión.

Gefängnis von sechs Monaten bis drei Jahren.

Artículo 284.

Si la moneda falsa, cercenada o alterada se hubiere recibido de buena fe y se expendiere o circulare con conocimiento de la falsedad, cercenamiento o alteración, la pena será de pesos argentinos mil a pesos argentinos quince mil.

Art. 284

Wird das falsche, zerschnittene oder veränderte Geld in gutem Glauben angenommen und in Kenntnis der Unechtheit, der Zerschneidung oder Veränderung ausgegeben oder in Umlauf gebracht, ist die Strafe Geldstrafe von $ 1.000 bis 15.000.

Artículo 285.

Para los efectos de los artículos anteriores quedan equiparados a la moneda nacional, la moneda extranjera, los títulos de la deuda nacional, provincial o municipal y sus cupones, los bonos o libranzas de los tesoros nacional, provinciales y municipales, los billetes de banco, títulos, cédulas, acciones, valores negociables y tarjetas de compra, crédito o débito, legalmente emitidos por entidades nacionales o extranjeras autorizadas para ello, y los cheques de todo tipo, incluidos los de viajero, cualquiera que fuere la sede del banco girado.

Art. 285

Für die Wirkungen der vorhergehenden Artikel sind dem nationalen Geld das von den dazu befugten in- und ausländischen Einrichtungen rechtmäßig ausgegebene ausländische Geld, Schuldpapiere der Nation, Provinzen und Gemeinden und ihre Zinsscheine, Gutschriften oder Wechsel der Nation, Provinzen und Gemeinden, Inhaberpapiere, Pfandbriefe, Aktien, handelbare Wertpapiere, Einkaufs-, Kredit- oder Debitkarten und alle Arten von Schecks, einschließlich der Reiseschecks, unabhängig vom Sitz der bezogenen Bank, gleichgestellt.

Artículo 286.

(Artículo derogado)

Art. 286

(Aufgehoben)

Artículo 287.

Serán reprimidos con reclusión o prisión de uno a seis años e inhabilitación absoluta por doble tiempo, el funcionario público y el director o administrador de un banco o de una compañía que fabricare o emitiere o autorizare la fabricación o emisión de moneda, con título o peso inferiores al de la ley, billetes de banco o cualesquiera títulos, cédulas o acciones al portador, en can-

Art. 287

Mit Zuchthaus oder Gefängnis von einem Jahr bis sechs Jahren und einer umfassenden Aberkennung oder Beschränkung von Rechten und Fähigkeiten für die doppelte Dauer werden der Beamte und der Direktor oder der Geschäftsführer einer Bank oder einer Gesellschaft bestraft, die Geld mit einem geringeren Wert oder einem geringeren Gewicht als dem gesetzlich bestimmten, und Banknoten oder Titel, Inhaberpapiere oder

tidad superior a la autorizada.

Aktien in einer die genehmigte Anzahl übersteigenden Menge herstellen, ausgeben oder die Herstellung oder Ausgabe genehmigen.

Capítulo II
Falsificación de sellos, timbres y marcas

Zweites Kapitel
Fälschung von Siegeln, Stempeln und Marken

Artículo 288.

Será reprimido con reclusión o prisión de uno a seis años:

1°. El que falsificare sellos oficiales;

2°. El que falsificare papel sellado, sellos de correos o telégrafos o cualquiera otra clase de efectos timbrados cuya emisión esté reservada a la autoridad o tenga por objeto el cobro de impuestos. En estos casos, así como en los de los artículos siguientes, se considerará falsificación la impresión fraudulenta del sello verdadero.

Art. 288

Mit Zuchthaus oder Gefängnis von einem Jahr bis sechs Jahren wird bestraft:

1. wer amtliche Siegel fälscht;
2. wer mit Siegeln gestempeltes Papier, Brief- oder Fernschreibmarken oder andere Stempelwertzeichen fälscht, deren Ausgabe einer ermächtigten Behörde vorbehalten ist oder der Steuererhebung dient. In diesen Fällen wie auch in denen der folgenden Artikel gilt der betrügerische Abdruck des echten Siegels als Fälschung.

Artículo 289.

Será reprimido con prisión de seis meses a tres años:

1. El que falsificare marcas, contraseñas o firmas oficialmente usadas o legalmente requeridas para contrastar pesas o medidas, identificar cualquier objeto o certificar su calidad, cantidad o contenido, y el que las aplicare a objetos distintos de aquellos a que debían ser aplicados;
2. El que falsificare billetes de empresas públicas de transporte;
3. El que falsificare, alterare o suprimiere la numeración de un objeto registrada de acuerdo con la ley.

Art. 289

Mit Gefängnis von sechs Monaten bis drei Jahren wird bestraft:

1. wer behördlich genutzte oder gesetzlich vorgeschriebene Marken, Kontrollmarken oder Unterschriften, die zur Eichung von Gewichten oder Maßen oder zur Identifizierung von Gegenständen oder zur Bescheinigung ihrer Qualität, Menge oder ihres Inhalts benutzt werden, fälscht, und wer diese an anderen Gegenständen anbringt, als an denen, an denen sie anzubringen sind;
2. wer Fahrscheine von öffentlichen Verkehrsunternehmen fälscht;
3. wer die Nummerierung eines aufgrund Gesetzes registrierten Gegenstands fälscht, verändert oder entfernt.

Artículo 290.

Será reprimido con prisión de quince días a un año, el que hiciere desaparecer de cualquiera de los sellos, timbres, marcas o contraseñas, a que se refieren los artículos anteriores, el signo que indique haber ya servido o sido inutilizado para el objeto de su expedición.

El que a sabiendas usare, hiciere usar o pusiere en venta estos sellos, timbres, etc., inutilizados, será reprimido con multa de pesos setecientos cincuenta a pesos doce mil quinientos.

Art. 290

Mit Gefängnis von fünfzehn Tagen bis einem Jahr wird bestraft, wer von diesen Siegeln, Stempeln, Marken oder Kontrollmarken, auf die sich die vorhergehenden Artikel beziehen, das Zeichen entfernt, das angibt, ob diese bereits benutzt oder zum Zwecke der Ausstellung unbrauchbar gemacht worden sind.

Wer diese entwerteten Siegel, Stempel usw. wissentlich benutzt, benutzen lässt oder verkauft, wird mit Geldstrafe von $ 750 bis 12.500 bestraft.

Artículo 291.

Cuando el culpable de alguno de los delitos comprendidos en los artículos anteriores, fuere funcionario público y cometiere el hecho abusando de su cargo, sufrirá, además, inhabilitación absoluta por doble tiempo del de la condena.

Art. 291

Ist der Schuldige einer der in den vorhergehenden Artikeln bezeichneten Straftaten ein Beamter und begeht er die Tat unter Missbrauch seines Amtes, wird außerdem eine umfassende Aberkennung oder Beschränkung von Rechten und Fähigkeiten für die doppelte Dauer der Strafe verhängt.

Capítulo III
Falsificación de documentos en general

Drittes Kapitel
Urkundenfälschung im Allgemeinen

Artículo 292.

El que hiciere en todo o en parte un documento falso o adultere uno verdadero, de modo que pueda resultar perjuicio, será reprimido con reclusión o prisión de uno a seis años, si se tratare de un instrumento público y con prisión de seis meses a dos años, si se tratare de un instrumento privado.

Si el documento falsificado o adulterado fuere de los destinados a acreditar la identidad de las personas o la titularidad del dominio o habilitación para circular de vehículos automotores, la

Art. 292

Wer eine ganz oder teilweise falsche Urkunde herstellt oder eine echte verfälscht, sodass daraus ein Nachteil entstehen kann, wird mit Zuchthaus oder Gefängnis von einem Jahr bis sechs Jahren bestraft, wenn es sich um eine öffentliche Urkunde handelt, und mit Gefängnis von sechs Monaten bis zwei Jahren, wenn es sich um eine private Urkunde handelt.

Ist die gefälschte oder verfälschte Urkunde dazu bestimmt, die Identität von Personen, die motorisierte Fahrzeuge führen, das Eigentum an motorisierten Fahrzeugen oder die Berechtigung zum

pena será de tres a ocho años.

Führen solcher zu bescheinigen, ist die Strafe drei bis acht Jahre.

Para los efectos del párrafo anterior están equiparados a los documentos destinados a acreditar la identidad de las personas, aquellos que a tal fin se dieren a los integrantes de las fuerzas armadas, de seguridad, policiales o penitenciarias, las cédulas de identidad expedidas por autoridad pública competente, las libretas cívicas o de enrolamiento, y los pasaportes, así como también los certificados de parto y de nacimiento.

Für die Anwendung des vorhergehenden Absatzes sind den Urkunden, die dazu bestimmt sind, die Identität von Personen zu bescheinigen, diejenigen gleichgestellt, die zu diesem Zweck den Angehörigen der Armee, der Sicherheitsdienste, der Polizei oder des Strafvollzugs ausgehändigt werden, die von den zuständigen Behörden ausgestellten Personalausweise, Staatsangehörigkeitsnachweise, Musterungsbücher und Reisepässe sowie Entbindungs- und Geburtsbescheinigungen.

Artículo 293.

Será reprimido con reclusión o prisión de uno a seis años, el que insertare o hiciere insertar en un instrumento público declaraciones falsas, concernientes a un hecho que el documento deba probar, de modo que pueda resultar perjuicio.

Si se tratase de los documentos o certificados mencionados en el último párrafo del artículo anterior, la pena será de 3 a 8 años.

Art. 293

Mit Zuchthaus oder Gefängnis von einem Jahr bis sechs Jahren wird bestraft, wer in eine öffentliche Urkunde falsche Angaben hinsichtlich einer Tatsache, die die Urkunde beweisen soll, in einer Weise, die einen Nachteil verursachen kann, einfügt oder einfügen lässt.

Handelt es sich bei den Urkunden oder Bescheinigungen um die im letzten Absatz des vorhergehenden Artikels aufgeführten, ist die Strafe drei bis acht Jahre.

Artículo 293 bis.

Se impondrá prisión de uno (1) a tres (3) años al funcionario público que, por imprudencia o negligencia, intervenga en la expedición de guías de tránsito de ganado o en el visado o legalización de certificados de adquisición u otros documentos que acrediten la propiedad del semoviente, omitiendo adoptar las medidas necesarias para cerciorarse de su procedencia legítima.

Art. 293 bis

Mit Gefängnis von einem Jahr bis drei Jahren wird der Beamte bestraft, der an der Ausgabe von Transportpapieren für Nutztiere oder an der Beglaubigung oder Stempelung von Erwerbszertifikaten oder anderen Urkunden, die das Eigentum an den Tieren nachweisen, beteiligt ist, und es durch Unvorsichtigkeit oder Nachlässigkeit unterlässt, die notwendigen Maßnahmen zu ergreifen, um sich Gewissheit zu verschaffen, dass die Nutztiere eine rechtmäßige Herkunft haben.

Artículo 294.

El que suprimiere o destruyere, en todo o en parte, un documento de modo que pueda resultar perjuicio, incurrirá en las penas señaladas en los artículos anteriores, en los casos respectivos.

Art. 294

Wer eine Urkunde ganz oder teilweise in einer Weise, die einen Nachteil verursachen kann, unterdrückt oder vernichtet, verwirkt in den entsprechenden Fällen die in den vorhergehenden Artikeln angedrohten Strafen.

Artículo 295.

Sufrirá prisión de un mes a un año, el médico que diere por escrito un certificado falso, concerniente a la existencia o inexistencia, presente o pasada, de alguna enfermedad o lesión cuando de ello resulte perjuicio.

La pena será de uno a cuatro años, si el falso certificado debiera tener por consecuencia que una persona sana fuera detenida en un manicomio, lazareto u otro hospital.

Art. 295

Mit Gefängnis von einem Monat bis einem Jahr wird der Arzt bestraft, der bezüglich des gegenwärtigen oder vergangenen Bestehens oder Nichtbestehens einer Krankheit oder Verletzung eine falsche schriftliche Bescheinigung ausstellt, sofern dadurch ein Nachteil verursacht wird.

Die Strafe beträgt ein Jahr bis vier Jahre, wenn die falsche Bescheinigung zur Folge hätte, dass eine gesunde Person in einer psychiatrischen Klinik, einem Lazarett oder einem anderen Krankenhaus festgehalten wird.

Artículo 296.

El que hiciere uso de un documento o certificado falso o adulterado, será reprimido como si fuere autor de la falsedad.

Art. 296

Wer eine falsche oder verfälschte Urkunde oder Bescheinigung gebraucht, wird wie der Täter der Fälschung bestraft.

Artículo 297.

Para los efectos de este Capítulo, quedan equiparados a los instrumentos públicos los testamentos ológrafos o cerrados, los certificados de parto o de nacimiento, las letras de cambio y los títulos de crédito transmisibles por endoso o al portador, no comprendidos en el artículo 285.

Art. 297

Für die Anwendung dieses Kapitels werden den öffentlichen Urkunden die in Art. 285 nicht aufgeführten eigenhändig geschriebenen oder verschlossenen Testamente, die Entbindungs- und Geburtsbescheinigungen, Wechsel und die übertragbaren oder inhaberbezogenen Forderungspapiere gleichgestellt.

Artículo 298.

Cuando alguno de los delitos previstos en este Capítulo, fuere ejecutado por

Art. 298

Wird eine der in diesem Kapitel vorgesehenen Straftaten von einem Beamten

un funcionario público con abuso de sus funciones, el culpable sufrirá, además, inhabilitación absoluta por doble tiempo del de la condena.

unter Missbrauch seiner Befugnisse begangen, wird gegen den Schuldigen außerdem die umfassende Aberkennung oder Beschränkung von Rechten und Fähigkeiten für die doppelte Dauer der Strafe verhängt.

Artículo 298 bis.

Quienes emitan o acepten facturas de crédito que no correspondan a compraventa, locación de cosas muebles, locación de servicios o locación de obra realmente contratadas, serán sancionados con la pena prevista en el artículo 293 de este Código. Igual pena les corresponderá a quienes injustificadamente rechacen o eludan la aceptación de factura de crédito, cuando el servicio ya hubiese sido prestado en forma debida, o reteniendo la mercadería que se le hubiere entregado.

Art. 298 bis

Wer Rechnungen für nicht wirklich erfüllte Kaufverträge, Mietverträge, Dienstverträge oder Werkverträge ausstellt oder annimmt, wird mit der in Art. 293 dieses Gesetzbuchs vorgesehenen Strafe bestraft. Dieselbe Strafe wird gegen den verhängt, der ungerechtfertigt die Annahme einer Rechnung verweigert oder umgeht, sofern die Dienstleistung pflichtgemäß erbracht worden ist, oder gegen den, der die ihm übergebene Ware einbehält.

Capítulo IV
Disposiciones comunes a los Capítulos precedentes

Viertes Kapitel
Allgemeine Bestimmungen für die vorhergehenden Kapitel

Artículo 299.

Sufrirá prisión de un mes a un año, el que fabricare, introdujere en el país o conservare en su poder, materias o instrumentos conocidamente destinados a cometer alguna de las falsificaciones legisladas en este Título.

Art. 299

Mit Gefängnis von einem Monat bis einem Jahr wird bestraft, wer Stoffe oder Werkzeuge, die augenscheinlich zur Begehung einer der in diesem Titel bezeichneten Fälschungen bestimmt sind, herstellt, in das Land einführt oder aufbewahrt.

Capítulo V
De los fraudes al comercio y a la industria

Fünftes Kapitel
Über den Betrug an Handel und Gewerbe

Artículo 300.

Serán reprimidos con prisión de seis meses a dos años:

1º El que hiciere alzar o bajar el precio

Art. 300

Mit Gefängnis von sechs Monaten bis zwei Jahren wird bestraft:

1. wer den Preis von Waren, Staats-

de las mercaderías, fondos públicos o valores, por medio de noticias falsas, negociaciones fingidas o por reunión o coalición entre los principales tenedores de una mercancía o género, con el fin de no venderla o de no venderla sino a un precio determinado;

oder Wertpapieren durch falsche Mitteilungen, vorgetäuschte Geschäftstätigkeiten oder durch eine Vereinigung oder einen Zusammenschluss mit den führenden Besitzern einer Ware oder eines Handelsartikels zu dem Zweck erhöht oder senkt, diese nicht oder zu einem bestimmten Preis zu veräußern;

2º El que ofreciere fondos públicos o acciones u obligaciones de alguna sociedad o persona jurídica, disimulando u ocultando hechos o circunstancias verdaderas o afirmando o haciendo entrever hechos o circunstancias falsas;

2. wer Staatspapiere, Aktien oder Schuldverschreibungen einer Gesellschaft oder einer juristischen Person unter Vortäuschung oder Verbergen der wahren Tatsachen oder Umstände oder unter einer Behauptung oder Mutmaßung von falschen Tatsachen oder Umständen anbietet;

3º El fundador, director, administrador, liquidador o síndico de una sociedad anónima o cooperativa o de otra persona colectiva, que a sabiendas publicare, certificare o autorizare un inventario, un balance, una cuenta de ganancias y pérdidas o los correspondientes informes, actas o memorias, falsos o incompletos o informare a la asamblea o reunión de socios, con falsedad o reticencia, sobre hechos importantes para apreciar la situación económica de la empresa, cualquiera que hubiere sido el propósito perseguido al verificarlo.

3. der Gründer, Direktor, Verwalter, Liquidator oder Syndikus einer Aktiengesellschaft, einer Genossenschaft oder einer anderen Gesellschaft, der wissentlich eine falsche oder unvollständige Bestandsaufnahme, Bilanz, Gewinn- oder Verlustrechnung oder die entsprechenden Berichte, Sitzungsprotokolle oder Berichte zur Unternehmenssituation veröffentlicht, beurkundet oder genehmigt, oder die Vollversammlung oder die Zusammenkunft der Aktionäre falsch oder unvollständig über für die Beurteilung der wirtschaftlichen Situation des Unternehmens wichtige Handlungen unterrichtet, unabhängig davon, welcher Zweck mit der Begehung verfolgt wird.

Artículo 301.

Será reprimido con prisión de seis meses a dos años, el director, gerente, administrador o liquidador de una sociedad anónima, o cooperativa o de otra persona colectiva que a sabiendas prestare su concurso o consentimiento

Art. 301

Mit Gefängnis von sechs Monaten bis zwei Jahren wird der Direktor, Geschäftsführer, Verwalter oder Liquidator einer Aktiengesellschaft, einer Genossenschaft oder einer anderen Gesellschaft bestraft, der wissentlich seine

a actos contrarios a la ley o a los estatutos, de los cuales pueda derivar algún perjuicio. Si el acto importare emisión de acciones o de cuotas de capital, el máximo de la pena se elevará a tres años de prisión, siempre que el hecho no importare un delito más gravemente penado.

Mitarbeit oder Zustimmung zu gesetz- oder satzungswidrigen Handlungen gibt, durch die ein Nachteil entstehen kann. Betrifft die Tat die Ausgabe von Aktien oder Beteiligungen, erhöht sich das Höchstmaß der Strafe auf drei Jahre Gefängnis, sofern die Handlung nicht eine schwerer bestrafte Straftat darstellt.

Artículo 301 bis.

(Artículo derogado)

Art. 301 bis

(Aufgehoben)

Capítulo VI
Del pago con cheques sin provisión de fondos

Sechstes Kapitel
Über die Zahlung mit ungedeckten Schecks

Artículo 302.

Será reprimido con prisión de seis meses a cuatro años e inhabilitación especial de uno a cinco años, siempre que no concurran las circunstancias del artículo 172:

1º El que dé en pago o entregue por cualquier concepto a un tercero un cheque sin tener provisión de fondos o autorización expresa para girar en descubierto, y no lo abonare en moneda nacional dentro de las veinticuatro horas de habérsele comunicado la falta de pago mediante aviso bancario, comunicación del tenedor o cualquier otra forma documentada de interpelación;

2º El que dé en pago o entregue, por cualquier concepto a un tercero un cheque, a sabiendas de que al tiempo de su presentación no podrá legalmente ser pagado;

3º El que librare un cheque y diera

Art. 302

Mit Gefängnis von sechs Monaten bis vier Jahren und der besonderen Aberkennung oder Beschränkung von Rechten und Fähigkeiten von einem Jahr bis fünf Jahren wird, sofern nicht die Umstände des Art. 172 vorliegen, bestraft, wer:

1. einem Dritten einen Scheck in Zahlung gibt oder diesem zu irgendeinem Zweck einen Scheck aushändigt, ohne dass dieser gedeckt ist oder die ausdrückliche Erlaubnis zur Ziehung ohne Deckung vorliegt, und diesen nicht innerhalb von 24 Stunden, nachdem er Kenntnis der fehlenden Deckung durch eine Mitteilung der Bank, des Inhabers oder eine andere nachweisbare Form erhalten hat, in nationaler Währung bezahlt;
2. einem Dritten einen Scheck in Zahlung gibt oder diesem zu irgendeinem Zweck einen Scheck in der Kenntnis aushändigt, dass dieser zum Zeitpunkt seiner Vorlage nicht rechtmäßig gezahlt werden kann;
3. einen Scheck ausstellt und die Ein-

contraorden para el pago, fuera de los casos en que la ley autoriza a hacerlo, o frustrare maliciosamente su pago;

4º El que librare un cheque en formulario ajeno sin autorización.

lösung, abgesehen von den Fällen, in denen das Gesetz dies erlaubt, widerruft oder böswillig verhindert;

4. einen Scheck auf einem fremden Formular ohne Genehmigung ausstellt.

Disposiciónes complementarias

Artículo 303.

El presente código regirá como ley de la Nación seis meses después de su promulgación.

Artículo 304.

El Poder Ejecutivo dispondrá la edición oficial del código conjuntamente con la exposición de motivos que lo acompaña. Los gastos que origine la publicación se imputarán a esta ley.

Artículo 305.

Quedan derogadas las leyes números 49, 1920, 3335, 3900, 3972, 4189, 7029, 9077 y 9143, lo mismo que las demás en cuanto se opusieran a este código. Las penas de presidio y penitenciaría que establecen las leyes especiales no derogadas por este código, quedan reemplazadas por la de reclusión y las de prisión y arresto por la de prisión.

Ergänzende Bestimmungen

Art. 303

Das vorliegende Gesetzbuch tritt sechs Monate nach seiner Verkündung als Gesetz der Nation in Kraft.

Art. 304

Die ausführende Gewalt besorgt die amtliche Ausgabe des Gesetzbuchs zusammen mit der beigefügten Darstellung der Motive. Die Kosten der Veröffentlichung werden diesem Gesetz zugerechnet.

Art. 305

Die Gesetze 49, 1920, 3335, 3900, 3972, 4189, 7029, 9077 und 9143 werden ebenso aufgehoben wie alle anderen, die diesem Gesetzbuch entgegenstehen. Die Strafen des Kerkers und der Besserungsanstalt, die in Nebengesetzen geregelt sind, welche dieses Gesetzbuch nicht aufgehoben hat, werden durch die Strafe des Zuchthauses ersetzt, und die Gefängnisstrafe und der Arrest werden durch die des Gefängnisses ersetzt.

Stichwortverzeichnis

Die Zahlenangaben beziehen sich auf die jeweiligen Artikel des Strafgesetzbuchs.

B

G

H

I

K

L

M

N

O

S

T

V

Schriftenreihe des Max-Planck-Instituts für ausländisches und internationales Strafrecht

Die zentralen Veröffentlichungen des Max-Planck-Instituts für ausländisches und internationales Strafrecht werden in Zusammenarbeit mit dem Verlag Duncker & Humblot in den folgenden vier Unterreihen der „Schriftenreihe des Max-Planck-Instituts für ausländisches und internationales Strafrecht“ vertrieben:

- „Strafrechtliche Forschungsberichte“,
- „Kriminologische Forschungsberichte“,
- „Interdisziplinäre Forschungen aus Strafrecht und Kriminologie“ sowie
- „Sammlung ausländischer Strafgesetzbücher in deutscher Übersetzung“.

Diese Publikationen können direkt über das Max-Planck-Institut unter <www.mpicc.de> oder über den Verlag Duncker & Humblot unter <www.duncker-humblot.de> erworben werden.

Darüber hinaus erscheinen im Hausverlag des Max-Planck-Instituts in der Unterreihe „research in brief“ zusammenfassende Kurzbeschreibungen von Forschungsergebnissen und in der Unterreihe „Arbeitsberichte“ Veröffentlichungen vorläufiger Forschungsergebnisse. Diese Veröffentlichungen können über das Max-Planck-Institut bezogen werden.

Detaillierte Informationen zu den einzelnen Publikationen des Max-Planck-Instituts für ausländisches und internationales Strafrecht sind unter <www.mpicc.de> abrufbar.

The main research activities of the Max Planck Institute for Foreign and International Criminal Law are published in the following four subseries of the “Schriftenreihe des Max-Planck-Instituts für ausländisches und internationales Strafrecht” (Research Series of the Max Planck Institute for Foreign and International Criminal Law), which are distributed in cooperation with the publisher Duncker & Humblot:

- “Strafrechtliche Forschungsberichte” (Reports on Research in Criminal Law),
- “Kriminologische Forschungsberichte” (Reports on Research in Criminology),
- “Interdisziplinäre Forschungen aus Strafrecht und Kriminologie” (Reports on Interdisciplinary Research in Criminal Law and Criminology), and
- “Sammlung ausländischer Strafgesetzbücher in deutscher Übersetzung” (Collection of Foreign Criminal Laws in German Translation).

These publications can be ordered from the Max Planck Institute at <www.mpicc.de> or from Duncker & Humblot at <www.duncker-humblot.de>.

Two additional subseries are published directly by the Max Planck Institute for Foreign and International Criminal Law: “research in brief” contains short reports on results of research activities, and “Arbeitsberichte” (working materials) present preliminary results of research projects. These publications are available at the Max Planck Institute.

Detailed information on all publications of the Max Planck Institute for Foreign and International Criminal Law can be found at <www.mpicc.de>.

Sammlung ausländischer Strafgesetzbücher in deutscher Übersetzung:

G 107 **Das dänische Strafgesetz • Straffeloven**
Zweisprachige Ausgabe
Deutsche Übersetzung und Einführung
von Karin Cornils und Vagn Greve
2., aktual. Auflage • 2001 • 187 Seiten • ISBN 978-3-86113-914-0 € 25,00
Aktualisierung auf den Stand 1.1.2003:
www.mpicc.de/ww/de/pub/forschung/publikationen/uebersetzungen/g107.htm

G 108 **Strafgesetzbuch der Russischen Föderation**
Deutsche Übersetzung und Einführung
von Friedrich-Christian Schroeder
2., aktual. Auflage • 2007 • 260 Seiten • ISBN 978-3-86113-870-9 € 48,00

G 113 **Die niederländische Strafprozeßordnung • Wetboek van Strafvordering**
Zweisprachige Ausgabe
Deutsche Übersetzung und Einführung
von Hans-Joseph Scholten
2003 • 545 Seiten • ISBN 978-3-86113-905-8 € 40,00

G 114 **Das schwedische Kriminalgesetzbuch • Brottsbalken**
Zweisprachige Ausgabe
Deutsche Übersetzung und Einführung
von Karin Cornils und Nils Jareborg
2000 • 260 Seiten • ISBN 978-3-86113-926-3 € 30,00
Aktualisierung auf den Stand 1.1.2004:
www.mpicc.de/ww/de/pub/forschung/publikationen/uebersetzungen/g114.htm

G 116 **Das finnische Strafgesetz • Rikoslaki • Strafflag**
Dreisprachige Ausgabe
Deutsche Übersetzung und Einführung
von Karin Cornils, Dan Frände und Jussi Matikkala
2006 • 563 Seiten • ISBN 978-3-86113-873-0 € 50,00

G 117 **Die bulgarische Strafprozessordnung**
Deutsche Übersetzung von Irina Gencheva
Einführung von Lazar Gruev
2007 • 196 Seiten • ISBN 978-3-86113-867-9 € 40,00

G 118 **Das türkische Strafgesetzbuch • Türk Ceza Kanunu**
Zweisprachige Ausgabe
Deutsche Übersetzung und Einführung
von Silvia Tellenbach
2008 • 224 Seiten • ISBN 978-3-86113-858-7 € 45,00

Max-Planck-Institut für ausländisches und internationales Strafrecht

Auswahl aus dem strafrechtlichen und dem interdisziplinären Veröffentlichungsprogramm:

S 110 *Peggy Pfützner*
Organisierte Kriminalität im französischen Strafverfahren
Zur Einführung eines besonderen Strafverfahrens durch die Loi Perben II
2008 • 302 Seiten • ISBN 978-3-86113-863-1 € 31,00

S 111 *Silvia Tellenbach* (Hrsg.)
Die Rolle der Ehre im Strafrecht
2007 • 813 Seiten • ISBN 978-3-86113-862-4 € 55,00

S 112 *Richard Vogler/Barbara Huber* (eds.)
Criminal Procedure in Europe
2008 • 656 Seiten • ISBN 978-3-86113-865-5 € 52,00

S 113 *Ulrich Sieber/Malaika Nolde*
Sperrverfügungen im Internet
Nationale Rechtsdurchsetzung im globalen Cyberspace?
2008 • 263 Seiten • ISBN 978-3-86113-861-7 € 31,00

S 114.2 *Ulrich Sieber/Karin Cornils* (Hrsg.)
Nationales Strafrecht in rechtsvergleichender Darstellung
Allgemeiner Teil, Teilband 2: Gesetzlichkeitsprinzip – Internationaler Geltungsbereich – Begriff und Systematisierung der Straftat
2008 • 470 Seiten • ISBN 978-3-86113-860-0 € 41,00

S 114.3 *Ulrich Sieber/Karin Cornils* (Hrsg.)
Nationales Strafrecht in rechtsvergleichender Darstellung
Allgemeiner Teil, Teilband 3: Objektive Tatseite – Subjektive Tatseite – Strafbares Verhalten vor der Tatvollendung
2008 • 490 Seiten • ISBN 978-3-86113-859-4 € 41,00

S 115 *Helmut Gropengießer*
Der Haustyrannenmord
Eine Untersuchung zur rechtlichen Behandlung von Tötungskriminalität in normativer und tatsächlicher Hinsicht
2008 • 214 Seiten • ISBN 978-3-86113-857-0 € 31,00

I 14 *Ulrich Sieber/Hans-Jörg Albrecht* (Hrsg.)
Strafrecht und Kriminologie unter einem Dach
Kolloquium zum 90. Geburtstag von Professor Dr. Dr. h.c. mult. Hans-Heinrich Jescheck
2006, 214 Seiten • ISBN 978-3-86113-874-7 € 25,00